思想觀念的帶動者

文化現象的觀察者

本土經驗的整理者

生命故事的關懷者

宋文里作品集

重讀佛洛伊德

FREUD IS BACK

SELECTED FREUD PAPERS WITH NEW TRANSLATION

佛洛伊德——著
宋文里——選文、翻譯、評註

目錄

【推薦序一】

翻譯精神分析的當代性：繁／異

林耀盛

宋文里教授這本書《重讀佛洛伊德》，是一本嘔心瀝血琢磨功夫練就的不容易完成的譯註書籍。儘管本書涉及精神分析的兩個難題，佛洛伊德與翻譯，宋老師依舊展現回應難題的努力成果。

佛洛伊德的難題，在於精神分析的詮釋。對於佛洛伊德而言，基本上，只有一種應用精神分析，也就是精神分析的臨床治療。他曾經給予精神分析定義如下：（一）一種研究心靈過程之方法，除此之外，幾乎別無他法可以達到。（二）一種建立在此研究之上之神經症疾患的治療方法。（三）藉此途徑所獲得的一系列心理學觀點，而它們逐漸擴展為一門新興的科學學科。由此，精神分析是一種研究心靈過程的方法，而當我們在其他領域運用精神分析的概念與構想時，那並不是應用精神分析，而是精神分析原本就是一種「研究方法」。精神分析的「後設心理學」始終是一種依照臨床病理材料（症狀、夢、失誤行為等）而不斷地反省與演變的科學預設，而非可直接應用的教條理論，無論是應用在臨床治療或人文科學。也因為臨床的現場性，作為研究法與臨床實踐的精神分析，無可避免涉及如何轉化的在地文化語境問題。這也是宋文里教授在多年前的提問：「我們（作為一個具有自主性的研究社群）可以從心理病理學和心理治療實踐的根本之處談起。對於這個根本問題的敘述，不應是以回到傳統漢語來當作解決，而是先要從傳統漢語如何翻譯成現代漢語來著手，於是臨床／本土的問題（經過翻譯）就變成臨在／自身的問題。」

我們自身遭遇的翻譯難題，在於精神分析與漢語文化的不可共量性。孔恩（T. Kuhn）指出翻譯包含兩類異質的動態，一種是狹隘的、技術意義的翻譯動態；一種是解釋意義的狀態。前者如英文翻譯為中文的形式，後者如歷史學家或民族誌工作者解讀一種不為知識界所瞭解的文本。翻譯對即使嫻熟於雙語系統的人來說，也是困難重重。孔恩後來引入心理辭典（mental lexicon），說明在常態科學階段，說話社群中的概念系統的標準或有變化，但並不改變其心理辭典的結構。科學革命階段，心理辭典結構產生轉變。因此，在典範的狹義意義上，不可共量是在不同概念系統的心理辭典結構層次上，彼此以辭典結構上不可互相轉譯的陳述呈現。但是，不可共量既不是指不可對話，亦非指不可比較性，更不是指知識體系的全面差異。概念系統的差異是局部的、並非全然地不可對話和不可相互比較。就此而言，一個理想的精神分析翻譯，應該明顯不同於其他的翻譯。

這本宋老師的精心譯註之作，顯示宋老師在漢語基礎下的臨床功夫，嘗試向讀者說服重新閱讀佛洛伊德的翻譯文本，需要不同於其他翻譯的重要性和必要性。本書精選的譯本，不僅是因為除一篇文章外，尚未有中文翻譯，重要的是呈現佛洛伊德構築思想的歷程，以捕捉其由短論註記發展成重要論著的耕耘思想的「延異痕跡」，呈現佛洛伊德全集本身「未完成式」的反覆思想鍛鍊過程。當然，佛洛伊德的論述終究是「未完成式」，本書的譯註分成兩大部分，可說屬於理念篇與技法篇，都是「正在進行式」。這本書並非研究大全或閱讀指南，或是佛洛伊德的臨床密技法，而是促發我們重新認識精神分析的觀點。若以完整論述的文本是理解佛洛伊德的大他者（A）比喻，短文註記則如小他者（a），是引動理解精神分析的重要動因。

但有時，終究有話語轉譯的難言之處。然而，本書選譯評注的文本，無非是展現另一種考古學的形式，這樣的考古學不是要回到歷史過往遺址的路向，而是要回到我們「當下處境」，看到過去佛洛伊德留下來的問題，我們當代如何回應的處境。進言之，既然這是未完成式，宋老師的精選翻譯，不僅是帶領我們閱讀佛洛伊德的文本經驗，更啟發佛洛伊德思想所遭遇的問題，我們當代可以如何回應的重大課題。甚至，透過佛洛伊德的翻譯評註，帶出未完成式中可能的「未思」意義。「未思」的部分往往是由側面標定它、揭露它，這是一種思想的體驗，如此的體驗來自於研究，比較適合的策略是探索它，而不是用範疇來探討。宋老師長年對於精神分析的研究教學所淬鍊出的翻譯功力，充分展現這本書出版的當代價值，無非也是指向一種精神分析未思體驗的探索，而非定論的範疇。

因此，對於「回應問題」的關注，不是太快認同於啟蒙之光而自我遮蔽於既有的認識牢籠，而是在時代光照中持續搜尋暗影的旅人。宋老師始終是這樣的旅人，不斷在暗影中考掘，促發當代人共同面對我們尚未回應的佛洛伊德留下來的問題。當然，回應佛洛伊德留下的問題，需「重讀」佛洛伊德。重讀，不僅是多重反覆閱讀，更是重要的經驗過程。如〈論分析治療的開始〉（參見本書譯註）一文所示，我們閱讀精神分析的讀本，或許如同精神分析的實際操作，佛洛伊德認為就像西洋棋譜一樣，往往只有開局與結局的呈現，其過程依個人的不同而變化萬千，許多方式是依個人的習慣而定，分析師也應依病人的特質與個人的理由作適當的調整。只是，佛洛伊德的個案，與其說可以被治癒，不如說，經由精神分析的運動，重新「認識」自我的多重性。本書的閱讀位置，當然不是去複製體驗或片段相信，而是尋找自我分析的位置。

精神分析是一種使命，也是一則主體寓言，在這座永恆之城堡裡，當代精神分析的守城人，已多所變形（各式各樣的新、後佛洛伊德主義者們），但都無法繞道佛洛伊德的遺產，以及他所留下來取之不盡、用之不竭的話語。宋老師透過這本書所精選論文的翻譯評註，是一種對佛洛伊德遺產的注視。它從那一個發光點的層次注視著我們，讓整個精神分析的風景變得不只是風景，而是展示凝視永遠是光與晦暗之間的運作，是那樣的一縷光的閃現，帶著所有的模糊性和變化性，參與、注視著我們閱讀視窗的風景，以及聆聽沿路景觀的話語。

莊子曾提到：「辯也者，有不辯也。」莊子不僅不斷「因言遣言」的「否定敘述」，同時他還對自己的「否定敘述」加以否定。他相信自己的話和別人的話一樣，都是可以自我磨滅，自我否定。由此文化資源來看，宋老師評註文本的空白處、提問處，是宋老師留白不語的部分，這是讀者閱讀此書時參與思考的起點，也是與宋老師翻譯對話的開端，打開追問佛洛伊德面對的問題，以及探索未思的地帶。如此的體驗過程或許更可以見證出精神分析在二十一世紀，仍會是辨識時代口音與容顏的一種方法，只要，願意積極傾聽，聽瘖啞。在語言結束的地方，沉默開始了。沉默緩和地為時間引路，這也許，就得進入自我分析的反覆旅程，才能瞭解佛洛伊德不在別處，而在我們的生活、文字、書寫和夢作之中。

閱讀本書，是以增補佛洛伊德文本的方式出場，以別種語言出場。語言總是不斷地換場，在換一個方式說出的過程中，就像是更換鏡頭。在「彼」語言中翻譯「此」語言，意義在轉譯的同時也是意義的新生。我們，透過本書鏡頭所指向的位址閱讀聆聽，始終，以不離焦點的方式靠近精神分析的場景。

本文作者為臺灣大學心理學系教授

【推薦序二】

精神分析的譯（異）者

沈志中

無論在精神分析理論或其治療情境中，翻譯始終是重要的課題。如佛洛伊德早期便認為造成症狀的「抑制」（Verdrängung）是因為記憶無法被「翻譯」（Übersetzung）為文字所致，甚至也以翻譯為模型提出著名的精神裝置假設，亦即記憶並非知覺所留下的永久痕跡，而是會以不同的符號（Zeichen）被多次「重新排序」（Umordung）、「重新書寫」（Umschrift），最後構成為「無意識、前意識與意識」等系統。如此，從一個系統到另一系統所涉及的意義的改變就有如翻譯一般。[1]

顯然佛洛伊德對翻譯有著深刻的體悟，也因此能夠從自身豐富的翻譯經驗道出譯者的命運：「譯者即叛徒」（traduttore traditore）。[2]那甚至是雙重的背叛，因為翻譯必然背叛原文，亦背叛譯者自己的母語。以致於如布朗修（Maurice Blanchot）所言，「好的翻譯」總是受到兩種南轅北轍的評價，像是「真無法相信這是翻譯」或「這簡直就是原作」。前者顯然是因為翻譯完全拋棄了原文，才能寫出不像翻譯的文筆；而後者則徹底抹煞了母語，才能讓翻譯等同於原作。[3]翻譯便是如此矛盾的顛覆與自我否定。

然而，翻譯令人著迷之處又何嘗不是在於翻譯的不可能性。在外語的衝擊下，譯者被迫從語言的主宰者退位，不再確定什麼才是「忠實」的翻譯。但此種無權威的不確定性反而更讓他執著於不可能的「恰當」翻譯。譯者當然也知道，最好是不要翻譯，直接閱讀原文；而一旦翻譯，就只能無盡地追逐永不可及的「理想」。這正是翻譯的「異化」（aliénation）效應所產生的慾望辯證——就拉岡（Jacques Lacan）對該詞的定義而言。[4]翻譯必然造成譯者的分裂與被欲求的新的空洞客體產生。翻譯必須捨棄原文才能將作品轉變成譯者的母語，但同時翻譯也必須背棄母語才能讓它「說」它所沒有之新事物。正如「叛徒」這個字，無論是德文的 Verräter，或法文的 traître，均帶有「背叛」與「洩密」的雙重意義。譯者既「背叛」又「洩密」。顯然除了背叛原作、背叛母語這種雙重原罪之外，譯者同時也揭露了某種不為人知或無意識的語言的秘密。

同樣地，在《譯者的職責》[5]中，班雅明（Walter Benjamin）也主張翻譯並非為了不懂原文的人而作，而是一種獨特的語言形式。翻譯的功能在於讓作品得以在另一個語言中延續其生命（Überleben, Fortleben）。讓不同的語言各自以不同的形式說著「純粹語言」（reine Sprache）或「原初語言」

1 *Sigmund Freud Briefe an Wilhelm Fliess, 1887-1904*, Frankfurt am Mein, S. Fischer, 1986, pp. 155-6, p. 197.

2 Sigmund Freud, *Der Witz und seine Beziehung zum Unbewussten*, 1905. G. W. VI, p. 33, p. 135. 佛洛伊德一生從未停止翻譯，他先後曾翻譯過以下作品：J. S. Mill, 'Enfranchisement of Women' (1880); J.-M. Charcot, 'Sur un cas de coxalgie hystérique de cause traumatique chez l'homme' (1886); H. Bernheim, *De la suggestion et de ses applications à la thérapeutique* (1888-89); J.-M. Charcot, *Leçons du mardi à la Salpêtrière* (1892-94); J. J. Putnam, 'On the Etiology and Treatment of the Psychoneuroses' (1911); I. Lévine, *The Unconscious* (1926); Marie Bonaparte, *Topsy, Chow-Chow au Poil d'Or* (1938).

3 Maurice Blanchot, « Traduire », in *L'amitié*, Paris, Gallimard, 1971, p. 70.

4 Jacques Lacan, *Le séminaire XI: Les quatre concepts fondamentaux de la psychanalyse*, Paris, Seuil, 1973.

5 Walter Benjamin, *Die Aufgabe des Übersetzers, in Gesammelte Schriften* Bd. IV/1, S. 9-21. Frankfurt/Main: Suhrkamp, 1972.

（Ursprache），就像從支離破碎的碎片拼湊出花瓶的原貌。如此，翻譯就如同精神分析的「詮釋」（Deutung），它並非以意義取代另一個意義，而是透過意符的流動，去逼近一個具決定性的核心欠缺。

就此而言，翻譯永遠都只是語言生命的一小片段或一場「文字旅遊」（le voyage des mots）。[6]譯者的職責就在於盡量敞開其母語的門禁並悅納異己，讓被翻譯的作品能以令人感到陌異的「異者」面貌在另一個語言世界旅遊。當語言差異的碰撞並未導致「異者」的退避，而是引發更廣泛的議論時，或許旅遊中的「異者」也會考慮在另一個語言內定居。如此，翻譯的忠實並非忠於不可及的原文，而是忠於這種接納外語、呈現不可化約之語言差異的作業。宋老師的翻譯與評註工作，無疑是從譯者走向異者這一職責的體現。

精神分析的中文翻譯落後英、法等西方語言，甚至也落後日、韓等東方語言數十年之譜。但翻譯的落後未必是劣勢，因為從各種語言的翻譯經驗來看，中文精神分析學界將更有所警惕，不再心存提供一套既成、標準的佛洛伊德術語的幻想。雖然在英譯《標準版》（Standard Edition）的旗幟之下，這樣一套便利的術語確實對精神分析的傳播帶來一定的貢獻。然而晚近許多論者均一再挑戰《標準版》的權威，並質疑以這樣一套標準的術語來閱讀佛洛伊德的著作，所失去的難道不比所獲得的要多出許多？[7]正如法文版《佛洛伊德精神分析著作全集》的譯者所言，佛洛伊德的翻譯不應有最終的版本，而應是不斷翻新的「重讀佛洛伊德」：[8]

> 「佛洛伊德的作品乃是一種朝向越來越差異化的概念發展運動。若翻譯只是去適應並試圖重建此一運

動，這仍不足夠。所有真正的翻譯均不僅去體驗作品這個異者，相對地也讓作品去體驗翻譯這一異者經驗。唯有異者才能發現作品中隱伏的事物，也唯有過渡到一種外語才使作品的發展更為完備。〔……〕翻譯將成為作品生命中的一個契機。」[8]

若精神分析的中文翻譯能引領讀者對佛洛伊德更深入、更全面性的討論，甚至引出更多的翻譯工作，那麼精神分析的中文譯（異）者或可減輕其背負之滔天大罪。

本文作者為臺灣大學外文系副教授、
法國巴黎第七大學基礎精神病理學暨精神分析學博士

6 Wladimir Granoff, 'Biographies, traductions: le voyage des mots', in *Filiations: L'avenir du complexe d'Œdipe*, Paris: Minuit, 1975, pp. 254-279.

7 關於佛洛伊德著作翻譯的反思，請參閱：Meira Likierman, 'Translation in Transition: Some Issues Surrounding the Strachey Translation of Freud's Works', in *International Review of Psycho-Analysis*, 17:115-120.

8 A. Bourguignon, P. Cotet, J. Laplanche, F. Robert, *Traduire Freud*, Paris: PUF, 1989, p. 70.

重讀佛洛伊德：譯註者導論

> 知識作為一套同時發生的複雜事件之表達，我們無從說起，除非透過一一描述；也正因如此，我們所作的說明從一開始就恰恰由於單面的簡化而難免謬誤，故必須等到它們可以受到補充，而後可建之，亦可正之。
>
> ——佛洛伊德（Freud in *S. E.*, 23: 205）
>
> We have no way of conveying knowledge of a complicated set of simultaneous events except by describing them successively; and thus **it happens that all our accounts are at fault to begin with owing to one-sided simplification and must wait till they can be supplemented, built on to, and so set right. (Freud in *S. E.*, 23: 205)**

佛洛伊德有幾篇「未完成」的作品，其中最著名的是首尾兩篇：一是精神分析事業的起點，〈科學心理學研究大綱〉（Project for a Scientific Psychology, 1895）一文，擘劃出有如謎團的 φψω 系統大綱；另一是寫到半途絕筆的〈防衛過程中，「我」的分裂〉（Splitting of the Ego in the Process of Defense, 1938/1940）短文，把原已分裂拼裝的結構理論再加以核子分裂。二十四卷的《西格蒙特・佛洛伊德心理學著作全集標準版》（*The Standard Edition of the Complete Psychological Works of Sigmund Freud*，簡稱《英文標準版》，縮寫為 *S. E.*）實際上顯現出一位令人驚異的思想家，如何以恆動過程（processive）的狀態來建立精神分析這門學問。[1]因而這部卷帙浩繁的《全集》本身即是一部特大號的「未完成作品」——直到八十年後的今天，我們仍然陷落在那個巨大未解的謎團之中，四面八方摸索著各種出路——超過七十種國際專業期刊，數以萬計的各種語文專書和論文，[2]正在持續建立這門顯學的大業。

中文世界當然也陷在這個摸索的風潮之中，但只消知道：《全集》的中文譯本，至今只出現了全文的大約三分之一。[3]當全世界知識界有很多地方以讀完《全集》來做為踏進精神分析學問的門檻，那麼，我們

---

1 「恆動過程」（processive）一語出自 Patrick J. Mahony (1992) 'A Psychoanalytic Translation of Freud' 一文，載於 D. G. Ornston, Jr. (Ed.) *Translating Freud* (New Haven: Yale University Press, pp. 24-47)，這是馬洪尼（Mahony）在批評史柴契（Strachey）把佛洛伊德原文中許多動詞／名詞共用的語意都忽略，而導致許多「恆動過程」被翻譯成靜態名詞。參見下文的對於誤譯所作的一些商榷。

2 精神分析全文的文獻，最完整的大規模彙集應是《精神分析電子出版（資料庫）》（Psychoanalytic Electronic Publishing，縮寫 PEP Web），可在網路上付費查詢。其中蒐集了七十三種各國精神分析期刊自出版以來迄今的全文，以及佛洛伊德原著的德文、英文全集，和近百本名著的全文。二〇一七年新增的期刊有《国际精神分析杂志》中文年刊——從《國際精神分析雜誌》（*The International Journal of Psychoanalysis*）中精選的論文**中文翻譯**版本。

3 佛洛伊德著作的中文譯本有哪些？這是我的一位老友余伯泉，曾認真問過的問題，他當時是台大心理系的博士生。他先整理了佛洛伊德著作的所有中文翻譯資料，後來由他發起，串連一些有心於此的學者專家，預備對佛洛伊德全集進行全面的重新翻譯。我們想要翻譯的就是英文《標準版》，從未提過德文版，其理由是心理學界和精神醫學界根本沒有德文的人才（見下文）。後來，由我出面擔任主持人，在一九九八年向國科會提出一個經典譯註計畫的申請。申請案經過審查之後被否決，因為經典譯註計畫規定的原則就是「由原文翻譯」。我申請複審，國科會為此辦了一場正式的複審會，我在會上據理力爭，向全場審查委員說明目前國際精神分析學術通用的「原典」其實是英文《標準版》，但這個委員會最後仍決議不接受。此案也就再也沒人提了。嗣後，我們發現最大部頭的佛洛伊德中文譯本，是吉林長春出版社於一九九七年出版的一套《弗洛伊德文集》五卷，後來，二〇〇四年再出增訂版，就是目前看到的八卷。以頁數估計，約佔英文《標準版》篇幅的三分之一。

這個語文的知識界只能算是在門外徘徊的過路客。[4]即令是在美國，佛洛伊德過世後將近三十年才掀起「重讀佛洛伊德」（Re-reading Freud）運動，為他們的學界在上一代的長期誤讀與亂解而進行全面的門戶整理。[5]我們無法避免這種「重蹈覆轍」，問題是，如果我們真要進入這門學問，我們有沒有辦法先把翻覆的車給扶起來？

現代漢語（中文）本身，尤其是學術語言，從歷史的長河觀點來看，從其形成以來，可說是一直處在牙牙學語的狀態。從翻譯史來回顧尤其可知如此。[6]在現代化的第一波中，即十九世紀末到二十世紀初，我們曾使用大量的日本漢語借詞——就是借用了日本在翻譯西語時所鑄造的現代語詞（因為用的都是漢字，故不稱為「外來語」，而稱為「借詞」）。這裡不詳論借詞有多少，借用了多久，只要大家明白：日本使用的漢字，在很多地方表現了不同於漢語本身的語意，因此，借詞雖是個方便之計，卻同時造成了漢語本身在構詞法上的迷亂。「大學」、「哲學」、「心理學」、「物理學」、「生物學」、「經濟學」等等，如果一開始就由漢語使用者來自行造詞的話，到底會是何等光景？我們已經無法想像，但現在應該已有能力做正本清源的討論。其次，到了更近的時代，許多紛至沓來的新語詞，使用翻譯的漢語似乎都還不太能夠安定或區辨詞義，所以習慣上都還需用「後附原文（通常是英文）」的方式來現身，譬如：「自我（self）／自我（ego）」、「概念（concept）／概念（notion）」等等；或必須一直把新語詞加上引號，譬如：「……彼一时此一时，『语境』……变了，『意义效果』随之而变。但此『受取意义』有两个层面……」。[7]像這樣的語言，一方面靠著翻譯造詞，但還脫離不了對於原文的依賴；另一方面則顯然是尚未發展出穩定的意義，故隨時還需扶著引號的枴杖。

回到心理學的問題。由於佛洛伊德是現代心理學的學問根本之一，但學院心理學受到美國學院主流的扭曲影響，把佛洛伊德和他創造的精神分析邊緣化，乃至避而不談，因此，我們要尋路走回佛洛伊德之時，必須以「重讀佛洛伊德」來展現一個不能省掉的功課——對於精神分析這門顯學的翻譯。我們雖看似有超過半世紀的翻譯史，但這過程中充滿誤讀與亂解，反省一下就知應該進行全面的整修。我們該作的功

---

4 「知識界」包括了所有的人文、社會和自然科學學界。但以「思想史」作為代表的人文學圈，譬如稱為「中國思想史」的研究社群，卻至今未露出進入這門顯學堂奧的興趣。譬如余英時在《從價值系統看中國文化的現代意義》（台北：時報文化，一九八四）一書中強調「中國思想史上，個人修養一直站著主流的地位」，但在約略提及「心理分析」後，表示「佛洛乙德」對於「超自我」「良心」的問題「不是他注意力集中的所在」、「心理分析只能解決人的一半（或大部分）精神疾病」云云，論點輕率，可見無意深入理解。

5 「上一代的誤讀與亂解」事實上有一大段思想史發展上的問題需要補充說明，這裡只能略述：在安娜．佛洛伊德（Anna Freud）和梅蘭妮．克萊恩（Melanie Klein）的一陣世紀大辯論之後（參閱林玉華、蔡榮裕合譯《佛洛伊德—克萊恩論戰，1941-1945》（P. King and R. Steiner (1991) *The Freud-Klein Controversies 1941-1945*）（台北：聯經，二〇一三）敗陣的安娜由英國轉渡到美國，其後由海因茨．哈特曼（Heinz Hartmann）及大衛．拉帕波特（David Rappaport）等人的扶助，建立了美國特有的精神分析，稱為 Ego Psychology，其理由是認為佛洛伊德乃係 Id Psychology（按：根據拉岡在一九五〇年代的批判，以及半世紀後華勒斯坦〔R. S. Wallerstein, 2002〕的精深評價，這種心理學是相當無理的「單面簡化之謬誤」）。自此，國際精神分析協會的總部就隨著「嫡傳」的安娜．佛洛伊德而設立在美國，由海因茨．哈特曼擔任了二十年（一九五〇—一九七〇）的終身理事長，形成美國精神分析乃至心理治療界的一大霸權，妨礙了精神分析學的發展。在哈特曼過世後的一九七〇年代，由於英國客體關係理論（Object Relations Theory）和其他獨立派理論的輸入，以及美國本土埋沒多年的海因茨．科胡特（Heinz Kohut），和他的 Self Psychology 終於出頭，不但引發了全面重讀佛洛伊德的運動，也演化出美國當今的關係論精神分析（Relational Psychoanalysis）。〔補註(1)：R. S. Wallerstein (2002) 'The Growth and Transformation of American Ego Psychology'. *Int. J. Psycho-Anal.* 34: 89-97〕；〔補註(2)：Ego Psychology, Self Psychology 兩者都可譯為「自我心理學」。為了作出必要的區別，科胡特三本主要著作的中文譯本《自體的分析》（*The Analysis of The Self*）、《自體的重建》（*The Restoration of The Self*）、《精神分析治癒之道》（*How Does Analysis Cure?*）的譯者們都將 Self Psychology 譯為「自體心理學」。〕

6 請參閱陳福康，《中國譯學理論史稿》，上海：上海外語教育出版社，一九九二。

7 這段文字只是隨意抽選的例子，出自李幼蒸先生二〇一七年十二月在網路上寄發的〈学理析真系列(5)：再反思百年来文科留学文化之长期效果？〉一文。

課是重新翻譯，尤其是那些不曾出現過中文譯本的重要著作，或先前有太多錯謬的翻譯（參見上文，註5），我們只能以重讀的方式來逐步進行翻修。

這個功課，在本書中分成兩部分來呈現。第一部分是以「最後的佛洛伊德」為主幹，即《全集》末卷（一九三七—三九）中的幾篇選文，同時以前後比對的方式，選出幾篇早期或中期的重要作品，看看我們在先前的點狀翻譯的狀態下，是否確實誤解（或不解）佛洛伊德的意義脈絡。其次，第二部分是佛洛伊德在一九一一—一五年間所寫的《技法篇》，這是拉岡認為佛洛伊德和自己最不一樣的幾篇寫作。這兩部分的翻譯加上評註，就是我所謂「重讀佛洛伊德」的先期功課。但在此之外，這功課還有一個潛在的考慮，就是本書所選的佛洛伊德著作，除了一篇以外，[8]其他都未曾有過中文譯本。佛洛伊德有很多重要的作品，是以「短論」的形式寫成，而我們看到已有的中文譯本比較著重是成書的作品，其中偶爾會附有一兩篇短論，譬如〈論無意識〉（The Unconscious）、[9]〈論自戀：導論〉（On Narcissism: An Introduction）。[10]從佛洛伊德的寫作方式來看，成書的作品固然更像是寫完一個主題，或處理完一套理論，但這並非實情。有些編成一本而出版的書，實際上是由幾篇短文收錄而成的（譬如《性學三論》），另外，幾本重要的理論則是篇幅短小的書（譬如《自我與伊底》）。[11]如果我們忽視了這個寫作與出版的現象，就會使得很多短論被出版者遺漏。短論而非長篇大論，構成了二十四卷《全集》的大部分，一方面說明了佛洛伊德的寫作，其中不斷構想的「精神分析」這套學問，較多時候是邊想邊寫，而不是構想完整才下筆的大計劃——因此我們可以再說一遍：《全集》本身即是一部特大號的「未完成作品」。關於佛洛伊德理論未完成的問題，我留到《技法篇》的導論部分再來多談。

* * *

至於這本《精選集》的翻譯，還需交代的一個問題是：為何從英文《標準版》中選譯，而非譯自佛洛伊德的德文原著？很現實的回答是：就目前的語文環境來說，我們還很難逕自閱讀佛洛伊德的原文（德文）作品——以心理學這個學圈最現實的條件來說：（就我所知）從現代化開始至今，超過一世紀了，還沒有一位有影響力的心理學者曾經留學德國或其他德語國家，這就是我們所需面對的「語文環境」。[12]而我們所需的也不僅是「語文環境」的問題——我們若要建立「漢傳的精神分析學」，就要有一個能以漢語來討論精神分析，同時又能和國際精神分析接軌的學術社群。這是目前整個中文世界的學術環境所共同面對的學術挑戰。在我們的大學裡，不是多半讀著外文（英文）的教科書，卻用漢語來講課和討論嗎？但我們畢竟不是生活在雙語或多語的世界中。大多數人口，在漢語之外把英語當作「第二語言」（second language）來學習，且常遲到中學之後才開始。這種外語的學習環境，使我們平均的外語程度都還不足以像使用母語那

8 該篇就是〈釋夢在精神分析中的運用〉，見長春出版社的《弗洛伊德文集》，附在卷二：《釋夢》的後面。

9 在長春版的《弗洛伊德文集》中，譯為〈論潛意識〉。關於譯名是否妥當的商榷，下文再談。

10 附在長春版《弗洛伊德文集》，卷三：《性學三論與論潛意識》的最後一篇（不全）。

11 這書名常見的譯本都叫做《自我與本我》，一樣有譯名不妥的問題，見下文的討論。

12 其實，林耀盛教授提供了一則最新的資訊：至少有兩位心理學者是赴德國留學，且取得博士學位，但都非攻讀精神分析相關領域。一位是現任中正大學心理學系李季湜教授，生理心理學領域，畢業於德國杜塞道夫海因里希·海涅大學（Heinrich-Heine-Universität Düsseldorf）；另一位已經離開學術界，原先是文化大學心理輔導系郭士賢助理教授，主要是人格領域，畢業於法蘭克福大學（Johann Wolfgang Goethe-Universität）。但他們兩位幾乎沒涉獵精神分析，這也確實是我們必須面對的「語文環境」。尤其，相對於留法，留德的心理學家甚少。

般順利，譬如大多數大學生閱讀英文的速度（根據語言學家的調查發現），大約都要比閱讀中文多出四到五倍的時間。簡言之，這就無法構成「雙語」的環境。我們所謂的「雙語學校」，其數量和「中文學校」是根本不成比例的。漢語是我們大多數人最精通的語言，並且所謂的「漢傳」，在文化史上，這不是第一遭，但這個任務的艱鉅程度，已遠遠超過漢傳佛教那個時代的挑戰。精神分析的學問，其實只不過是這個艱鉅挑戰的一片剪影——怕只怕的是這個「漢傳」的傳人，連影子都沒看見。

但對於我們所面臨的佛洛伊德研究來說，英文版至少提供了一個可窺全豹的機會。英文「標準版」是目前國際精神分析學界共用的文本，我們在此用英譯本來開始，這情形正如佛經之透過梵文，而不是以釋迦使用的原文，來建立漢傳佛學系統一樣。我們現在的目標是要把精神分析的漢傳文本一步一步堆建起來——像佛洛伊德所說的「可補，故可建之，可正之」（can be supplemented, built on to, and so set right）——而不是要立刻完成一部用來典藏的《大藏經》。現代的佛學研究已經進入各種譯本相互比較的階段：巴利文、梵文、漢文、藏文等等，在所難免。但我們不能一直等待水到渠成，不能等到德語心理學研究人才都已到位的時刻。尤其對我自己來說，記得很深刻的詩句，出自王陽明：「若待完名始歸隱，桃花笑殺武陵人。」——我的「歸隱」是指從教職退休，總算可以不待完名，毅然全心投入譯經的大業。

* * *

我想我也應該談談我進入這種「佛洛伊德研究」的機緣：如何把「佛洛伊德研究」作為專業「精神分析研究」的必要基礎。

大學時代開始接觸「新潮文庫」中的許多精神分析文獻譯本，其中包括了佛洛伊德本人的一些著作，這可以先略去不提，畢竟這波新潮也沒持續太久。我在讀研究所碩士班期間，曾經興致勃勃地去德國文化中心修了半年德文，可惜畢業離開台北就跟這種學習斷線了。先前（在註3中）提過，我曾經和一群朋友一起申請過國科會（科技部前身）的「經典譯註計畫」，試圖翻譯《佛洛伊德全集》，沒通過審查。若干年後，我自己申請到兩次同類的精神分析譯註計畫，都已經完工出版。這兩本書一是以宗教研究為主題，[13]另一則接近於美學或藝術學的研究，[14]但兩位作者的共通之處是：在精神分析理論之外，他們都是臨床工作者。至於我自己的寫作，早在一九九二年就刊登在《國科會研究彙刊》上的文章，是我發表過的著作中最早期的作品之一，而該文的主題就屬於佛洛伊德研究。

在此之前，美國留學期間（一九八〇—一九八五），我主修諮商心理學（counseling psychology），不過我從未以「成為專業人員」來當作我攻讀博士學位的目標。對於這門學問，我覺得當時比較通行的一種名稱，「心理治療」（psychotherapy），比較具有學問的整體性。在美國從事心理治療工作的專業人員一般稱為「心理治療師」（psychotherapist），他們的學院訓練分別成兩種出身——「臨床心理學」和「諮商

---

13 保羅．普呂瑟（Paul W. Pruyser）著，宋文里譯，《宗教的動力心理學》（*A Dynamic Psychology of Religion*），台北：聯經，二〇一四。
14 梅莉恩．麋爾納（Marion Milner）著，宋文里譯，《正常人被鎮壓的瘋狂》（*The Suppressed Madness in Sane Men*），台北：聯經，二〇一六。

心理學」——但最終的法定名稱則一律叫做「有證照的心理師」（licensed psychologist）。不過，我當時所在的一所屬於 Big Ten（中西部十大）的大學，在其中竟找不到一門精神分析的課。在心理治療的理論課程中，會把佛洛伊德以及第二代的精神分析簡略帶過——不然就改談「紐精神分析」（Neo-Psychoanalysis）[15]或「自我心理學」（Ego Psychology）[16]——這些都是美國特有的品牌，在學院裡也一樣無法生根。而在心理治療的訓練課程中則採用綜合各派所形成的一套「有督導的實作方式」。督導實作會分階段進行，但既然擔任督導的教授都不是精神分析取向，所以精神分析只能以背景的方式，依稀存在於訓練的氛圍中——這氛圍裡一直可嗅出「深度詮釋」的必要，但就是不太願意提起佛洛伊德的名號。很奇特的對比在圖書館裡出現：心理治療類的藏書中，精神分析的著作滿坑滿谷陳列在書架上，從十九世紀末一直到當代，將近百年的文獻幾乎全部蒐羅在內。[17]我在留學的第一年就發現這樣的學術氛圍，所以，即便上課時難得討論精神分析，我卻可以自行飽覽圖書館裡浩瀚的藏書。在這樣的學習經驗中，我就可以說自己已經開始走上“psychoanalytically informed”（接受精神分析知識）的研究狀態。

一九八五年回國之後，開始擔任大學教職，第一件重要的大事，就是弄來一套英文《標準版全集》，安置在研究室的書架上。其他很多重要的相關著作，則都是從圖書館借出來，自己動手影印全書，[18]交由笨拙的美式裝訂做成書的樣子，也陳列在我的書架上。順便值得一提的是，當年擔任我的心理治療訓練課程那位督導教授，在一九八八年受邀來台演講，我擔任她整場的口譯。演講後她告訴我：回美國後要寄一本《科胡特講座》（*The Kohut Seminars*）給我當謝禮。因為有關心理治療的課程，在近幾年來已經發生了重大的變化：「我們現在都去芝加哥聽科胡特的講座。」[19]看看就想起我自己在圖書館裡苦讀精神分析時，那些教授卻要等到五、六年後才終於醒覺。

＊＊＊

我的博士後研究就此以自行研發的方式繼續航行。[20]上文提到那篇「早期作品」正是這種自行研發的佛洛伊德研究小成果之一。但像這樣出版的期刊論文，在台灣的心理學界卻是罕見的一篇，因為專業分工所產生的排斥性效應之故——精神分析是不是心理學？至少我們沒有一種心理學的專業期刊敢認這個帳。

研修幾年後，我開始有信心開課了。清華大學一九八九－九〇年的「弗洛依德與社會」，一九九一年「愛與性的精神分析」，間隔幾年到一九九七－二〇〇一年開「文化的精神分析」，都開在研究所；二〇〇二年起為大學部開了幾年「精神分析導論」，但在同年起又為兼任的中央大學及輔仁大學先後開設研

15 Neo-Psychoanalysis 這個名稱當然是指「新的精神分析」，但這個通名並非那些被指稱的人所創，只是個新聞傳播以及不明究底的教科書所用的詞彙。因為「新的精神分析」有很多派別，我們不妨讓這一派（即辛德勒〔Walter Schindler〕、拉佛格〔René Laforgue〕、佛洛姆〔Erick Fromm〕、霍艿〔Karen Horney〕、亞歷山大〔Franz Alexander〕，以及蘇利文〔Harry S. Sullivan〕等人）得到一個專名。

16 這個「自我心理學」（Ego Psychology）很容易和另一種「自我心理學」（Self Psychology）相混。下文會作分辨。

17 這是伊利諾大學的娥百娜－香檳校區圖書館，當時是全美第三大的大學圖書館。其館藏數量超過全台灣所有圖書館藏書量的總和。

18 美國的影印店依法不能幫顧客影印整本書。我們也有這種法，只是徒法不行罷了，謹誌之。

19 Elson, M. (Ed.) (1987) *The Kohut Seminars*. New York: Norton。芝加哥位在娥百娜－香檳校區北方，開車約需兩個半小時。

20 「自行研發」是指自己詳讀佛洛伊德，後來才以研究所授課的方式來引發討論。本書所選的文章，有些早在一九九〇年代就進入我的「指定讀物」書單。我的研讀過程有一點軌跡可尋，請見下頁附圖。

這說明了analyst目前的工作

between the subject and the external world—stated in the most general terms, by the frustration of satisfaction[1]—and if it had not for the moment even become expedient, it could never have taken place at all. But the resistances from this source are not the only ones or indeed the most powerful. The libido at the disposal of the subject's personality had always been under the influence of the attraction of his unconscious complexes (or, more correctly, of the portions of those complexes belonging to the unconscious),[2] and it entered on a regressive course because the attraction of reality had diminished. In order to liberate it, this attraction of the unconscious has to be overcome; that is, the repression of the unconscious instincts and of their productions, which has meanwhile been set up in the subject, must be removed. This is responsible for by far the largest part of the resistance, which so often causes the illness to persist even after the turning away from reality has lost its temporary justification. The analysis has to struggle against the resistances from both these sources. The resistance accompanies the treatment step by step. Every single association, every act of the person under treatment must reckon with the resistance and represents a compromise between the forces that are striving towards recovery and the opposing ones which I have described.

self-object / image / complex 三者之為一也

最大的阻抗：即使在逃離現實的理由已消失後，仍不放棄以病的方式存在

If now we follow a pathogenic complex from its representation in the conscious (whether this is an obvious one in the form of a symptom or something quite inconspicuous) to its root in the unconscious, we shall soon enter a region in which the resistance makes itself felt so clearly that the next association must take account of it and appear as a compromise between its demands and those of the work of investigation. It is at this point, on the evidence of our experience, that transference enters on the scene. When anything in the complexive material (in the subject-matter of the complex) is suitable for being transferred on to the figure of the doctor, that transference is carried out; it produces the next association, and announces itself by indications of a resistance—by a stoppage, for instance. We infer from this experience that the transference-idea has penetrated into consciousness in front of any other possible associations *because* it satisfies the resistance. An event of this

可以溫習一下 antithetical meaning of primal words：作為症狀，它的字根是什麼意思

任何能遷移到 An 這個形象之上的材料（即主題內容，or even 情節角色存在情態？）都會出現。

[1] [See the full discussion of this in the paper on 'Types of Onset of Neurosis' (1912*c*), p. 231 ff. below.]

[2] [Cf. the beginning of footnote 2, on the previous page.]

究所的「藝術心理學」、「瘋狂與現代性」，都是採用精神分析取向。二〇〇六年轉任到輔仁大學心理系後，在研究所課程中大致年年都會開設「精神分析經典選讀」或「精神分析專題」。較晚近開的課集中於新興的「關係論精神分析」（Relational Psychoanalysis）。這些開課經驗中，選讀的佛洛伊德包括成書的作品以及一些短論。在研究所的指定讀物中，凡是佛洛伊德作品，都選自《英文標準版全集》，其中就包括這本文選中的所有文章。「沒有中譯本」的現象會逼使選課學生無法「偷看」中譯本。我們師生一起接受英譯本的挑戰。二〇一五年退休後這兩年，在「心靈工坊成長學苑」講堂講系列的佛洛伊德課程，我仍選擇那些「沒有中譯本」的文章來當讀本。因為講堂的學員在知識背景上分布很廣，這種非學院的教學也不可能要求讀外文，這反而逼使我自己要作出翻譯。只不過，挑出的文章雖顯現了大多數人沒讀過的一面，我卻仍要強調「重讀」的意思，因為和可能讀過的佛洛伊德相較，這些新譯本不會是以前的出版品中完全沒提過的題材。正因為如此，我們的講堂就會一直出現「溫故知新」（或「知新溫故」）的效應——在所有可能的情況下，我甚至還實驗作跨文化比較，把佛洛伊德視為儒釋道傳統之外的另類經典傳統，這中間的「可比較性」也許非常令人費解，譬如用余英時那種思想史的態度來看；但反過來也許很耐人尋味。這要直接閱讀佛洛伊德作品，加上我所作的「提示與評註」才可能理解比較的用意。

在這篇導論中無法詳談的是如何在教學中展開「佛洛伊德研究」，亦即如何奠定精神分析研究的基礎。但在講堂的實際經驗上，我利用佛洛伊德著作中所畫的幾張理論圖示（diagrams），即可提綱挈領地用兩小時而得以確切說明精神分析原始理論的大要。但這工作萬萬不可用一般教科書的淺論來替代。以佛洛伊德本人在他和友人的通信中的兩例，試看看他如何以特殊的圖示來表陳他的理論構想：

例一：佛洛伊德與威廉．弗利斯（Wilhelm Fliess）的通信中所畫的 Draft M，（下圖）[21]在〈釋夢在精神分析中的運用〉一文的評註中曾用以說明治療工作如何由所見的症狀層層深入，是以名為「分析」。

例二：佛洛伊德與格歐．葛羅岱克（Georg Groddeck）的通信中所畫的「伊底與自我」示意圖（左圖上）。[22]此圖後來演化為《自我與伊底》（*The Ego and the Id*, 1923）書中的主要的理論圖示（左圖下）。[23]

* * *

在研修與授課過程中，發現中文翻譯本有非常多問題，而英文翻譯本其實也有很難避免的問題。雖然歐內斯特．瓊斯（Ernest Jones）曾經稱讚史柴契（Strachey）主導的這套《英文標準版全集》在內容和編輯上都勝過《德文版全集》，[24]而安娜．佛洛伊德則稱史柴契的譯文堪與原文媲美，但出版後的半世紀中，由於學潮不變（見上文

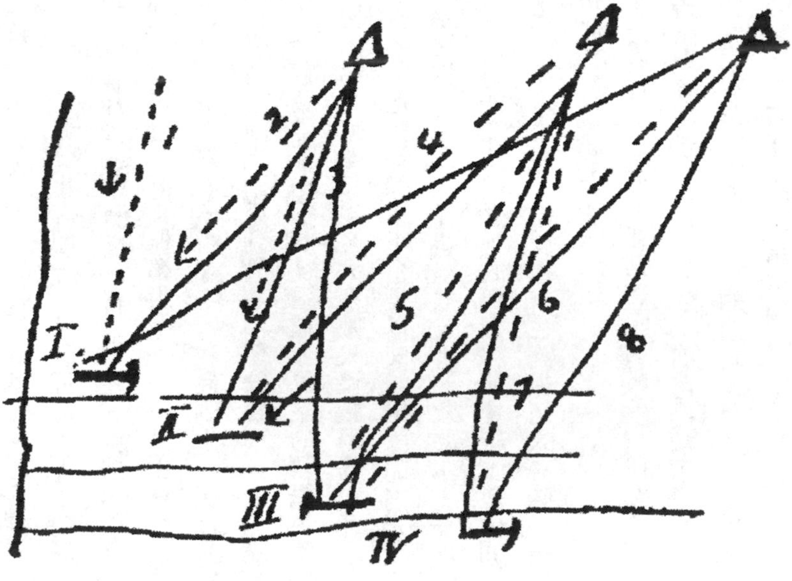

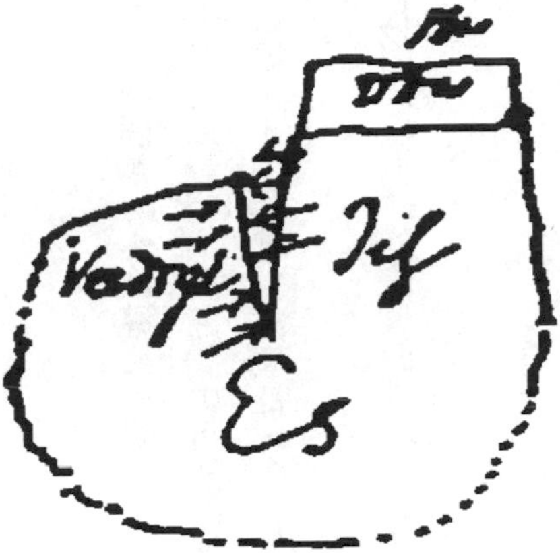

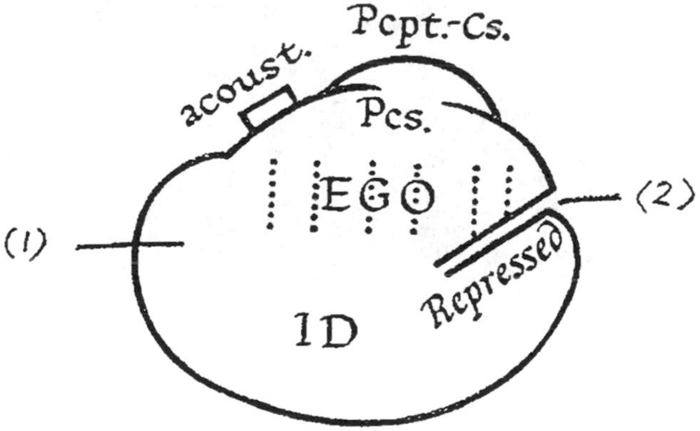

Fig. 1.

21 這些通信成書出版為《精神分析運動》（*Psychoanalytic Movement*）一書。

22 這些通信以作者格歐・葛羅岱克（Georg Groddeck）之名出版為《伊底之書》（*The Book of the It*. New York: International Universities Press, 1976）。

23 Freud, S. (1923) *The Ego and the Id*. In *S. E.*, 19: 24. 圖中兩個有括弧的數字是我在教學中為了特別的說明而加上的。

24 《德文版全集》（*Gesammelte Werke,* 18 vols. Frankfurt am Main: S. Fischer, 1940-68）所蒐集的著作少於英文標準版，並且沒有作精細的註釋和編排。

註5），一直有人在檢討史柴契的譯法。啟動這問題感的首先是布魯諾．貝特罕（Bruno Bettelheim）出版於一九八二年的一本小書《佛洛伊德與人的靈魂》（*Freud and Man's Soul*）；到了一九九二年，有一本書蒐集了九篇更進一步的討論，書名就叫《翻譯佛洛伊德》（*Translating Freud*），對於史柴契的譯法褒貶不一，但知這些都是用英文寫成的長篇大論，因為到了九〇年代，國際精神分析的學術環境大部分都已成了英文的天下。

* * *

關於翻譯舛亂的問題，本篇導論主要集中於強調一些關鍵詞的譯法：德文到英文，再到中文。雖然只是浮光掠影，但應足以說明這些翻譯中可能的誤讀或亂解，也提醒讀者對所有這些翻譯文字要抱持「騎驢找馬」的試探心態——不然就得靠廣泛、多量的閱讀，以掌握全集文脈的方式，來稍微鞏固許多幽微意義的詮釋。

為了讓這樣的呈現方式能儘量簡潔地達成教學效果，我先以貝特罕的批評為例，製作了一份英德翻譯問題舉隅的對照表，如下：

布魯諾・貝特罕對於英文《標準版》中的若干英譯名所作的商榷

S. E. 上的英譯名（括弧中為常見的中譯名）	佛洛伊德的原文	原文的意義（根據貝特罕而作的改譯）
uterus（子宮，醫學術語）	Mutterleib	womb（子宮，日常用語）
anatomy（解剖）	Zerlegung	taking apart（分開，剖析）
“The Interpretation of Dreams”（《夢的解析》）	“Die Traumdeutung”	Deutung ＝試圖捕捉某事物之深義；（《釋夢》）
mind（心理）；psyche（心靈）	Seele	soul（靈魂）
parapraxis（失誤：筆誤、口誤，等）	Fehleistung	a real achievement and a howling mistake simultaneously（同時既是真實的成就、也是天大的錯誤）
cathexis（精神貫注、精力投注）	Besetzung	occupation（佔據、盤踞），investment（投資、挹注）
defense（防衛）	Abwehr	parrying（閃避），warding off（擋開）
repression（壓抑、抑制）	Verdrängung	repulsion（排斥、斥開）
free association（自由聯想）	Einfall	“It comes to my mind (that …)”（「它來我心…」）
drive（驅力），instinct（本能）	Trieb	impulse（衝動，贊成法文譯法 pulsion）

貝特罕的商榷很值得參考，但其結果則見仁見智。我們更該談的是中文翻譯至今所出現的一些嚴重問題。我為此再製了一份對照表，來對中文翻譯最常見的誤讀與亂解現象作些商榷：

常見的中文誤譯與必須商榷的譯名舉隅

英文（德文）	中文誤譯	譯名的更正	商榷的理由
Unconscious (Unbewusst)	潛意識	無意識	「潛意識」原應是 subconscious 的譯名（又可譯為「下意識」）。此譯名與 preconscious 的譯名「前意識」完全同音，容易引起理論講述上的淆亂，必須更正——譬如有人說：「我們得對前意識與潛意識之間的互動有更進一步的瞭解」[25]——這樣的說法誰能聽懂？——「ㄑㄧㄢˊ」意識是指哪個意識？兩個該「進一步瞭解」的術語，在發音上竟然完全相同，誰還能「進一步瞭解」什麼？"Un-"在德文、英文中都是用作否定之意的字首，可譯為「不」或「無」，根本沒理由譯為「潛」。
Id (das Es)	本我	「它」；伊底	Id (das Es) = the It，在人格結構中是自我之外的我，但也是自我所不知、不及的他者。譯為「本我」就會把這種意思完全翻轉，成為一個實體化的，「本來就在那裡的自我」，此誤譯非常嚴重，不可沿用。改譯為「它」是一種還原；改譯為「伊底」（不知伊於胡底）就是一種翻譯的藝術了。

Transference (Übertragung)	移情；轉移	傳移	這個重要的精神分析術語在中文裡有好幾種譯法。其中譯者最不建議使用的就是像「轉移」這樣漫不經心的譯法。同時，還有一種常見的譯法叫做「移情」，這也很值得商榷。因為一九三〇年代的藝術心理學家朱光潛已經使用「移情」來作為“empathy” (Einfühlung) 的譯名（見朱光潛《文藝心理學》，台北：台灣開明，一九三六／一九六九）為了尊重前輩，以及不要和美學文獻的用語混淆，我們也不宜再用一模一樣的「移情」一詞來譯“transference”。因此，多年來，我在講授和寫作精神分析理論時都使用自訂的「情感迻換」（或簡稱「迻換」）一詞來翻譯“transference”這個關鍵性的術語。另外，在中文本的《精神分析辭彙》（沈志中、王文基、陳傳興譯）一書中是把此詞譯作「傳會」，大概是依照法語的讀音加上譯者們特別的理解而作此譯法，我們可以欣賞，但也不一定要照此使用。近來，包括沈志中在內，都開始使用了另一個譯名，叫「傳移」。斟酌過後，我覺得這是至今為止最中肯的譯法，因此也不堅持自己原先用的「迻換」，而在本書中一律改用「傳移」。至於“counter-transference”那就順裡成章地譯為「反傳移」了。

25 摘自樊雪梅《佛洛伊德也會說錯話》，台北：心靈工坊，二〇一三，p. 107。

Empathy (Einfühlung)	同理（心）	（移情）；神入；體會；印菩提	把 empathy 譯為「同理心」，最大的問題在於 “em-” 不是「同」，而 “-path” 不是「理」。朱光潛譯作「移情」本是個很好的譯法，可惜心理學界的人竟然不知道，在理解上也偏斜了很多。由於談 empathy 的精神分析文獻不在少數，有此認知者已改譯為比較貼切的「神入」。但我建議用更常見的語詞「體會」來翻譯 empathy 就已很得體；至於「印菩提」，那是個仿照玄奘「五不翻」原則而鑄造的一個音譯，僅供參考。
Identity	認同	身分識別；身分認同；同一性	「認同」應是 identification 的譯名。Identity 和 identification 意義不同，應避免使用同樣的譯名。「同一性」的譯法常見於哲學文獻。心理學談的應是「身分認同」或「身分識別」。
Sexual perversion	性變態	性泛轉	「性變態」一語帶有濃厚的貶抑之意，但在佛洛伊德的著作中只是用來描述驅力的一種轉向，其轉向沒有一定規則可循，故改譯為「性泛轉」。
Sexual inversion	性錯亂	性逆轉	「性錯亂」一語帶有更濃厚的貶義，變成一個不必要的污名，在佛洛伊德的討論語境中只是配合「性泛轉」概念的另一種驅力轉向——不朝向對象，而轉回自己，故謂之「性逆轉」。

以上每一個翻譯上的商榷，凡出現在選譯的文章中，都會以評註的方式再加說明。誤譯與亂解其實就是整個學術界的病徵。早年在中國只有零零星星的翻譯時，關鍵譯詞都還在斟酌拿捏中，未曾定案；後來台灣的一股「新潮」出現許多譯名，但學界也未曾有過任何評論商榷，譬如《夢的解析》和《釋夢》兩種譯法，哪一種比較妥當？若參看貝特罕的評論，前者對於原書名 "Die Traumdeutung" 是過度翻譯；但後者是根據英譯本的譯名 "The Interpretation of Dreams" 而來，無可厚非。直到最近幾年，上文所列出各種必須商榷的誤譯，其實仍然慣見於所有關於精神分析的翻譯作品中。有些譯者開始有些審慎的斟酌，譬如沈志中、王文基、陳傳興合譯的《精神分析辭彙》（台北：行人，二〇〇〇）；但也有些作者、譯者對於誤譯的問題還難以自覺，譬如上文對照表中（p. 30）所引的「潛意識／前意識」淆亂之例；或甚至為了他們的「慣性」（也叫「惰性」），無法接受批評，譬如上文提到《佛洛伊德—克萊恩論戰，1941-1945》一書的翻譯社群，雖然早都聽過上表中的商榷訊息，卻藉詞推託，至今未改。

我在面對這樣一個學術與專業社群時，把翻譯的問題視為整個社群是否能夠演進的風向球，也是我在研發過程中必須面對的難題。我不把那些淆亂視為障礙，而是知識社群竟然知識未開的徵候。由此觀之，只能說，有志者必須繼續自行前進。因為佛洛伊德只是精神分析挑戰的開始。

翻譯說明

1.本書各篇皆譯自《西格蒙特．佛洛伊德心理學著作全集標準版》（*The Standard Edition of the Complete Psychological Works of Sigmund Freud*, Trans. & Ed. James Strachey, et al. London: The Hogarth Press, 1966-74）。

2.這部《全集標準版》在註腳中出現時都縮寫為 *S. E.*，其後跟著的就是卷號、頁碼，譬如："*S. E.*, 20: 17-18" 就是「全集標準版，20卷，17-18頁」。

3.文本中用方括弧夾註的阿拉伯數字，如 [263]，是指在《西格蒙特．佛洛伊德心理學著作全集標準版》文本所在該卷中的頁碼。

4.文中的註腳有三種形式：(1)沒有方括號的係佛洛伊德的原註，(2)有方括號的是英譯者詹姆斯．史柴契（James Strachey）所加，(3)譯者所加的註都標上「譯註」字樣，包括為以上兩種註腳的補註。

5.內文、佛洛伊德原註及英譯者註腳中提到的參考頁數，指的是原文頁碼（請讀者參考譯文中夾有方括弧的數字），譯註和譯者評註中提到的參考頁數，則是中文版的頁碼。

6.所有在原文文本中的畫線文字都是譯註者要讀者注意的句子或段落，就是閱讀時應有的第一層次強調。

7.文中的粗體字有兩種：一是原文中的斜體字，包括佛洛伊德所作的強調，以及引用的外文（在本書中，是指英文以外的外文，譬如希臘文、拉丁文或法文），通常都是一個字、一個名字，或一本書名；另一是譯者的強調，這和前者可以區分的方式是：只出現於整句乃至整段的畫線文字之中，等於第二層的強調。至於在評註部分的粗體字，當然就是譯者所作的強調。

第一部分——重讀佛洛伊德

譯註者簡評

以下對於本書中選譯的第一部分文章先作點簡評。

第一部分：「重讀佛洛伊德」，用最後絕筆的兩篇短文開始，採用前後比對的方式，來引發一種重讀的動機。

1.〈精神分析中的幾點基本教訓〉

Some Elementary Lessons in Psycho-Analysis (1938) (*S. E.*, 23: 279-286)

本文在佛洛伊德過世的前一年下筆，可看出是未寫完的草稿，這和他分別寫過或長或短的精神分析「大綱」或「概論」有相同的意思，但這裡的「基本」當然不再是入門導論，而是提出一些精神分析的後設用意。在前言部分指出有兩種基本的知識引介方法（或即教學法），但他除了說他自己會交互使用之外，其實還不止於此——「第三種方法」已暗示於其中。接下來開闢了一節談「心靈的本質」，是屬於科學哲學的討論，就在其中指出了三點基本教訓。因為只開了一節，後面應還有第二節、第三節，但都未出現，故 *S. E.* 編譯者用刪節號來做結尾。

2.〈防衛過程中，「我」的分裂〉

Splitting of the Ego in the Process of Defense (1938) (*S. E.*, 23: 271-278)

「我／自我」究竟是不是異名同指？這是中文翻譯的一大問題。佛洛伊德本人較為關心的是關於「否認」的防衛機制造成的理論問題：否認是一回事（我本身的行動），否認的結果（創造出來的那個「我」）又是另一回事。在此可看出整個心靈裝置當中，伊底—「我」—超我（id-ego-superego）這套較晚的後設理論，和較早的無意識—前意識—意識（unconscious-preconscious-conscious）理論，本非平行的重複。兩者之間有複雜交錯的關係。這篇沒寫完的短文，一方面英譯者史柴契認為在佛洛伊德其他作品中還可找到較詳盡的討論，但另一方面，未完成應是留下令人遐思的理論空間：分裂究竟是心理過程的問題，還是理論層次之間的問題？

3.〈原初字詞中的正反兩義〉

The Antithetical Meaning of Primal Words (1910) (*S. E.*, 11: 153-162)

這篇寫於一九一〇年的作品顯現了佛洛伊德在早期過渡到中期時，發現夢的詮釋和字源學的問題脫不了干係，尤其是古代語文中的一語雙義，或正反兩義併陳於同一個字裡。現代的理性人會把古代語文視為原始蒙昧，正如大多數人對於夢的語法也因這種觀點而感到難解。文中引述了不少由語言學家在歐西語系中所發現的例子，但在此也可看出古漢語中有許多同樣的現象。看見這篇文章時，我很覺驚異，但在比對過《日常生活的心理病理學》、《詼諧及其與無意識的關係》兩書後，肯定佛洛伊德對於語言學研究的興趣是其來有自。而在晚年那篇〈基本教訓〉中所舉的口誤，正是這種原初字詞的語言機制在現代人口中的復活。

4.〈不可思議之事〉

The Uncanny (1919) (*S. E.*, 17: 217-256)

中期的佛洛伊德，在字源學上毫不鬆手，正如他在較為人知的上引兩書（《日常生活的心理病理學》以及《詼諧及其與無意識的關係》）中所展現的那樣，預告了拉岡（Lacan）日後可以宣稱的洞識：「無意識之結構正如語言結構然」。這篇討論的〈不可思議之事〉，竟然只從一個字（詞）引發出雙義、多義，乃至併為一義而呈現時，會對意義造成如何詭異的局面。語言學、文學雖然都曾經多方探討這問題，但最終是精神分析打開了一個全然不同的嶄新局面。不可思議絕非不可思議，只是必須改道行駛罷了。

5.〈否定〉

Negation (1925) (*S. E.*, 19: 233-240)

本文是對於「否定」概念及功能所作的精神分析詮釋。這是一種辯證法的論述，但在傳統哲學中很難用概念的討論而能談出這樣詭譎的否定法——夢、神經症（精神官能症）這些材料在精神分析的檢視下，才會清清楚楚看出：以肯定代表否定，以否定來否定，以及否定之後的種種替代肯定，等等。是即不是，不是即是，這樣的語言，在精神分析的材料中完全不是詭辯，而是一種表達。本文開頭的一個例子說明了這種表達方式，以及它如何被有知者一眼看穿：一件商品，在佛洛伊德那年代，凡是貼著英文標籤 "Made in Germany" 就一定不是在德國製造。

6.〈分析中的建構〉
Constructions in Analysis (1937) (*S. E.*, 23: 255-270)

像〈否定〉一文那樣，在大套的理論模型之內，還有細緻的方法概念需要深度考掘——這是在引用考古學的類比，但完全進入精神分析的「還原」——也就是一種「示意圖」般的建構／再建構。這種理論思維對於日後的影響，在傅科（Foucault）的「知識考掘學」中可以立見端倪。建構論的發展，法國領先，後傳至英美，德國的重建則瞠乎其後，要等待流亡者自四海來歸——這不是佛洛伊德可以預知的未來。

1-1 精神分析中的幾點基本教訓

Some Elementary Lessons in Psycho-Analysis

本文譯自英文《西格蒙特．佛洛伊德心理學著作全集標準版》，23卷（*The Standard Edition of the Complete Psychological Works of Sigmund Freud*, Volume XXIII）（1938），pp. 279-286。

[281] 若有位作者想引介幾門新知識——或說得比較謙和一點，幾條新的研究途徑——其對象是未曾受過這方面教育的大眾，那麼在以下兩種方法（methods）或技法（techniques）之間，他必須很清楚自己所作的選擇。

第一個可能是從每位讀者都知道（或自認為知道）且認為已經不證自明的東西開始，而這位作者也不必試圖立刻引發讀者的矛盾感。不消多久，就會出現個機會，讓讀者注意到，在這些東西之中，有些事實是他以前忽視了，或有些未能給予足夠賞識之處。由這裡出發，你就可以進一步向他引介一些事實，是他所完全不知的，因而也可讓他有點準備，必然要跨過他先前的判斷，以尋求新觀點和獲得新假設來進行考量。以此方式，你就可使他來參與建立這新題材的新理論，並且你也可以在此合作的實際過程中，來處理

＊「兩種」——假定教學法只有兩種，亦即：**發生學的**（*genetic*）方法（也可稱為「啟發法」）和**教義學的**（*dogmatic*）方法（也可稱為「說教法」）。佛洛伊德說他「在呈現問題時，我會有時用這（方法），有時用那（方法）……」

他先前對此的反對。像這樣就可以稱之為**發生學的**（*genetic*）方法。它會沿著這條途徑去探究他自己的來路。雖然有這樣的方便，但這方法也有其短處，就是沒讓學習者感受到足夠的驚異。他會對某些事情懵懵懂懂、視而不見；在這緩慢而艱困的成長過程中，把一些事情視為理所當然的現成物，即本來就已包含在這所知的整體之中。

正是在剛剛提到的效果中，會知道那是由另一種方法所產生，亦即**教義學的**（*dogmatic*）方法，直接從結論開始談起。其前提是要求聽眾的全神貫注和信仰，不需用什麼舉證來支持。在此就會出現一種險境——有批判性的聽者會搖著頭說：「講這些，聽起來都很怪：這傢伙是從哪裡聽來的？」

在下文中，我不會完全仰賴上述兩種方法中的任何一種：在呈現問題時，我會有時用這，有時用那。我對於這項工作的困難並不存有任何妄想。[282] 精神分析不太期待能夠很孚眾望並變得流行起來。這不只因為它要說的東西觸犯了眾怒。幾乎一樣多的困難是起因於這門科學所包含的一些假設——很難說那到底應視為我們的前提（公設），[1]或是我們的研究成果——

1［本文的唯一德文原版中，此字'*Voraussetzungen*'（前提，公設）在其出現的句子裡，顯然被誤植為'*Moralbesetzungen*'（道德的投注）。］

*事實上，第三種方法已在此誕生：「誘練法」（abduction）——以奇特的假設**誘**之，而**練**其所能思。這是當時不知的「方法」，至少沒有這個名稱。直到查爾斯·桑德斯·普爾士（Charles Sanders Peirce）的哲學在一九八〇年代廣為人知之後才出現於當代知識界。但和已知的方法相較，眾所周知的「歸納法」（induction）、「演繹法」（deduction）之外，佛洛伊德在相當程度上已經創造了第三種方法——「誘練法」——這譯名是我

用普通的想法很容易讓它們顯得怪異，且在基本上就與時下的觀點相矛盾。但我們無法不如此。我們必須在這篇簡短的論文中，以兩個冒險的假設來開始。

心靈的本質

精神分析是心理科學之中的一部分。也有人稱它為「深層心理學」（depth psychology）——我們往後會發現為什麼。如果有人問道「心靈」（the psychical）[2]真正的意思是什麼，我們可以很容易地數出它的種種成分：知覺、意念、記憶、情感以及意志行動——這些都是所謂心靈的一些成分。但如果提問者要打破砂鍋問到底：在這些歷程之間難道沒有某種共通的性質，使它有可能接近於它的**本性**，或接近人家有時愛說的心靈**本質**，那麼，這就更難回答了。

如果用類似的問題來問物理學家（譬如問：電的本質），直到最近之前，他的回答一定是說：「為了解釋某種現象，我們須先認定有電能存在於物體中，也從中釋放。我們研究這些現象，找出它們之間的共通法則，甚至可讓它為我們所用。這樣就已經在一定範圍內滿足了我們的所求。我們並不

反覆推敲後才鑄造出來，用在先前寫的一篇文章中。值得注意的用心是讓「歸納法」、「演繹法」、「誘練法」三個名詞的第二個字都一貫維持著「糸」的部首。

*佛洛伊德的《全集》叫做「**心理學著作全集**」。實際上，現在精神分析很難再被學院心理學承認為「心理科學之一部分」，除非有新典範的心理學誕生。精神分析有可能在大學中開設為跨學科學程，包含精神分析理論以及哲學史、神話學、宗教史等課程，可參見 Freud: On the Teaching of Psycho-analysis in Universities (1918)(S. *E.*, 17: 169-174)。

＊「凡是有意識的，就是心靈的，反過來說，凡是心靈的，就是有意識的」——此說是最流行的常識，亦即胡賽爾所謂「自然態度」。持有此觀念所造成的後果必是……

知道什麼是電的**本質**。我們以後也許可發現，正如我們的研究還會這樣持續下去。我們必須承認：我們的無知正是整個知識事業中最重要也最有意思的部分，但在此刻，我們不必為此憂心。在自然科學中，不就一直是如此嗎？

心理學也一樣，是一種自然科學，不然還會是什麼？但情況就是不同。不是每個人都可以大膽地對物理現象下判斷；但每個人——不論是哲學家或路人甲——都可對於心理學問題有他自己的意見[283]，並且擺出自己至少算是個業餘心理學家的模樣。每個人——或幾乎每個人——都同意心靈**有**其共通特性，可表現出其本質：換言之，「**有意識**」的這種性質即是——很獨特，不可言說，但也不用多說。他們會說：凡是有意識的，就是心靈的，反過來說，凡是心靈的，就是有意識的——這是不證自明的，要與此矛盾就毫無意義。我們不能說這種斷言算是照亮了心靈的本質，因為意識乃是生命中的一種基本事實，而我們的研究想要直入其中時，卻像撞上一面空牆，且無門可入、無路可走。更且，把心靈和意識等同的這條等式造成了一個不受歡

2 譯註：本文中的兩個關鍵詞，即此處的「心靈」和下文中的「意識」，在英文中都是使用「定冠詞＋形容詞」的形式來形成名詞，這意思比較像是「心靈的」和「意識的」，兩者都不是個界域清晰、定義明確的實體。中譯文雖採用普通的名詞形式，但讀者應把這樣的名詞一概讀成「尚待進一步定義」的樣子。

＊＊此句！

＊進一步的妥協：身心平行論，但「這套解法至今仍不能令人滿意」。比較可能的說法是「『身與心』似乎……」這句。見文末的討論。

＊我們必須「努力地否認心靈與意識間的等式」：就看此句——心靈的本質有意識在場／不在場的問題。

＊以下才是本文所謂的「幾點（三點）教訓」

1. 念頭的發生：不是來自意識，但也不能逕說是「來自無意識」，因為還有「前意識」的問題，原文在此

迎的結果，就是把心靈過程和世界中的事態脈絡分離開來，並造成心靈和所有心外之物之間完全相互對立的局面。但這是說不通的，因為不能忽視的事實是：心靈現象在很高程度上仰賴於身體的影響；而它自身又可對身體過程造成最有力的效應。如果人類的思想曾發現自身會碰上過不了的關卡，那就是在這裡了。想要找到出路，哲學家至少有必要認定：有機體的過程和意識過程是兩條平行線，其間的相互關係很難解釋。「身與心」似乎有某種媒介穿梭其間，還可將心靈穿插到生命的肌理之中。但這套解法至今仍不能令人滿意。

精神分析之所以能避開這種困難，是不是在努力地否認心靈與意識間的等式呢？正是如此；有意識並非心靈的本質所在。意識只不過是心靈的中的一種性質，且也是個非恆定的性質——它不是經常在場（present）而較常是不在場（absent）的。[3]心靈的本質不論是什麼，它本身是無意識的，很可能就和我們所知的一切自然過程一樣（無意識）。

精神分析能奠基於此肯定之上，有不少的事實可為憑據，我現在就選出幾點來談談。

＊（首先，）我們知道對人而言有念頭「發生」（occurring）是什麼意思——某些想法突然闖入意識中，而人自己卻一點也不覺察到那進入的步

處暫略，但值得補充說明 Psychic Apparatus（心靈裝置）之第一種模型：意識（CS）—前意識（PCS）—無意識（UCS）。見文末的評註。

2.「某一大類」——回到《釋夢》之後的第一本「另一類」著作：關於 parapraxis（失誤），在《日常生活的心理病理學》一書。

驟，雖然那一定屬於某種心靈行動。有時這種發生還會降臨在解決知識難題的時刻[284]，而這難題先前一直讓人徒勞無功。所有這些佔據在中間空檔的複雜過程——選擇、排除、決定——全都不在意識中。我們不應憑此就說出個新理論：那些發生都是無意識的，並且也可能會一直停留在那裡。

＊但進入第二層面，我應當選出一個例子來代表某一大類的現象。[4] 奧地利下議院的議長有一次在議會開幕時說：「我看到應出席的法定人數都已到場，我這就宣布本會**閉幕**。」這是說溜嘴的口誤——毫無疑問，議長想說的該是「開幕」。那為什麼他說了相反的話？我們可預期有人會告訴我們說，那是不小心的，那樣的失誤很容易發生，其理由有很多種：這是完全無意義的——而在很多狀況下，相反的事情特別容易產生這樣的互相代換。不過，如果我們把像這樣發生說溜嘴的情況放在心上，我們應該會更偏好另一種解釋——先前開過的好幾次會議都是吵鬧不休，而且也都沒達成什麼協議，因此議長會在當時發表這樣的開幕辭，那是再自然不過的：「我真希望

3 譯註：「在場（present）／不在場（absent）」的譯法一定比「出席／缺席」更適當。這一組形容詞往後還會常出現。

4 參照《日常生活的心理病理學》。[1901b, Chapter V, *S. E.*, 6, 59-60.]

要開的這場會就結束算了！我寧可在此宣布閉幕而不是開幕！」在他開口之時，他自己可能並未察覺到這個願望——這不在他的意識中——但這卻一定在場，因此它會成功地達成其效果，看來與議長的意願相反，讓他做出明顯的錯誤。單單一個例子很難讓我們在這兩種迥然有異的解釋間作出決定。但如果所有其他的口誤案例都可用這樣的方式來解釋，同樣的，筆誤或誤讀、誤聽，乃至每一個舉止失誤都如此？如果在那所有案例中（實際上可說：無一例外）都有可能證明有某種**心靈動作**（psychical act）在場——即有某個想法、願望或意向——可用來說明那個明顯的錯誤，並且在其生效之時是無意識的，即令它先前曾經出現在意識中？如果事實如此，那就不可能再繼續為此爭辯下去：事實上心靈的動作[285]不但是無意識的，並且也如此存在，還有，某些時候，它在無意識中的**作動**（active），甚至會比有意識的意向做得更好。這個表現失誤的人對此的反應可以有很多種方式。他有可能完全忽視，也有可能自己注意到，因而覺得非常尷尬、不好意思。原則上，他不可能在無外來協助下自己找到解釋；並且他經常對於我們所給的解答會拒絕接受——毫無例外，會拒絕一時。

＊最後，來到第三點。人很可能在催眠的狀態下得到實驗的證明，相信有無意識心靈活動這回事，並且知道意識並非不可或缺的（心靈）活動條

＊本句「這不在他的意識中——但這卻一定在場」，改用一個簡式來說，就是意識的「不在／一定在」，故還是叫做「不在場／在場」。

＊注意此句與下一句中兩用語的對比：「動作／作動」——最值得與此比較的就是漢語中對於許多功夫（譬如武功、藝術）的表現，是無意識作動，而非有意識的動作——是「無心」而非「有心」。

＊有關注意的問題帶出了PCS（前意識）的特徵。

3. 催眠實驗：暗示的作用。
佛洛伊德曾特別向伯恩海（Bernheim）、沙可（Charcot）學過催

眠術，後來創立精神分析以取代催眠術。（何以如此？催眠術與精神分析不能相容？——值得深思的問題）

件。任何人若是見過這樣的實驗，一定會獲得難忘的印象，並且對此深信不疑。催眠的發生大抵就像這樣：醫師走進病房，把他的雨傘放在一個角落，對一位患者施以催眠，並對他說：「我現在要出去了。等我回來時，你要拿著我的傘來迎接我，把傘打開，蓋在我的頭上。」醫師和他的助理這就離開了病房。當他們回來時，患者已經從催眠狀態中醒過來，但他果然完全遵照了醫師在催眠中對他的囑咐。醫師對他問道：「你這是在幹麼？這是什麼意思？」患者顯然很尷尬。他就作了些毫不知情的解釋，譬如：「醫師，我只是想，外頭可能在下雨，你在出門前應該會把傘打開。」這樣的解釋明明是不足的，在一開口時就露出他這行為的不當。對於我們這些旁觀者來說，我們很清楚他對於自己真正動機的無知。不過，我們當然曉得那是為什麼，因為我們在場看見催眠暗示施之於他，並且他後來也聽從而表現出來，而他自己對此確實一無所知。[5]

5 我所描述的是伯恩海（Bernheim）一八八九年在南錫（Nancy）所做的實驗，當時我就是他的助埋。在今天，我覺得沒有必要討論我對於這種催眠現象的懷疑。[參照佛洛伊德對於訪問南錫之時所作的更多說明，在他的《自傳研究》第一章（1925d, *S. E.*, 20: 17-18）。]

*雖獲得初步的解決，但還有進一步展開的必要—只是不能再陷入平行論—須在分析工作中發現種種（新的）支配法則。見結尾。

*Psychologism（心理主義，一種唯心論）必須排斥，但需要重建的是Psychism（Psyche 的道理，或精神力，譬如列維納斯（Lévinas）的用法）。回頭看看充滿玄機的一句話：「身與心」似乎有某種媒介穿梭其間，還可將心靈穿插到生命的肌理之中。（p. 46）

意識和心靈之間關係的問題，現在可當作已經獲得解決：意識只不過是心靈的一種性質[286]或屬性，更且是個非恆存的屬性。但還有一個進一步的反對之論，我們須加以處理。有人告訴我們說：雖然上面提到的都是些事實，但不必因此而捨棄意識和心靈之間的同一性：所謂的無意識心靈過程應是有機體的過程，本來就早知是和心理過程平行的。這樣說就一定會把我們的難題化約成無關緊要的定義問題。我們的回答是這樣的：只為了要產出一個定義而在心理生活的統一體上硬劃出一道裂口，這不但是沒道理也是失策之論，因為很顯然在任何狀況下，意識只能給我們所知的現象提供一段破破碎碎的關係鏈。而且這很難說只是個偶然狀態，除非我們能把心靈的定義作個改變，好讓我們有可能對於心靈生活建構出一套可綜合理解且連成一氣的理論。

我們也沒必要假定這種對於心靈的替代觀點純是由於精神分析而起的革新之論。有位德國哲學家，李普斯（Theodor Lipps），[6]極為清楚地肯定心靈本身是無意識的，而無意識也就是真正的心靈。無意識這概念很久以來就一直敲著心理學的大門並要求進門來。哲學和文學也很常和此概念打交道，但是科學卻看不出它的用處。精神分析抓住了這個概念，很嚴肅地看待它，並給了它新鮮的內容。由於精神分析的研究，無意識心靈的各種特徵才逐漸為人所知，而自此之後就不再令人懷疑了。精神分析還發現了其中一些支配性的法則。但這些法則中沒有一條會帶有「意識的性質已經對我們不再重要」的含意。意識仍然是一道光，燭照著我們通往黑暗心靈生活的道路。在我們發現的特徵影響下，我們的心理科學研究將會包含把無意識過程翻譯成意識過程的工作，於是就可讓意識感知之中的鴻溝得以填滿……。

*對於「意識」／「無意識」的重新理解（「翻譯」）或更新的可能：舊的理解稱為「無意識(1)」／「意識(1)」，這是把無意識和意識分別歸為沒有交集的兩個範疇。

*新的理解則是「無意識(2)」／「意識(2)」。兩個範疇變為有重疊的層次或場域（上下兩條線的虛線部分所代表）：

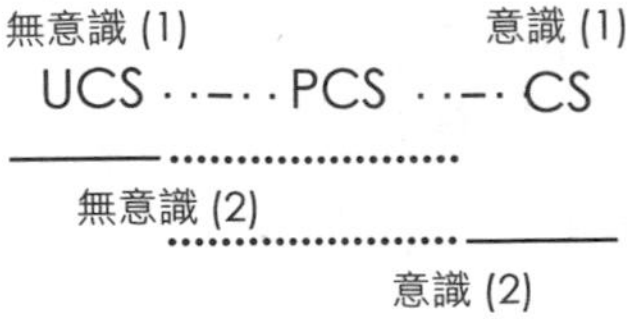

*正如透過 "evenly-suspended attention" 會得出這樣的理解。前意識作為兩範疇交會、重疊的第三範疇，才會在理論上產生。

6 〔一八五一—一九一四。慕尼黑的哲學教授。關於佛洛伊德與其著作的關係，可見於在佛氏論笑話（jokes, 1905c）一書的編者序註腳，*S. E.*, 8: 4-5。〕譯註：對於學心理學的人來說，重要的關聯應在於：李普斯正是美學上的 "empathy" 概念之倡議者。漢語美學文獻自從朱光潛於一九三〇年代將此概念引進之後，就一直使用「移情」來翻譯 "empathy"——目前這個語詞和另外一個同名的「移情」（transference）之間發生了相當擾人的混淆。

1-2 防衛過程中，「我」[1]的分裂

Splitting of the Ego in the Process of Defense

本文譯自英文《西格蒙特・佛洛伊德心理學著作全集標準版》，23卷（*The Standard Edition of the Complete Psychological Works of Sigmund Freud*, Volume XXIII）（1938），pp. 271-278。

[275] 我自己偶爾發現一個有意思的立場，就是不知道我現在想說的，究竟是早已為人所熟知的東西，或是個全新的謎團。我比較傾向於認為是後者。

我終於感受到一項事實的震撼，亦即我們在分析中所認識的患者那個人，他的那個「我」，在好幾十年之前那個年輕的「我」，在特殊的壓力情境中，就已經會表現出特別值得注意的行為。我們可把當時那些出現的狀況給個含混籠統的說法，就說那是在某種心靈創傷的影響之下才會發生的。我比較喜歡選擇一個可以明確定義的個案來討論，雖然這當然不能涵蓋所有可能的因果模式。

＊在逝世前夕仍然會「偶爾發現」一個有意思的立場。

＊英譯名 Ego 在原文為 das Ich，其英文的對應譯法應是 the I：「我」，或那個「我」（詳見譯註）。

讓我們先做個假定，這樣說吧：一個小孩的「我」在強大的本能驅力支配（instinctual demand; *Triebanspruchs*）[2]下，會慣於獲取滿足（satisfaction），但又同時會立刻體驗到某種恐懼，其中含有的教訓乃是：這種滿足本身若要持續下去，必將導致幾乎無法承受的真實危險。在這處境中必須作個決定：要麼承認此一危險，順服於它，且將此本能的滿足予以放棄；不然就是否認（disavow）現實，且讓那個「我」相信沒理由害怕，這樣就能把滿足保留下來。於是就有了這樣的兩相衝突：一面是本能（驅力）的要求，一面是現實的禁制。但這小孩事實上並不只採取任何一面，或說，他同時採取了兩面，而其結果是同一回事。他對此衝突所做的是兩個互相矛盾的回應，而兩者都算是有效的（valid and effective）。從一方面來看，以某種

*同時的體驗——那個「我」的體驗：滿足與恐懼——必須用心靈裝置（psychic apparatus）的理論模型來作解釋。

*關於「否認」的問題，可參看本書中的〈否定〉一文。

*是誰「讓那個『我』相信」？所謂的「兩面」與「同一回事」。此段現象學式的描述，在自然態度下（通常是指患者）斷乎不可能。

---

1 譯註："Ego" 一詞在現有中文翻譯中都譯為「自我」，而 "self" 也慣譯為「自我」——這樣的譯名其實已經造成相當淆亂的問題，但此二者在佛洛伊德的語言中所指的不是同一物。我們現在設法來解決這問題：把「自我」留給 self；然後再來處理 ego：由於佛洛伊德在德文原文中是用 "das Ich"，相當於英文 "the I"。布魯諾．貝特罕曾批評《全集標準版》的英譯者使用拉丁文來翻譯，只是基於醫學用語的一種積習。現既知佛洛伊德本人的用語，我們也可儘量嘗試使中文翻譯能和佛洛伊德的原意相當，故在此使用加上引號的「我」來譯 "das Ich"。在行文中也常使用的是「那個『我』」。會用「那個」是因為在文中常用代名詞 "it" 來稱呼之故。

2 譯註：標準版的譯文是「本能的支配」，佛洛伊德的原文則是「驅力的支配」，在此將兩者合併譯出，讓意思的表達更為周延。

機制氣息之助，他拒絕了現實，不肯接受任何禁制；但另一方面，在同一次的氣息中，他也承認了現實中的危險，以病理徵候的方式接收了對該危險的恐懼，從而能讓自己脫除恐懼。**我們得承認，這對於難題而言，實為非常聰明的解決之道**。針鋒相對的兩造都各取所需：本能驅力可保留住它的滿足，而對於現實也算是給了相當的尊重。但任何事情總都會有[276]或此或彼的代價，而獲致這樣成功的解決，所付出的代價乃是那個「我」之中的傷口永遠不會癒合，只會在時間中擴大傷痕。這一衝突的矛盾兩面會持續成為**分裂的「我」（a splitting of the ego）**的中心點。這整個過程在我們看來實在太奇怪了，只因為我們一直以為「我」的過程理當具有這種綜合為一的本質。[3]但在此的我們顯然是錯了。「我」的綜合功能，雖然特別重要，仍然要臣屬於特定的條件，並且也會向整體的困擾而傾斜。

我在此若能引進一段個案史，將會有助於對這個基本圖示的探究。一個小男孩，在他三、四歲的時候，就因為一個比他大的女孩引誘，而熟知了女性的性器。在這段關係破裂之後，他開始熱切地以手淫的方式來獲取性的刺激；但他很快就被保姆抓到——她揚言要把他閹割，而當然，如一般的情形，要由他的父親來下手。在這案例中出現的情況，估計會產生相當嚴重的驚恐。閹割的威脅本身不必然會造成巨大的印象。小孩會拒絕相信，因為他

＊你跟佛洛伊德一樣覺得奇怪嗎？「我」（ego）的過程——「綜合為一的本質」：這就是「我」，或仍是「自我」（self）的一部分？

＊用個案來説明。注意以下幾個特殊語彙：
閹割恐懼（castration fear）（而不是閹割的現實）
戀物／物戀（fetish）
泛轉（perversion）
傳移（transfer/transference）
誤置（displacement）

很難想像自己的身體有任何可能會失去這麼重要的部位。他（早先）看過女性的性器，而這才使得這個小孩相信真有此可能。但他也沒就此而得出結論來，因為他打從心底裡就不願接受這一套，並且也沒有任何動機會逼他相信這些。相反地，不論他對此有何不安，他仍因想到「失去的東西都會長回來」，就此而得以感到寬慰：女孩在以後總會長出一根（陰莖）。任何人如果對於小男孩有足夠的觀察，定會記得自己碰過這樣的想法，就是看過小姊妹的性器，都會作如是想。但是，如果兩項因素同時俱在，那就不一樣了。在那情形下，威脅使人憶起先前所見的無害景象，而現在回想起來變得很可怕。這個小男孩現在認為他了解為何女孩子的性器裡沒有陰莖的任何徵象，並且從此深信不疑：自己的 [277] 性器也終將會碰上同樣的命運。於是他再也無法避免相信：閹割的危險乃是真實的。

對於閹割的驚恐，在正常過程中常有的結果是（或者當下立刻，或則經過一段掙扎），這男孩會順服於此一威脅，對此禁制完全遵從或至少遵從一部分（亦即不再用手摸自己的性器）。換言之，他完全或部分地放棄了這種

3〔譬如可參看《精神分析新論》（*S. E.*, 22: 76）中的第三十一講，編譯者所加的註腳，其中有好幾條其他的參考文獻。〕

本能的滿足。不過，我們就要聽到我們的患者準備說，他找到別的出路。他創造出一個替代物來作為他在女性性器中看不到的陰莖——也就是說，一個戀物（a fetish）。[4]這麼一來，他對於現實的否認是真的，但他也因此而保住了他自己的陰莖。只要他不必然認定女性失去了陰莖，那麼他就不必相信那威脅是針對他而來：他不必為他自己的陰莖而擔驚受怕，所以他可以安然地繼續進行自慰。這樣的行為發生在我們的患者身上，著實讓我們受到不小的震撼，因為他已經脫離了現實——這樣的程序，我們寧可保留給精神病患。而事實上，兩者已經沒多大分別。然而我們還是該暫時擱置我們的判斷，因為進一步地仔細省視，應會發現其間有不能不算重要的區別。這個男孩並不只是和自己的知覺相矛盾而憑空幻想出原本沒有的陰莖；他所發動的只不過是價值的誤置（displacement of value）——他把陰莖的重要性傳移（transfer）到身體的其他部位，這樣的程序是由退行的機制（mechanism of regression）之助而得以達成（其方式在此暫不贅述）。誤置是真的，但只和女性的身體有關；至於他自己的陰莖，則沒發生任何改變。

以這樣的方式來對付現實，值得我們稱他一個讚，而這是男孩具有決定性的實際行為。他繼續進行自慰，好似他的陰莖不會發生危險；但在此同時，和他看起來的大膽與漠視全然矛盾之處，在於他發展出病徵，顯現了他

*戀物（a fetish）乃是那個「我」所創造出來的一個替代物。注意：那個「我」實乃「自我」的一部分。（有必要時，應加強說明那個「我」和「自我」之間的後設關係。）

*回顧上文的「同時體驗」：意識與（身體）症狀之同時出現，但又似乎各自分離。

實際上仍然承認有此危險。他受到父親會來動手閹割的威脅，並且很快地同時既造出了他的戀物癖，也由茲發展出他對於父親會來懲罰他的恐懼，這程序所需要的乃是他的整套雄性力道（the whole force of his masculinity），來駕馭以及過度補償。對於父親的這種恐懼，在閹割的矛盾問題上也是完全沉默無言的：經由 [278] 退行到口腔期之助，他發展出的恐懼形式乃是被父親吞噬。談到這裡就不可能忘記希臘神話中的原始片段，即克洛諾斯（Kronos）這位古老的父神，吞掉了他的孩子，並且還要繼續吞吃幼子宙斯（Zeus）；後來宙斯得到母親的技能之助而倖免，他最終還把他的父親閹割了。但我們還是要回到我們的個案史上，再補述這個男孩產生的另一個症狀，雖然只是很輕微的一點點，一直保留到今天。就是一種焦慮的感受性，不讓任何人碰他的兩支小腳趾，好似在否認和承認之間來來回回，而這恰恰是閹割所能找到的更清楚表現……。

＊能看出「很輕微的一點點」症狀，就是精神分析和哲學／詮釋學的根本不同之處。

4 譯註：此一創造過程，在《性學三論》中有較多討論，佛洛伊德稱之為「泛轉」（perversion），特別可參看 *S. E.*, 7: 155-162。

1-3 原初字詞中的正反兩義[1]

The Antithetical Meaning of Primal Words

本文譯自英文《西格蒙特・佛洛伊德心理學著作全集標準版》，11卷（*The Standard Edition of the Complete Psychological Works of Sigmund Freud*, Volume XI）（1910），pp. 153-162。

[155] 在我的《釋夢》（*Interpretation of Dreams*）一書裡，我把我的分析工作之中某一項發現作成一段陳述，但在當時我對其意義還不甚明瞭。現在我要在此重述一次，當作本文的序言：

「夢對於對比（contraries）和矛盾（contradictories）等範疇的處理方式非常值得注意。它（對此範疇）簡直就是毫不在意。『不』字在我們所知的夢裡幾乎不存在。夢表現出一種特別的偏好，就是會把矛盾的兩造結合成一體，並使之再現（represent）為同一事或同一物。毋寧唯是，夢還自覺有自由，可把任何元素依照願望而再現為其相反物；於是，乍看之下，我們就無

＊除了對比和矛盾這兩個主題範疇之外，要額外注意關於**呈現**（present）和**再現**（represent）這兩個用詞。先前看見"present/absent"這組對比時，其譯法是「在場／不在場」。翻譯常需依照文脈的改變而調整譯法，於此可見一斑。

法決定在夢思（dream-thoughts）之中所呈現（present）的任何元素，究竟會自承其為對比中的正方或反方。」[2]

古代世界的解夢者似乎都竭盡所能地利用此一概念，即夢中的任一事物都可意指其相反的事物。這種可能性在當代研究夢的人之中也偶爾會得到承認，只要他們願意先退一步這樣想：夢是有意義的，並且也可以詮釋。[3]如果我假定：所有在釋夢這條科學路線上追隨我的人，也不見得都能對以上那段引述找到什麼確認的證據——但我不認為我這樣說，便已冒了什麼大不韙。

我本來無法理解在夢作（dream-work）[4]中為何會有此偏執傾向，就是會對於否定（negation）毫不在意，且會用同樣的再現之法來表示一組對比，直到我碰巧讀到字源學家卡爾・阿貝爾（Karl Abel）的作品，那是出版於一八八四年的一本抽印小冊，也包含在次年該作者出版的《字源學論文集》

*重複強調，說明了「不」、「否」在夢中的文法。這也是在反覆摸索「無意識」概念時的早年（一九一〇），所發現的一種證據。把問題重述：簡化與深化，讓理論的第一階／第二階（形而下／形而上——後者在本書中都譯為「後設」）同時發展。

1 〔在一九二四年之前的版本中，本文標題曾加上引號，並且有個副標題，是這樣的：「對於卡爾・阿貝爾（Karl Abel, 1884）一本帶有同樣標題的小冊子所作的回顧評論」。〕

2 《釋夢》（1900a, *S. E.*, 4: 318）。

3 參閱 G. H. von Schubert (1814, Chapter II)。

4 譯註："dream-work" 一詞中的 "work" 不單指夢的工作，也指夢的作品。譯者認為後者的意思要強過前者，因此把 "dream-work" 譯為「夢作」——這樣的造詞法和「創作」一詞的造詞法是一模一樣的。

（*Sprachwissenschaftliche Abhandlungen*）一書中。該文的題材有趣到足以讓我摘引出原文的整個重要段落[156]（不過會刪略大部分的舉例）。我們從此文中可獲得驚人的訊息，使我們能看出：我剛才引述的夢作之作為，和我們所知的最古老語言，其實是在使用同樣奇特的伎倆。

在強調過埃及語文有多古老，即它的起源一定比最早的象形銘文還要更早，之後，阿貝爾接著說（1884, 4）：

「現在可見的埃及古文，這原始世界的獨一無二遺存，其中有不少的字含有兩個意思，一個意思正好是另一個意思的反面。我們來假想一下，如果德文中也有這樣的字，那定會令人覺得是明顯的廢話，譬如『強』字的意思既是『強』也是『弱』；在柏林用的名詞『明』可同時指『明』和『暗』；慕尼黑的居民把啤酒叫做『啤酒』，另一個當地人卻用同樣的字來指『水』：但這正是古埃及人在使用語言時所經常用到的驚人實踐。你怎能責怪一個人在聽到這種話時會一直搖頭不信呢？……（舉例省略。）（1884, 7）：「既已看到這些和許多類似於此的正反同字之例（見附錄），則毫無疑問的是，至少每一種語言中都會有許多字詞是同時指著正反兩義。不論多麼令人吃驚，我們所面對的乃是事實，也必須要跟著它一起傷

*由這句話可知阿貝爾的說法中，一時忘了漢字，但他其實並非不知。

腦筋。」

這位作者接著就把一種解釋先予以排除：這樣的情形只是兩個字碰巧有相同的發音。有人試圖把埃及的心智發展說成停留在低水平，他很堅定地對此說法予以駁斥。

（1884, 9）：「但埃及絕非廢話之鄉。相反地，那是人類理性發展的搖籃之一……。它曾認出純粹而有尊嚴的道德，且也已把十誡中的大部分都形諸文字，而在同時代的其他文明，有許多還很習慣要在嗜血的偶像神面前，用屠殺活人來當作犧牲獻祭。這個民族在如此幽暗的時代中點亮了正義與文化的火光，他們不可能在日常的言語和思想中顯得如此愚蠢……。一個有能力製造玻璃，還會把巨大石塊[157]用機械來搬運的民族，必定至少具有足夠的理智，不會把一事一物與其相反的事物混為一談。那麼，我們到底要如何把這些事實和埃及人允許在語文中讓正反兩義併陳的奇風異俗融合在一起呢？……他們是不是習於讓同一個發音載具用來承載互相為敵的思想，並且也慣於把最為對立的事物綁在一起，成為分不開的一體？」

*是的，甲骨文雖然也點亮了文明，但商代考古遺址確實有殉葬者的遺骨出土。所以，阿貝爾的下一句話，即文明與嗜血，不一定不能併存——這樣的看法，更接近於精神分析的精神。

＊這才是本文的正題。

＊阿貝爾想起了中文——參見譯註。以下談的「相反相成」之道，在《老子》和《莊子》書中有充分的發揮，但要記得，那已經是公元前四—六世紀，距離埃及古文和甲骨文的出現，分別晚了兩千多年和一千多年。

在試圖作任何解釋之前，還需提一提埃及語言中更進一步令人不解的慣例。

「在埃及語詞中也許最不尋常的特癖，和結合正反兩義為一詞相當不同的，就是它有一種複合詞，把正反兩義的兩字結合為一詞，但其詞義卻只是這兩字之中一字的意思。於是在這種不尋常的語言中，不僅有些字分別代表『強』或『弱』，還有『令』或『遵』，但它也有像這樣的複合詞：『老—幼』、『遠—近』、『合—分』、『外—內』……雖然結合了差異的兩極，卻只代表其中一極的意思，也就是分別為『幼』、『近』、『合』、『內』等等……於是在這種複合詞中，相反概念是有意地結合在一起了，但其用意不是要形成第三義，就像在中文所發生的情形那樣，[5]而只是要用複合詞來表示相反兩義之中的一義——這一義單用一字也可以表示……」

只不過，這樣的謎團比它表面看起來其實很容易得解。我們的概念本來就是用比較而形成的。「如果只有光明，我們就不可能分別明暗，結果我們也就無法有『光明』的概念和字眼……」「很顯然這個星球上的每樣事物都是相對的，其能有獨立存在者，只能憑藉它和其他事物之間的關係分別而有以然……」「既然每一個概念都是這種對比的雙胞胎，那麼你怎能在向別人溝通時既要讓別人理解，卻能不先想到用相反對比來互相襯托……？」（1884, 15）：「既然『強』的概念不能[158]在沒有『弱』作為對比時形成，那麼『強』字裡就會同時帶有『弱』的回憶，正如所有的東西都是如此才能成為存在的。事實上，這個字既不特指『強』也不特指『弱』，而是指兩者之間的關係和差異，這樣就以同等的形式把兩者同時創造出來……」「人類除非利用相反來指相反，否則就真的無法習得最古老、最簡單的概念，在此之後才能用程度之別去學會區分正反兩義的兩端，且可因此而想起其中之一端，而不意識到另一端。」

既然語言不只是用來表達人自己的想法，基本上還是要用來向他人溝通的，因此就會出現這樣的問題：此一情形如何發生——「原初的埃及人」是要讓他的鄰人瞭解「雙胞胎概念中的哪一方在某特殊場合中才是他所指的那個」。在他們的書寫語文中，這功能通常會以所謂「**定性**」符徵（'determinative' sign）之助而得以實現：字母化的書寫（將這符徵）放入

＊順便一提：在甲骨文中也有很多類似的「**定性**」符徵，但都和發音無關，也不能只說是象形、會意、指事。而應說是一種「後設語言」的符號，譬如「是」字的中間那條橫槓，用以表示上半的形符與下半的形符之間的連接關係。語言

5 譯註：佛洛伊德在引述阿貝爾的這句話時，似乎也同意這裡談到的「中文」已是眾所週知的現象。譯者認為這也許是事實：當我們說「不識好歹」「不知死活」之時，其實重要的語意就是「不識歹」「不知死」。像這樣的例子一定還有很多，讓能使用「中文」的人自己來發現也罷。

學家趙元任就很反對將甲骨文稱為象形（pictography）文字、意形（ideography）文字等，而認為要叫做理形（logography）文字才對。

*我們雖不是字源學家（或語言學家），但在知識的根本之處，人人都必須（在相當程度上）具備語言學、字源學的知識。

文字當中，之後就被指派了這種特定功能，卻不是有意要讓它發出音來。（1884, 18）：「如果埃及文 “*ken*” 是要意指『強』，它的發音用字母寫出來就會跟隨有一個舉起手來的人形；如果同一個字要意指『弱』的話，則代表該義的發音字母後面就會有個蹲坐或跛行的人像。其他大部分像這樣一字兩義的情形都會以類似的方式隨之以解釋其義的圖形。」阿貝爾認為在言說中，想表達的意思在說出該字時，就會以手勢來伴隨該意指。

根據阿貝爾的理解，正反兩義都是在字的「最古老字根」中出現。在語言發展的後續階段中，這樣模稜兩可的情況會逐步消失，然而在古埃及文中所有未定性的階段無論如何都還可讓我們摸索出來，沿此直下而來到不再曖昧的現代語彙。「原初帶有雙義的字眼在後來的語言中分離成兩個字，各帶有其中一義。其過程是相反兩義各以特殊的發音來『還原』（reduction）或修飾（modification）原初的字根。」因此，例如象形字的 ‘*ken*’，即「強—弱」，就會分化成 ‘*ken*’ 表「強」，而 ‘*kan*’ 表「弱」。「換言之，原來只能用兩義併陳才會出現的概念，在人心中逐漸熟悉於各自獨立[159]的存在，於是兩端才有可能據此發展而以分別的發音來代表各自的意思。」

相反兩義的原初存在，其證據在埃及文中很容易發現，後來，根據阿貝爾的看法，也延伸到閃米語族和印歐語族的語言中。「這現象到底還延伸到多遠，進入哪些其他語系之中，還有待我們的觀察；因為，雖然相反兩義的併陳對於所有會思考的心靈而言，原來必存在於每一個民族之中，但卻不一定在每個地方都可發現其保留下來且可辨認的字義。」

阿貝爾進一步呼籲我們注意哲學家貝恩（Bain）的宣稱——雖則他顯然不知此現象的存在——事實上他確曾這樣說過：這種一字雙義，就理論基礎而言，乃是邏輯上的必然。貝恩提到此現象的段落[6]是這樣開始的：

「所有知識、思想或意識在本質上的相對性，除了在語言之外就無法以自身顯示出來。如果我們所能知的每一事物都可看成由其他事物轉渡而來，則每一種經驗就一定會有兩面；要不是每一名稱都帶有雙重的意義，那就是每一意義都會有兩個名稱。」

從「正反兩義的舉例附錄」中（有埃及文、印度-日耳曼文、以及阿拉伯文），我挑選出幾個例子來，即令我們不是字源學的專家，也可讓大家都增強印象。拉丁文 '*altus*' 意思是「高」與「深」，'*sacer*' 則是「神聖」

＊語言學也好，精神分析也好，最終的解圍之道**難逃於哲學也**。記得這是一九一〇年的佛洛伊德。

＊以下所舉的例子已是篩檢過的一些。讀者至少要記得幾個你可以認識的例子。然後，再回頭想想：漢字裡是否可找出對應於此的例子？（可參見：許進雄《中國古代社會：文字與人類學的透視》，台北：台灣商務，二〇一三。許進雄

6 Bain (1870, 1, 54).

與「受詛咒」，在此，我們不必作任何發音的修正即可完全看出其正反兩義。用發音上的一些變化來區分出對立，則可看以下幾例，譬如：'*clamare*'（「哭喊」）—'*clam*'（「輕聲地」、「秘密地」）；'*siccus*'（「乾」）—'*succus*'（「多汁」）；在德文裡的'*Boden*'仍指房屋中的最高處（「頂樓」）與最低處（「底層」）。或是'*bös*'（「壞的」）可與'*bass*'（「好的」）併成一對；在古撒克森語中的'*bat*'（「好的」）也可和英語中的'bad'（「壞的」）拉成雙，還有英語的'to lock'（「上鎖」）也可對上德文'*Lücke*'，'*Loch*'（「洞口」）。我們可以拿德文'*kleben*'（「黏上」）和英文'to cleave'（「分開」）來作對比；德文還有'*stumm*'（「啞」）和'*Stimme*'（「聲」）這一對，等等。以此方式，也許甚至最具有[160]嘲諷意味的名句*lucus a non lucendo*（不發亮的小樹叢）[7]也可由此看出些意思來。

阿貝爾在他的論文〈語言的起源〉（'The Origin of Language', 1885, 305）中，又呼籲大家注意進一步的蹤跡，來看出古人在思想上的困難。直到今天的英國人在說德文'*ohne*'（without）時還常會說成'*mitohne*'（with-without），還有東普魯士人也一樣。'with'這個字本身，在今天相當於德文'*mit*'，原初的意思既是'without'也是'with'，這可從'withdraw'（「撤退」）和'withhold'（「按捺」）兩字中看出。同樣的變化也可從德文

說：「經過長期的擴充，一個字可能擁有不太相關，甚至是相反的意義，譬如『亂』字……在周代兼有治與亂的相反意義……『絕』與『繼』……的古代字形也只是正反之別……。」（p. 7）

*對於「古人在思想上的困難」之解釋——實類似於今人在不同語言體系之間轉換的困難。"Do you mind if I sit here?" 這問題常會使母語是漢語的人不知該回答 yes 或 no；"You don't know, do you?"——你在回答時，會不會有轉換的困難？

'*wider*'（「對立於」）和 '*wieder*'（「在一起」）中看出。

為了拿來和夢作比較，在古埃及文之中還有其他更極端怪異的特性，對於這比較而言有顯著意義。在埃及文中，字詞可以——我們一開始就得說是顯然可以——**把發音和意思都顛倒過來**。我們可先假設德文 '*gut*'（「好」）是個埃及文：它的意思就可以既是「好」也是「壞」，而它的發音也可讀作 'tug' 和 'gut'。像這樣發音顛倒的例子不勝枚舉，以致不能解釋為純粹的巧合，還有，此類例子也多可在雅利安語和閃米語中發現。我們先把自己限定在日耳曼語系中，就可發現以下幾組例子：[8]

Topf [pot]（鍋）—pot（盆）；

boat（舟）—tub（缸）；

wait（等待）—*äuwen* [tarry]（佇候）；

＊在漢字就要加上「字形顛倒」：「左」「右」顛倒是顯例，本來只是無所謂的問題，意義不變，但後來竟會演變成如同歐洲語言一樣，指善惡、高下的截然之別。

＊以下數例：「至少要記得幾個（或至少一個）你所能認識的例子」，理由是：讓你的詞庫中的意義結構可以保留有「兩義對反」的可能性。

---

7 ['*Lucus*'（拉丁文的「小樹叢」）據說其字根源自 '*lucere*'（「發亮」），因為那裡根本不會發亮。（出自昆提良〔Quintilian，約公元三五—九五年〕的 *De institutione oratoria*, I, 6）]

8 譯註：原文中沒有像下文這樣分條編排，但為顧及讀者在閱讀上能作清晰的比較，故譯者特意改成如此。這裡舉的日耳曼語系之例包括德文和英文（英文以外的語文用斜體），幾例中有「音反義同」和「音反義反」兩種。下一段（擴大語文範圍者）的編排方式同此。

hurry（匆促）—*Ruhe* [rest]（停歇）；

care（照料）—reck（顧慮）；

Balken [beam]（橫樑）—*Klobe* [log]（木材）, club（棍棒）

如果我們把考慮範圍擴大到其他的印度-日耳曼語系，則相關的例子也自然會跟著增多，例如：

Capere［拉丁文「拿」（"take"）］—*packen*［德文「取」（"seize"）］；

ren［拉丁文「腎」（"kidney"）］—*Mere*［德文「腎」（"kidney"）］；

leaf（英文「葉」）—*folium*［拉丁文「葉」（"leaf"）］；

dum-a［俄文「思」（"thought"）], *Θυμός*［希臘文「精神」（"spirit"），「勇氣」（"courage"）］—*mêdh, mêdha*［梵文「心」（"mind"）],

Mut［德文「勇氣」（"courage"）］；

rauchen［德文「抽菸」（"to smoke"）］—*Kur-it*［俄文「抽菸」（"to smoke"）］；

kreischen［德文「哀嚎」（"to shriek"）］—to shriek（英文「哀嚎」），

等等。

＊這些字的讀音大致接近於羅馬拼音的讀法，讀者不妨試讀一讀，才能體會讀音顛倒的意味。

＊是的，字源學問題，佛洛伊德幫我們都開脫了。但他在此要引入他的發現了：孩子們……夢……影象——正是精神分析的開始！

＊於是，在開脫之後，解夢者的語言（文字）學，依然是難逃的要求！

阿貝爾試圖解釋以發音顛倒作為意義重複或字根複製的現象。我們在此會覺得有點不容易跟上這位字源學家。像這樣的關聯，我們所能記得的應是孩子們喜歡玩的字詞發音顛倒遊戲，以及在夢作之中經常使用 [161] 把材料顛倒再現的技倆，其目的則是變化不已的。（在此的「材料」就不只是字詞，而是影象以顛倒的順序呈現。）因此我們就更會傾向於把發音的顛倒溯源到更深的起源上。[9]

在本文開頭所提到的夢作以及字源學在古代語文中的發現，兩者之間有奇特的對應關係，我們可由此而確認了我們所形成的觀點，亦即夢中所思的表現方式有退行（regressive）及古老（archaic）的性格。對我們這些精神醫療者而言，無法逃避的疑點乃是：假若我們對於語言發展所知更多的話，我們對於夢的語言所作的翻譯（是否）應該更為精進才是。[10]

---

9 對於發音顛倒的現象（文法學上的「音位轉變」〔metathesis〕），也許甚至和夢作有更密切的相關——比之於意義矛盾的現象（即「正反兩義併呈」〔antithesis〕）而言。還可另參閱 Meyer-Rinteln (1909)。

10 還更可以假設：字詞原初意義的對反現象，所展示的乃是一種現成的機制，會被利用於各式各樣的目的上，亦即如說溜嘴所說的，乃是相反的意思〔這是指和意識所欲的相反〕。

1-4 不可思議之事[1]

The Uncanny

本文譯自英文《西格蒙特・佛洛伊德心理學著作全集標準版》，17卷（*The Standard Edition of the Complete Psychological Works of Sigmund Freud*, Volume XVII）（1919），pp. 217-256。

I

[219] 一個精神分析師很難得會對於美學題材感到非研究不可，就算我們把美學理解為不只是美的理論而是感覺品質的理論也罷。他的工作所在乎的心靈生活層次很少牽連到在其下默不作聲的情緒衝動，認為其中含有壓縮的目的，並仰賴於一大群的併隨因素，而這通常就是供給美學作研究的材料。但是，在偶然的機會中，還是會讓他對於該題材的某特定領域感興趣；且這領域通常被視為遙不可及，以致在美學的專門文獻中未受重視。

關於「不可思議之事」（the 'uncanny'）[2]的題材就落在這樣的領域中。

*精神分析和美學的糾纏，自佛洛伊德以降，已有很長的歷史，因此在術語使用上不可混淆：特別是「傳移」（transference）一詞不可再沿用坊間大多精神分析出版品上使用的「移情」——因為「移情」在漢語美學中是作為"empathy"的譯名，自一九三〇年代至今皆然（由朱光潛作品開始）。這先來後到的次序應受到尊重。

＊要為美學另闢蹊徑——從醫學／心理學文獻中找起：**嚴啟**（Jentsch, 1906）之作。

無疑的，這是有關於令人感到害怕的東西——會激起的情緒就是驚恐；同樣可確定的乃是：此詞的用法並非經常有清晰的定義，因此它會和一般引起恐懼的用字混為一談。然而我們也可在其中感到特殊的情感核心，使得我們有理由給它一個特殊的概念名稱。你定會很好奇地想知道這共同的核心是什麼，竟能讓我們把「不可思議之事」和其他的可怕領域區隔開來。

在此題材上，有許多可有可無的美學論文，老在談什麼是美、迷人、崇高——也就都是關於本質上正面的情感——說出此意的背景與目標無非如此，而不致能夠談出與此對立的反感與憂苦。我所知的醫學／心理學文獻中，唯一屬於例外的嘗試，是一篇看似沒有結果但也不盡然如此的文章，由**嚴啟**（Jentsch, 1906）所作。但我必須坦承，和這篇拙文相關的文獻，我並未做過完整的查閱，尤其是國外的文獻，我的理由[220]很容易猜到，就是我

1 譯註：'Uncanny' 是個形容詞，但加上定冠詞 'the' 之後就變為名詞。在本文中，前者譯為「不可思議（的）」，後者譯為「不可思議之事」。

2 [這個德文詞彙，（不加定冠詞時）在本文中一律翻譯為「不可思議」（uncanny），其原文是 '*unheimlich*'，在字面上應相當於英文的 'unhomely'。但這個英文當然不能準確等於德文原文。] 譯者補註：英文 'unhomely' 譯成中文該是「不家常」，顯然對原文而言不可達意。至於史柴契選用的英譯名 '*uncanny*'，在字面上的中文翻譯也許該作「不可知」或「不妥貼」，但中文本身在本文的脈絡下應做些語意上的調整，由是之故，譯者認為「不可思議」才是更準確的譯法。

們所生活的這個世代使然；[3]因此本文要向讀者呈現的東西，其實不敢有任何優越的宣稱。

在嚴啟對於「不可思議之事」的研究中，他很正確地強調了事實上的障礙，亦即人對此情感品質的敏感度實有天壤之別。實際上，筆者自己也必須在此先自承過失，因為他對此事態的感覺魯鈍之故，而能有極端細膩的感性才是更為需要的。長久以來，他自己沒曾體驗過或聽說過任何事情可讓他獲得不可思議的印象，因而他必須動用的起頭方式乃是把自己翻譯到這種情感狀態中，透過此法來使自己對此體驗可能有所醒覺。毋寧唯是，這種困難還使得此事態必須在美學的許多支流中才能有力地感覺到；我們不必因為此一問題品質的事例須由此發現而感到無奈，要緊的是讓大多數人能夠毫不猶豫地認知。

在一開始，有兩條路線對我們開放。其一是找出何等意義在其歷史發展中會和「不可思議」一詞連在一起；另一是蒐集所有和人、物、感官印象、親身經歷、情景事境有關的性質而能引起不可思議之感的，然後從所有這些事例中推論其中共有的（但也是未知的）不可思議性質。我敢說，這兩條路線最終必定交會於同一結果：所謂不可思議之事，即是某一類的恐怖，但總是會把我們導向所知的老舊而熟知之事物。這怎麼可能，在什麼狀況下，熟

*謙稱自己心思不夠細膩，故需使用特別的方法來使自己對美學體驗有所醒覺：(1)**把自己翻譯**到這種情感狀態中，(2)輔以**美學的許多支流**才能增加這種感覺。

*順便提醒一下：佛洛伊德在這一段**使用的自稱**是「筆者」，因此下文就須用「他」來稱呼這個筆者。這是一種學術寫作的慣例，但到了下文，佛洛伊德自動轉換慣例，改稱自己為「我」。在目前精神分析文獻中，後面這種慣例反而比前者更常使用。

*開始的兩條路線，最終必有交集——一言以蔽之可也，但為何會如此？嚴啟未有充分的解釋。

知的事物會變得可怕到不可思議？在下文中，我就要把它揭示出來。我也要補充一點：我的探究實際上始於好幾個個案，只是後來才由語法檢驗來確認。不過，在本文的討論中，我要倒過來談。

德文的 *'unheimlich'* 顯然是 *'heimlich'*（homely，家常）、*'heimisch'*（native，本地原生）的相反詞——亦即熟悉的相反之意；而我們難免會遽下結論道：所謂「不可思議之事」之所以令人害怕，就是因為它既是未知卻又是熟悉。不過，當然不是每樣新的不熟悉之物都會讓人害怕；其間的關係不能只用相反來理解。[221] 我們只能說：新鮮的事物很容易變得令人害怕和不可思議；有些新東西會令人害怕，但絕非所有皆然。在新鮮和不熟悉之上必須再加點別的性質，才能讓它變得不可思議。

總而言之，嚴啟未能讓不可思議之事超越和新鮮、不熟的關係。他把產生不可思議感的基本因素歸因於知識上的不確定；因此不可思議之事就好像一直是某種你不知道你跟他（它）是怎麼關聯起來的東西。一個人對其環境愈是搞清了方向，就愈不可能在其中對任何東西產生不可思議的印象。

在這樣的定義中，不難看出其不完整性，因此我們必須試圖超越「不可

*開始進入德文的文字學——從支流進入美學正題。

*由此又獲得一簡單的通說，下文要超越嚴啟，逐漸展開此字在語意上的複雜性。

*本文討論的關鍵字 *'unheimlich'* 必須先用德文顯現，方可討論所謂「語意複雜」的問題。在英譯文、中譯文裡本來沒有這種問題存在。

3［這說法是指第一次世界大戰剛剛結束的時代。］

（除了德語／英語之別外，即在我們所熟悉的國語／方言之間，也可發現相同用字卻帶有不同語意色調的現象：讀者試找出一些例子來！）

＊正因為很多語言中沒有這種語意的詞彙，因此要儘量在能找到同義字或近似詞彙的語言中下工夫：精神分析研究須配備有能使用或認識多種語文的條件。

思議＝不熟悉」這條等式。我們首先要轉向其他語言。但字典不能告訴我們任何新鮮事，也許正因為我們自己所說的語言就是外國話。確實的，我們得出個印象，就是在很多語言中，對於所謂令人害怕的這一特殊色調，根本沒有一個特別的語彙可說。

以下的幾段摘述，我從賴克博士（Dr. Theodore Reik）的著作中受益良多：[4]

拉丁文：（K. E. Georges, Deutschlateinisches Wörterbuch, 1898）一個疑雲重重的場所：*locus suspectus*；在一個不可理解的夜晚時間：*intempesta nocte*.

希臘文：（Rost's and Schenkl's Lexikons）ξένος（亦即：奇怪，如異國般）。

英文：（用以下的字典：Lucas, Bellows, Flügel and Muret-Sanders）同義字：Uncomfortable, uneasy, gloomy, dismal, uncanny, ghastly；（關於房屋）haunted；（關於人）a repulsive fellow.[5]

法文：（Sachs-Villatte）*Inquiétant, sinistre, lugubre, mal à son aise.*

西班牙文：（Tollhausen, 1889）*Sospechoso, de mal agüero, lúgubre, siniestro.*

義大利文和葡萄牙文似乎只能以閃爍其辭來描述。在阿拉伯文和希伯來文中，「不可思議」等同於「鬼魅般」、「毛骨悚然」。

我們這就回到德文來。在丹尼爾・山德斯（Daniel Sanders）的 *Worterbuch der Deutschen Sprache*（1860, 1, 729）這本字典中，可以找到如下的幾個詞條，就是在 *'heimlich'* 這個字下所有的說明，我將它們整段摘錄在此 [222]，用黑體字（斜體字）[6]強調了幾個字眼和段落。[7]

Heimlich，形容詞；名詞作 *Heimlichkeit*（複數 *Heimlichkeiten*）：

I. 也作 *heimelich, heimelig*，屬於房子的，不陌生，很熟悉，溫馴，親密，友善，等等。

*回到德文，雖然對於大多數中文讀者而言是個難題，但在此文中，這是不得已的——不能全部翻譯為英文，也一樣不能逕自翻成中文。

*以下長長的摘錄（pp. 75-84），是說明 *'heimlich'* 這個字的多種語意——能讀懂最好；對一般讀者而言，能參考就好。

4 譯註：以下括弧內是指引用的來源（字典）。

5 譯註：英文及以下的法文、西班牙文這三段，在原文中都只是照錄幾個字，故在此也不予翻譯，讓讀者知道幾個近似「不可思議」的語詞而已。

6 譯註：中譯文用黑體字，後附的原文用斜體字。

7 [在翻譯中，以下的文本有些細節（主要是引述的出處）就省略了。為了參考的需要，我們把《山德斯字典》（*Sanders's Dictionary*）中的德文原文都照實印出，除了改正幾個誤植的字之外。（參照本卷 p. 253）]

(a)（罕用）屬於房子或家，或認為有此屬性（比較拉丁文的 *familiaris*，即熟悉）：*Die Heimlichen*，家屋中的成員；*Der heimliche Rat*，秘密會議，現常寫為 *Geheimer Rat*。[8]

(b)與動物有關的：馴良，可與人為伴。與「野」相反，如：「既不野，也不**馴**（*heimlich*）的動物」等。「野獸……訓練至**馴良**（*heimlich*）也習慣於人。」「如果這些小動物從小就在人類中長大，牠們會變得相當馴**良**（*heimlich*）、友善」等。——也可如此：「這（羔羊）是這般**馴良**（*heimlich*），還會從我手中吃東西呢。」「然而，鸛是一種美麗、**馴良**（*heimlich*）的鳥。」

(c)親密，友善到令人欣慰；對於安靜的享受，等等，會引起一種宜人的休憩感與安全感，如同安居於屋子的四壁之間。[9]「你們家鄉對你而言是否仍**安然**（*heimlich*）如故，雖然有外來客在盜採你們的樹林？」「她對他不特別覺得**安心**（*heimlich*）。」「沿著那高亢、**安全**（*heimlich*）、有蔽蔭的路走去……，在水聲潺潺不休的林間小溪旁。」「毀掉一個家的**宜人氣氛**（*Heimlichkeit*）。」「我簡直找不到另一個地方能如此親近**宜人**（*heimlich*）。」「我們把那景象描繪得如此舒服、良好，如此安閒、**宜人**（*heimlich*）。」「在清靜**宜人**（*heimlich*）的氣氛中，有四壁圍繞。」「一位很仔細的主婦，她懂得如何利用最簡潔的手段來營造出**宜家**（*Heimlichkeit*）（**宜室**〔*Häuslichkeit*〕）的氣氛。」「那個人本來一直很生分，最近突然變得非常**親近**（*heimlich*）。」「新教徒的地主們不覺得……自己處在卑下的天主教徒之間會很**舒服**（*heimlich*）。」「當一切變得**安閒**（*heimlich*）、靜止時，薄暮時分會靜靜地看守 [223] 你的小房間。」「安靜、可愛且**舒適**（*heimlich*），沒有一個地方更宜於讓他們休息。」「他對於那些一點也不覺得**安然無事**（*heimlich*）。」——還有，（用複合詞形式）「這地方是如此平靜、孤立，如此能庇佑—**安全**（shadily-*heimlich*）。」「進進出出的浪潮，如夢似幻、如搖籃曲般—**安詳**（lullaby-*heimlich*）。」其特別的形式 *Unheimlich*（見下文）。使用斯伐比亞高地德文的瑞士作家常會寫成三音節：「在伊沃看來，當他在家裡，傍晚時分又一次讓他覺得很**安詳**（*heimelich*）。」「在屋子裡實在很**安適**（*heimelig*）。」「溫暖的房間和**安逸**（*heimelig*）的下午。」「當一個人在內心中覺得自己如此渺小，而主耶穌又是如此偉大——

---

8 譯註：本條中的出處及頁碼也比照英譯者的作法，予以刪略。

9 〔值得注意的是：英文 'canny' 除了常用的意思「機靈」之外，也可指「舒服」、「安逸」。〕

那才是真正的**安心**（*heimelig*）。」「漸漸地，他們變得在自身中有輕鬆和**安詳**（*heimelig*）。」「友善的**安和之氣**（*Heimeligkeit*）。」「我在此處比在任何別處要覺得**安適**（*heimelich*）。」「那些打從老遠而來的……在這群人裡一定不會住得很**舒適**（*heimelig*）（*heimatlich*〔如在家中〕，*freundnachbarlich*〔如在社區中〕）。」「這小木屋是他過去常和他們自已人一起坐坐的，相當**舒適**（*heimelig*），相當愉快。」「哨兵的號角從塔上傳來，顯得如此**安詳**（*heimelig*），而他的聲音聽來也很吸引人。」「你在那兒睡得很溫馨、暖和，很令人可喜地**舒適**（*heim'lig*）。」——這種寫法值得變為通用，為的是能完整保護此字的這種好意味，以免它與II（見下）混淆而變得罕用了。試看如下的比較：「柴克（姓氏）家人都很**和氣**（*heimlich*）。」（以第II義而言）「『**和氣**』（*heimlich*）？……你知道的『**和氣**』是指什麼？」「那……就像埋沒的噴泉或乾涸的池塘。你在那上面走過，很難不覺得還會有水湧出來。」「喔，我們把這叫做『**不和**』（*unheimlich*），你卻說它是『**和氣**』（*heimlich*）。那你為什麼會認為這一家人有什麼不可告人和不值得信賴的事情？」（Gutzkow）

(d)特別用在西列西亞（Silesia）：歡愉，快樂；也可指天氣。

II. 隱藏的，不讓人看見，因此別人對此都無從知曉。偷偷地（*heimlich*）做某事，譬如，在背後做；躡手躡腳地（*heimlich*）走開；暗地裡（*heimlich*）開會或約會；對於別人的不幸感到竊（*heimlich*）喜；暗自（*heimlich*）嘆氣或哭泣；舉止曖昧（*heimlich*），如同有事要隱藏；暗地裡的（*heimlich*）戀情、愛慕、罪過；好（*heimlich*）地方（必須以好的態度來隱藏）；[10]「暗（*heimlich*）室」。還有，「喜歡的（*heimlich*）椅子」。「丟進坑裡或凹窩（*Heimlichkeiten*）。——「把一批駿馬偷偷（*heimlich*）引到勞梅登面前。」——「如同要以秘密的、偷偷的（*heimlich*）、欺瞞的和惡意的方式來對待那些殘暴的主子們……也要以坦誠的、開放的、同情的和[224]有心幫助的方式來對待身陷不幸的朋友。」「你仍然要搞懂對我而言什麼是最親密（*heimlich*）的神聖。」「娛人的（*heimlich*）藝術」（魔術）。「但凡公開討論停止之處，其幕後（*heimlich*）操作就此開始。」「自由乃是個陰（*heimlich*）謀和專業革命者高喊開戰時所用的通關密語。」「一場帶有神聖、不知何方而來（*heimlich*）的效應。」「我的根部最為深藏（*heimlich*），我從地底長出。」「我暗地施展的

10 譯註：以下兩行中有幾句引自《聖經》，但其出處暫予刪略。

（*heimlich*）惡作劇。」「如果他不能開誠布公、小心翼翼地拿到手，他就會偷偷地（*heimlich*）、不小心地搶過來。」「他暗地裡（*heimlich*）、秘密地製造了一批無色差望遠鏡。」「在此我期望我們之間應該不再有任何不能明講的（*heimlich*）事情。」——發現、揭發、出賣一個人的私密之事（*Heimlichkeiten*）；「在我背後捏造一些私密之事（*Heimlichkeiten*）。」「我們適時地研究了一些私密之事（*Heimlichkeit*）。」「單用理解之手即可解開（隱藏黃金的）無力魔咒之謎（*Heimlichkeit*）。」「你說，隱密之處何在……哪裡藏著秘密（*Heimlichkeit*）？」「蜜蜂製作了密室（*Heimlichkeiten*）的鬧門」（即蜂窩的封蠟）。「學會了奇異的秘術（*Heimlichkeiten*）」（魔術）。

複合詞的用法，見上，I (c)。尤其注意其否定性的字首“*un-*”：陰森、怪異，引起毛骨悚然的恐懼：「在他看起來相當如鬼魅般不可名狀（*unheimlich*）。」「夜裡不可思議的（*unheimlich*）恐怖時刻。」「我一直以來都感到很不可思議（*unheimlich*），甚至毛骨悚然的感覺。」「現在我開始有一種莫可名狀（*unheimlich*）的感覺。」……「感覺到不可思議（*unheimlich*）的恐怖。」「不可思議（*unheimlich*）並且不動如石的影像。」「那不可思議的（*unheimlich*）霧叫做山嵐。」「這些慘白少年正在莫

*先預告一下：下文的討論，讀者可跳回到這段謝林說的話。

*一詞的（對反）兩義：回顧已讀過的上一篇〈原初字詞中的正反兩義〉。

*試比較中文的「乖乖／怪怪」這組驚嘆語（發音接近，說的是前者，意思卻是後者）。

名其妙地（*unheimlich*）醞釀著天曉得什麼壞勾當。」「『不可思議』乃是用來稱謂一切必須保持……其秘密且隱藏著，但卻已經顯露出來的事情」（哲學家謝林〔*Schelling*〕語）。——「為神聖蓋上面紗，讓它圍繞著某種的不可思議之狀（*unheimlichkeit*）。」——*Unheimlich* 並非經常用作（上文）第 II 義的相反詞。

在以上長長的摘錄之中，最能引起興趣的就在於 '*heimlich*' 一詞的種種不同含意竟然展現出和它的相反詞 '*unheimlich*' 同樣的意思。所謂的 *Heimlich* 就變成了 *unheimlich*。（可比較 Gutzkow 那句引述：「我們叫做 "*unheimlich*"；你們卻叫 "*heimlich*"。」〔譯按：參前 p. 78〕）總的看來，我們得到的提醒是：'*heimlich*' 這個字的意思並非不曖昧，而是攜帶著兩套觀念，這兩者雖未構成矛盾，卻仍是迥然不同：一方面它意指熟悉與親近，另方面卻指著隱藏 [225] 和不讓人看見。[11] 據說，'*unheimlich*' 通常的用法和 '*heimlich*' 相反的，只在第一義上而不在第二義。關於 '*heimlich*' 這兩種意思之間可能的字源關聯，山德斯完全沒說什麼。但在另一方面，我們注意到謝

11〔根據牛津英文大辭典，類似的曖昧性也黏附著英文的 'canny' 一字，它的意思不只是「安逸」，還指「帶有密教或魔法的力量」。〕

林說了些話，給 '*unheimlich*' 的概念照出了相當新穎的光芒，但對此，我們當然都還沒準備好。根據他的說法，每一事物都是 *unheimlich*，但都應該保留其秘密和隱藏狀態，卻也已經露了臉。

有些懷疑已經出現，但若翻翻格林（Grimm）的字典（1877, 4, Part 2, 873 ff），就可掃掉這些陰霾。我們在其中可讀到：

Heimlich：形容詞與副詞。俚俗的（*vernaculars*），密教的（*occultus*）；中世紀高地德文作：heimelîch, heimlîch.

（p. 874）帶著些微不同的意思：「我覺得 *heimlich*，很好，沒有恐懼。」……

[3] (b) *Heimlich* 也用來指不受鬼魅影響的地方……熟悉、友善、親和。

（p. 875：β）熟悉、友善、毫無保留。

4.**來自「如家」的觀念，「屬於家屋的」，進一步發展出的觀念是從某些陌生人的眼光，或某些隱藏的、秘密的事物而來；此一觀念還會向多方面擴展**……

（p. 876）「在湖的左岸上有個牧場，在林中安然自在（*heimlich*）。」（席勒〔Schiller〕的《威廉．泰爾》，I. 4.）……寫詩專有的用法，在當代

＊格林（Grimm）兄弟就是《格林童話》的作者。他們是非常出色的語言學家。佛洛伊德特別注意到他們的不同：注意以下的粗體字部分，即4.和9.兩點。

語言中很少如此……*Heimlich* 用來和動詞連接，表示隱藏的動作：「在他的神龕秘密處，他會把我藏得很安然（*heimlich*）。」（Ps. xxvii. 5）……人體的私處（*heimlich parts*），外生殖器……「未死者之私處受到猛擊。」（1 Samuel v. 12）……

(c)發表重要詔告的官員，為了國家的理由而必須保密者，稱為秘密諮議（*heimlich* councilors），其中的形容詞，根據現代的用法，已經被 *geheim*（秘密）所取代……「法老稱約瑟之名為『會將秘密揭示的人』。」（Gen. xli. 45）

[226]（p. 878）6. *Heimlich*，用在知識方面——神祕的、寓言式的：一種神祕的（*heimlich*）意義（mysticus, divinus, occultus, figuratus）。

（p. 878）*Heimlich* 用在不同的意義上，乃指從知識撤離，無意識……Heimlich 也能意指懵懵懂懂、無法接近的知識……「你沒看見嗎？他們不信咱；他們害怕弗利蘭公爵那張恍惚的（*heimlich*）臉。」（Schiller, *Wallensteins Lager*，第二幕）

9. 某些隱藏而危險的事物，其觀念如上段中所表示，還會進一步發展，致使 *'heimlich'* 帶上通常屬於 *'unheimlich'* 的意思。於是：「有時我覺得像是個走夜路的人，且相信有鬼；每個角落都有如罔罔兩兩（*heimlich*），對他

*看完本節的結語後，才可從語言學轉入精神分析的討論。

*「伴隨著謝林對於 the *Unheimlich* 的定義而好好理解」——請回顧上文的謝林。

*嚴啟雖然不足，但給了幾個相當有意義的起點：蠟像館、癲癇發作、瘋狂的顯現。

們充滿了恐怖。」（Klinger, *Theater*, 3. 298）

於是，*heimlich* 這個字的意思是朝著模稜兩可的方向發展，直到它終於和它的相反詞 *unheimlich* 巧會在一起。*Unheimlich* 或多或少就是 *Heimlich* 的亞種。我們必須把這發現放在心上，雖然我們還無法伴隨著謝林[12]對於 the *Unheimlich* 的定義而好好理解。如果我們繼續檢視「不可思議之事」的個別案例，則這些暗示對我們而言將會變得完全可以明瞭。

II

當我們要從任何事情、人物、印象、事件和境況中來探看那些能夠激發「不可思議」之感的，到底是什麼特別有力且確然如此的形式，那麼，首先必需的，顯然就該選出一個合適的案例才能開始。嚴啟給了個相當好的例子，他說：「懷疑某些本來就很親近的東西是否真的活著；或反過來說，一個明明是死的東西是否可能會有生命的跡象。」而他在這種關聯中的指涉，乃是由蠟像館中精心製作的玩偶與自動蠟像所造成的印象。在此之外，他對於不可思議效應則加上了癲癇發作狀態，以及各種瘋狂的顯現，因為這些都會引起旁觀者的一種印象，即自動機械背後的作用，顯然不同於普通的心智活動方式。我們不必完全接受這位作者的觀點，但可當作個起點，來開啟我們的探究，因為接下來為了提醒我們，[227] 他就提起一位作家，比任何其他作家更能夠製作出不可思議效果。

嚴啟寫道：「在講故事時，為了創造出不可思議效應，最能成功的設計就是讓讀者懸在不確定的狀態中，不論他用的故事角色是個人物，或只是個會動的東西，並且在進行這種設計時，讓讀者的注意力不要直接聚焦於他自己的不確定，這樣才能使得他不會很快跳進問題狀態裡，去把事情搞清楚。於是，就像我們談過的，不會使該事態的特異情緒效果立即消散。霍夫曼（E. T. A. Hoffmann）曾經在他的幻想風敘事作品中反覆運用這種心理伎倆而獲得相當的成功。」

這樣的觀察無疑是正確的，他所指的就是霍夫曼夜想曲（*Nachtstücken*）中的「沙人」（The Sand-Man）故事，[13] 其中包括奧林匹雅（Olympia）這個

＊以下的《霍夫曼故事》固然有嚴啟的摘要，但佛洛伊德也直接參看過奧芬巴哈歌劇原作的歌詞，在此也把故事大要說了一番。

＊讀者試把這故事摘要「再摘要」說出來——建議記得每一個有名字的角色：

納坦尼爾（Nathaniel）
沙人（The Sand-Man）
他父親
考培立俄斯（Coppelius）
考波拉（Coppola）
斯巴蘭匝尼（Spalanzani）
奧林匹雅（Olympia）
未婚妻（克拉拉）

12 ［在本文的原稿（一九一九）中，此處印出的名字是「士萊馬赫」（Schleiermacher），顯然為誤植。］

13 霍夫曼的《作品合輯》（*Sämtliche Werke*, Grisebach Edition, 3）［「沙人」的英譯版收在《霍夫曼的八則故事》（*Eight Tales of Hoffmann*），由 J. M. Cohen 所譯，London, Pan Books, 1952。］

玩偶的來由，也出現在奧芬巴哈（Offenbach）的歌劇《霍夫曼故事》（*Tales of Hoffmann*）第一幕中。但我無法這樣想——我也希望這個故事的大多數讀者們會同意——認為玩偶奧林匹雅這個主題人物，在其現身時一直是個活生生的東西，就足以構成最重要的因素來呈現故事中的不可思議氣氛。作者自己把奧林匹雅這個橋段用一點諷刺筆法來處理，用以取笑那個年輕人對於情婦的理想化，但這一事實並不會加強此氣氛。相反的，這個故事的主題是有點不同，有點擔當得住這個題名，並且也總是能夠在關鍵時刻一再引入的：那應該就是把小孩眼珠挖出來的「沙人」主題。

這個幻想故事由一個叫納坦尼爾（Nathaniel）的學生對於童年的回憶而開始。雖然他目前過著幸福的日子，但他無法掃除跟他摯愛的父親那場詭異駭人的死亡有關的記憶陰霾。在某些晚上他的母親會早早催孩子上床，並用「沙人要來了」來嚇他們，而納坦尼爾幾乎都會準確無誤地聽到那位訪客的沉重腳步聲；這位外來客當晚就會佔住他父親。每當有人問起關於沙人的問題，他的母親真的都否認[228]有這個人存在，只不過是拿來說說罷了；但他的保姆卻會信誓旦旦地告訴他說：「他是個很壞的人，只要哪個孩子不肯上床睡覺，他就會出現，並會抓幾把沙子丟進孩子的眼睛，於是眼睛就會血淋淋地蹦出來。然後他會把眼睛裝進袋子裡，帶回到半弦月的黑夜去餵他的小

＊試比較：我們的母親又是用甚麼話來嚇孩子上床的？

孩。那些小孩坐在窩巢裡，他們的嘴像貓頭鷹的彎鉤尖喙，專用來啄不聽話的小男孩、小女孩的眼睛。」

雖然納坦尼爾年紀已經夠大也夠懂事，不至於太把沙人的角色當一回事，尤其是那些令人毛骨悚然的特徵，然而有一絲恐懼已經黏在他心中。他決定要找找看沙人到底是長什麼樣子；有一晚，當大家又在等著沙人出現時，他正在父親的書房裡。他認得當時來訪的客人是律師**考培立俄斯**（Coppelius），一個相當令人嫌惡的人，他偶爾來家裡用餐必定都會嚇到孩子們；因此他現在把這位考培立俄斯和沙人視為同一人。至於這一幕裡的其他事情，霍夫曼已經讓我們停留在懸疑之中：我們所見證到的，首先究竟是這個被恐慌所擊而致產生妄想的小孩？或接下來發生的一連串事件，在故事中是否該當真？他的父親和這位客人正在一個燃著烈焰的火盆邊工作。這個在一旁竊聽的小孩聽見考培立俄斯喊道：「眼睛這邊！眼睛這邊！」忍俊不住而大叫起來。考培立俄斯抓住他，一邊正要從火盆中取出火紅的煤炭，要倒進他的眼裡，但他的父親請求他放手，保住了他的眼睛。在此之後，小孩昏厥過去；接著他病倒一段很長的時間，把這經驗告個段落。對於沙人（這個人物），那些寧可接受理性詮釋的人，一定不會不承認孩子的幻想是受到保姆說辭的長期影響。一把要倒進眼裡的沙子變成一把火紅的煤炭；而無論在哪種情形，都是要讓眼珠子蹦出來。一年之後，沙人的另一次造訪時，他的父親在書房裡因為一陣爆炸而身亡。律師考培立俄斯失去蹤影，不知下落。

納坦尼爾現在已經是個大學生，相信他所認出的那恐怖鬼魅是來自幼時一位流動的配眼鏡師，是個義大利人，名叫考波拉（Coppola），在他就讀的那個大學城裡向他推銷一副太陽眼鏡。當納坦尼爾[229]拒不接受時，那人說：「不要太陽眼鏡？不要太陽眼鏡？會有好眼，好眼吶！」這個學生的驚恐是在發現向他兜售的「好眼」只不過是沒有害處的眼鏡罷了，他這才放心地向考波拉買下一副袖珍型的間諜型望遠鏡。藉此之助，他偷窺了對街斯巴蘭匝尼（Spalanzani）教授家裡的一個漂亮女兒奧林匹雅（Olympia）——很奇怪的是，她既不說話也動都不動。不久之後，他愛上了這個女孩，愛得相當熱烈，並且為了她，竟把以前訂過婚的聰明伶俐女孩給忘了。但奧林匹雅只是個機器人，斯巴蘭匝尼用做鐘錶的技術把她造出來，而她的眼鏡竟是由考波拉這個沙人放上去的。這學生很訝異地聽見兩位製作師傅為了手藝的問題大起爭執。配鏡師把失去眼睛的木頭玩偶帶走；但機械師斯巴蘭匝尼從地上檢起奧林匹雅血淋淋的眼睛，朝納坦尼爾的胸口丟去，還一邊說：考波拉是從這學生身上把眼睛偷走的。納坦尼爾登時被一陣瘋狂所襲，在此同時出現的妄念中，他把回憶起來的父親之死和這新體驗混在一起。「快點！快點！火圈！」他大喊道：「轉吧，火圈——呼啦！快快，木偶！可愛的木偶，轉動吧——。」然後他撲向教授，奧林匹雅的「父親」，想把他勒死。

和重病拼鬥很久之後，納坦尼爾看來總算康復了。他想和未婚妻結婚，也和她和好如初。有一天，他們倆散步走過城裡的市集，市政廳的高塔在其中投下鉅大的斜影。依這女孩的提議，他們爬上高塔，把跟隨著的小弟弟留在下面。克拉拉（即未婚妻）從塔上往下注意到一個怪怪的東西沿街移動。納坦尼爾則從口袋裡摸出他那副間諜望遠鏡看這同一個東西——這一看，他的一場新瘋狂發作了。他一邊喊著：「轉動吧，木偶！」一邊試圖要把女孩推進底下的水溝裡。她的小弟聽到哭喊聲而跑上來，救她離開，跑到安全的地方。那瘋子還繼續在在塔頂上跑來跑去，尖聲嚷著：「火圈，轉呀轉！」——我們都知道這句話的來源何處。在下方聚集的人群中有個人物走出來，就是律師考培立俄斯，他是突然回到這裡的。我們可以假定，納坦尼爾就是透過間諜眼鏡看見他走來，因而發狂起來。當旁觀的群眾預備上去[230]塔頂把這狂徒制伏時，考培立俄斯笑著說：「等一下；他自己會下來。」納坦尼爾突然靜止不動，看見考培立俄斯，然後大叫一聲：「對！『好眼——好眼』！」就縱身越過矮牆往下跳。當他粉身碎骨躺在石板人行道上時，沙人已在人群中消失不見。

這段短短的摘要，我認為，無疑會讓我們感到某些不可思議的事情，是直接黏附在沙人這個人物上，也就是說，黏在人的眼睛被盜走的意念上，而嚴啟所謂的「智性之不確定」則與此效應無關。關於一個東西是活是死，亦即直接在奧林匹雅這個木偶上現身，更與那驚人的不可思議之事毫無瓜葛。作家確實自始即對我們創造了一種懸疑未定，亦即故意不讓我們知道他是要把我們引入一個現實世界，或進入他自己創造的幻想世界。當然，他有權作出任何一種；而若他選擇的是把人的行動搬上又有精靈、又有鬼魅的世界，正如莎士比亞在《哈姆雷特》、《馬克白》，還有意思稍微不同的《暴風雨》和《仲夏夜之夢》等劇作，既然我們已經把自己交付在作者的掌中，我們就必須向他的決定一鞠躬，並把他的設計視為寫實的。但這種不確定在《霍夫曼故事》裡不見了，我們就看出他是有意要讓我們也透過那副魔鬼配鏡師的眼鏡或間諜望遠鏡來看——也許作者自己真的曾經親身使用過這種窺視的工具。因為從故事的結局來看，很清楚地，配鏡師考波拉就是律師考培立俄斯，[14]並且也因此就是沙人。

所以，這裡對於知識上的不確定性是沒有任何疑問的：我們現在知道我們不應該用瘋子想像的產物來作文章，我們在那想像背後實有更為優越的理

＊故事摘要到此結束。

＊先談談此故事如何引發精神分析的詮釋。

(1)作家的手法

(2)故事中所懸疑的「沙人」所指何人？

＊精神分析的理解至少應有如此的質疑。不會只停留在「知識的不確定性」上。

性心智，可為我們偵測出更為清明的真理；而這樣的知識絕不會讓我們對於不可思議之事的印象減低分毫。[231] **知識不確定性的理論在此無法解釋那種印象。**

不過，從精神分析的經驗中，我們得知：眼睛受傷，或失去眼睛，對於小孩來說，是相當嚴重的恐懼。很多成年人會在這方面一直維持這樣的焦慮，亦即身體上的傷害沒有一種比得過眼傷那麼嚴重。我們也很習慣把我們珍惜的東西說成「蘋果之於吾眼」（眼中之瞳）。對於夢、幻想和神話的研究也教會了我們：對於自己眼睛的焦慮，對於變瞎的恐懼，太常表現為另一種恐懼的替代，即**閹割的恐懼**。把自己弄瞎的罪人伊底帕斯（Oedipus），只不過是閹刑的一種緩和形式——就一報還一報的刑法來說，這對他而言已經是唯一夠重的懲罰。我們也許會想從理性的基礎上否認對於眼睛的恐懼導源自閹割的恐懼，也會想說：像眼睛這麼珍貴的器官本就該由成比例的恐懼來保護。確實的，我們還可更進一步說：閹割的恐懼本身並不包含比這種合理恐懼更多的其他的意義以及更深的秘密。但這種觀點，證諸其存在於夢、

* 精神分析詮釋必定會在此另作文章：以下談**失去眼睛的焦慮**與**閹割情結**的關係。

14 戀克博士夫人（Frau Dr. Rank）曾經指出：這個名字和另一個字的關聯 'coppella'=（用坩堝）火煉，可連結於化學操弄，導致父親的死亡；同時 'ccppo'= 眼窩。[除了在本文的初版（一九一九）註腳中出現這些字義連結，附在本頁出現的考培立俄斯之名後，似乎是不對的。]

*對閹割情節的理解使我們（學精神分析的人）的疑點得以消解。

*閹割恐懼是把這個故事連貫起來的顯要因素。（霍夫曼原作比起嚴啟的摘述要多了一點可理解之處。）

神話與幻想中的事實，並不足以說明眼睛和男性性器官之間的替代關係；它也不能除去這樣的印象：閹割的威脅尤其會激起一種特別帶有暴力的不明情緒，而這種情緒首先會帶來的意念就是其他所有器官都因之而失去其強度色彩。所有進一步的疑點都會因為我們從神經症患者的分析中學會了「閹割情結」的種種細節而得以解消，並且曉得了此情結在他們心理生活中無比的重要性。

在此之外，我並不很情願向我的反對者推薦精神分析觀點，特別選用這一則沙人故事來支持他的論點，而說：對於眼睛的焦慮本來就和閹割情結無關。為什麼霍夫曼會把對於眼睛的焦慮和父親的死亡帶來如此密切的關聯？為什麼沙人總是現身為愛的搗蛋者？他離間了倒楣的納坦尼爾和他未婚妻的關係，乃至她的小弟（也是最好的朋友）的關係；他毀掉了他的第二個愛情對象，即奧林匹雅這個可愛的玩偶；他甚至在贏回克拉拉芳心並且就要[232]快樂結合之時，把自己逼向自殺。故事中像這樣的一些因素，還有很多其他的，一旦我們否認了眼睛和閹割恐懼的關係，就會顯得零零散散、毫無意義；但當我們把沙人視為恐怖的父親，會動手來進行閹割，這一切就或變得頓時可解。[15]

[233]我們由此可以大膽地推知：沙人對於焦慮的不可思議效應乃屬兒

童時期的閹割情結。不過一旦我們有了這種想法，就是可以從像這樣的幼年

15 事實上，霍夫曼對於想像材料的處理並未造成各因素之間如此的混亂，以致令人無法重建出（reconstruct）他原初的安排。在納坦尼爾的童年故事裡，父親和考培立俄斯代表了父親-原初意象（father-imago）的對反兩極，被他自己的模稜兩可之心（ambivalence）弄得分裂了；其中有一個威脅者要把他弄瞎——也就是要閹割他——，另一個「好」父親則忙著要搶救他的眼睛。這個情結中最被壓抑的部分，即對「壞」父親惡之欲其死，竟然表現為「好」父親的死亡，而考培立俄斯則被處理為對此有嫌疑。這一對父親在後面，即到了他的學生時代，以斯巴蘭匝尼教授和配鏡師考波拉這兩位來再現。教授本身已是他的父親系列之中的一員，而考波拉則與律師考培立俄斯被視為同一人。正如他們曾經一起偷偷在火盆邊工作，於是現在也一起合作製造了木偶奧林匹雅；教授甚至還叫做奧林匹雅的父親。這種共同活動的兩次出現洩漏出他們之為父親-原初意象的分工合作：機械師與配鏡師兩者都是納坦尼爾的父親（也同時是奧林匹雅的父親）。在童年那場陰森可怖的場景中，考培立俄斯在取出納坦尼爾的眼睛後，曾經做了實驗，卸下他的手腳；也就是說，他在他身上所做的，就如同機械師會對木偶所做的一樣。此一特點原本看來根本不在沙人的圖像之內，竟也引入了一個新的閹割等同物（castration equivalent）；但那也指向了考培立俄斯和他後來的對應者，機械師斯巴蘭匝尼，兩者的同一，並為我們預備了對奧林匹雅的詮釋。這個自動木偶不就是納坦尼爾幼年時對於父親的女性態度之化身？而她的兩個父親，斯巴蘭匝尼和考波拉，畢竟也就是納坦尼爾那對父親以新版本而成的化身。斯巴蘭匝尼講過一句原本不可解的話，即配鏡師偷了納坦尼爾的眼睛（見上文，p. 229）以便能裝在木偶身上，這麼一來，就變成重要的補充證據，說明了納坦尼爾和奧林匹雅的認同。奧林匹雅就像是從納坦尼爾解離而出的情結，以另一個人的身分面對著他，而納坦尼爾對此一情結自甘為奴，其表現就是他對於奧林匹雅那沒頭沒腦的狂戀。我們很有道理可說這種戀情叫做自戀（narcissistic），我們也可從而理解為何有人在陷入此等愛情時，會把真實的外在愛人拋棄。這個年輕人在此處境中的心理實情就是：他因為閹割情結而固著於（fixated）他的父親，也因此變得無法去愛一個女人。像這樣的情況有為數不少的分析實例可以為證——這些患者的故事雖然幻想性不那麼高，但其悲劇性則與納坦尼爾這個學生不相上下。

霍夫曼是個不幸福婚姻下的孩子。在他三歲時，父親拋棄了這個小家庭，且自此而後未曾與家人復歸於好。根據他的傳記作者葛立色巴赫（Grisebach）為霍夫曼作品所寫的導論，這位作家和他父親的關係一直都是他們之間最為敏感的話題。

因素中得知其如何造成不可思議之感，我們也會有勇氣將此應用到其他案例上，看看是否能解其如何不可思議。對於沙人故事，我們發現嚴啟還強調了其中的另一主題，亦即玩偶會顯得栩栩如生。嚴啟相信，能夠激起不可思議感的特別有效條件，就是若果能在不管是否活著的東西上製造出知識的不確定性，以及能讓一個無生命的東西變得非常像有生命的樣子。於是，玩偶必定相當接近童年生活。我們會記得，孩子們在早期的遊戲中對於東西是否活著，其實並沒有明確的區分，並且他們還特別喜歡把玩偶視同活人一樣對待。事實上，我偶有機會聽到一位女性患者說：直到八歲之齡，她仍相信她的玩偶會活起來，只要她能以某種特殊而極端專注的方式來盯著它看的話。因此，我們也一樣不難發現一個來自童年的因素。但很奇怪的是：沙人故事雖然激發了童年早期的恐懼，但「活著的玩偶」這意念卻並未引發任何恐懼感；孩子們不會害怕玩偶活起來，他們甚至還巴不得能如此。因此，不可思議感的來源在此情況下就不屬於童年的恐懼，而毋寧是童年的願望，或只是童年的信仰。此其中有個矛盾；但也許只是一組併發症，在往後會對我們有幫助。

*嚴啟的貢獻，以及他所不明白的要點。

*對嚴啟的當頭棒喝。

霍夫曼在不可思議感的文學上，是個無可匹敵的高手。他的小說**《魔鬼的萬靈丹》**（*Elixire des Teufels*）包含了一堆主題，讓人不禁要歸之於敘

＊霍夫曼作品雖然很有意義，但仍值得批評：下筆時的失策，導致「陷入一種完全迷惑的狀態」。

＊要替他扳回一城，就得把主題鎖定在「替身」（double）的現象上，且由此導向幼年根源。

事法的不可思議效應；16但由於寫得太曖昧，並且[234]在其中夾藏著一個精巧的故事，讓我們不得不為它作個摘要：在該書的末尾，讀者會獲悉一個事實——自此以下情節動作雖湧湧而出，但作者對有些東西是隱而未宣的；其結果是作者最終不但未獲啟蒙，反而陷入一種完全迷惑的狀態。作者堆出太多重複的材料。結果讀者雖然不是由印象造成的，但對此故事全局定會無法掌握。我們自己必須從中作出選擇，把最鮮明的不可思議主題挑出來，並且要仔細看看是否可循線追索到幼年的根源去。這些主題都和「替身」（double）的現象有關，而其現身方式在故事發展中是千變萬化。因此我們會看到一些角色，必須視之為同一，因為他們看起來都很像。這種關係是由角色之間跳來跳去的心理過程所強調——我們可稱之為心電感應

16 [*Internationale Zeitschrift für Psychoanalyse* for 1919 (5, 308) 這份期刊以「雜文」為專輯之名。本文就是該年在其中刊出的。其中有一則短註，標示著縮寫 'S. F.'，我們沒理由不認為那就是佛洛伊德所寫。在此插入註腳，嚴格來說是離題的，但也許可以諒解。這則註腳開頭是這樣的：「E．T．A．霍夫曼論意識的功能」，接下來就是：「在《魔鬼的萬靈丹》（第二部，p. 210，Hesse's edition）——這部對於病態心理狀態富於大師手筆的描寫中——Schönfeld 安慰意識暫時受困的主角說：「你能從其中得到什麼？我是指從特別的心理功能，我們將其稱為意識的，而這東西只不過是個天殺的收稅人——稅務員——關口的副主任，他把那惡名昭彰的稅務局設在咱們的頂樓，還在任何貨物要出關時宣稱：『喂！喂！出口是不准的……東西必須留在這裡……這裡，這個國家裡……』」]

＊以下轉而討論「替身」（另一個「我」）問題。

（telepathy）——由此而形成一個角色所擁有的知識、情感、體驗會和另一角色一樣。或者另一種標示之法是：角色自認為自己是他人，因此他連自己是誰都會懷疑，或是拿外來的自我和自己掉包。換言之，其中有分離開來、可以互換的自我替身。最後就會有同樣的事情不斷重現[17]——同樣的特色、或角色特質、或週期起落，在犯下同樣的罪行時出現，甚至同樣的名字連續用了好幾代。

奧圖．蘭克（Otto Rank, 1914）曾對「替身」的主題作過相當完整的處理。他所進入的是[235]「替身」和鏡中返照、和人影、和庇佑精靈、和靈魂信仰，以及和死亡恐懼等等的關聯；他也縱身躍入此一觀念驚人的演化洪流之中。因為「替身」原先是「我」的保障，使之免於被摧毀，也是一種「對死亡之力（所做的）有能量之抵拒」——依照蘭克自己的說法；很可能「不朽的」（immortal）靈魂就是身體本身的第一個「替身」。這套關於替身可作為防止滅亡的論點，在夢的語言中可找到其對應項，而夢本喜於將閹割再現為性器官象徵的替身或分身。[18]這同樣的慾望使得古代埃及人發展出使用人的遺物來形成種種死者意象的藝術。不過，這些觀念都是從不羈的自戀土壤中長出來的，也就是從幼兒與原始人心靈中具有支配力的自戀之中誕生。但當越過這一階段之後，「替身」就會反其道而行。原先作為不朽的保障者，後

＊從「替身」發展成「良心」（「超我」）。

來就變為不可思議的死亡之先兆。

「替身」的概念並不必然會隨著通過原初自戀而消失，因為它會在「我」發展的較後階段中接收一些新鮮的意義。一個特殊的行事者（agency）在此逐漸形成，他有能力一夫當關地擋住「我」的其他部分，這個行事者具有觀察與批評「我」，以及執行心靈中稽查作用的能力，這部分在意識中就成為我們的「良心」。在觀察的妄想中，有病理上的案例，這個心靈行事者會變得孤立，從「我」中解離，以醫療者的觀點很容易辨識。這種行事者存在的事實，也就是可以將「我」的其他部分待之如對象——這事實就是人可以作自我觀察——使得舊的「替身」概念有可能注入新的意義，並把一堆事情歸屬於此——首先，就是那些好像能作自我批評的，原先屬於早期已被超越的諸般自戀之事。[19]

17〔這句話看來像是尼采（Nietzsche）的迴響（譬如來自《查拉圖斯特拉如是說》的末尾）。在《超越享樂原則》（1920g, *S. E.*, 18: 22）一書的第三章，佛洛伊德也寫了一個類似的句子：「同一事物的永恆重現」，放在引號中。〕

18〔參照《釋夢》（*S. E.*, 5: 357）。〕

19 我相信，當詩人在怨嘆有兩個靈魂居住於人的胸中，還有流行的心理學家提及「我」的分裂時，他們所想到的，乃是（在「我」心理學領域中）的一種區隔——即在批判的行事者以及「我」的其他部分之間的區隔，而不是精神分析所發現的「我」與無意識，或「我」與受壓抑者之間的反論

[236] 這後來的材料對「我」會做出攻擊性的批評，但可能被含攝到替身觀念中的，不只是這些材料。含攝到「我」之中的還有一切尚未實現、但有可能的未來，亦即我們仍喜歡將之付諸於幻想的；所有「我」所追求但卻因悖逆於外在環境而撞碎的；以及所有被鎮壓的念頭，用來餵養我們擁有自由意志幻覺的，這些種種都是。[20]〔參照 Freud, 1901b，第十二章(B)〕

但在仔細考量過「替身」角色所顯現的動機之後，我們必須承認，某些異常強烈的不可思議感仍然在概念上大行其道，亦即上述這些想法都無助於我們對此的理解；然而我們對於病理過程的知識卻可斷定：那些浮淺的材料本身無益於說明為何「我」會將那些材料投射到外在且有異於己的事物上。在說盡做盡一切之後，不可思議的性質只能在「替身」的事實上來回：它是形成於極為早期的心靈階段，完全不曾被超越——很巧的是：這階段帶有一點友善的面向。這「替身」之所以會變成恐怖之物，就正如宗教傾頹之後，諸神都會變成魑魅魍魎一樣。[21]

霍夫曼多番運用另一種「我」的困擾形式，可以很容易地沿著「替身」的主題線而掂量出來。那是要往回傾聽自我關照感演進過程中的某一特殊階段，也就是退行（regression）到「我」尚未將自身與外在世界以及他人清楚劃分開來的時候。我相信這些因素對於不可思議的印象會有部分的影響力，

＊超我之中還有一部分可分離為「我-理想」（ego-ideal 參看較晚的作品，即《自我與伊底》〔*The Ego and the Id*〕）。

＊仍然是「替身」—「超我」—「我-理想」之間的轉化（但在此還只是伏筆，尚未充分討論，要等到較晚的《自我與伊底》〔1923〕）。

＊我們額外的發現：這種「掂量」就可說是「誘練法」的運用，用以產生進一步的假設。

＊強迫的（非隨意的、不自覺的）重複，是不可思議之事的另一種表現形式。

＊以自己的體驗為例。（佛洛伊德在下筆時，常不忘提起自己的體驗——這是念茲在茲的自我分析演練。）

雖然很不容易明確地將它離析出來，並指出它佔了多大的份量。

重複同一事的這個因素也許不會讓每個人都注意到，**它實乃不可思議感的根源**。從[237]我已有的觀察來說，此一現象在某種情況下與某些條件結合起來，無疑會引發不可思議感，更且，還會記起某些夢境中所體驗到的那種無助感。有一個炎熱的夏日午後，我在義大利步行通過一個我所不知的省城之中的廢棄街道，有十幾分鐘我自己覺得我好像對誰的性格無法一直存著懷疑。路邊小屋的窗扉上可看見的就只是女性的圖像，我在下一個路口轉彎處，要離開這條窄街時猶疑了一下。但在沒認真找路地亂逛一陣後，我突然發現自己走回到同一條街，這才登時開始注意到自己身處何處。我再一次忙著離開，在下一個路口轉彎時，又發現自己第三次來到同一個地方。在當

（antithesis）關係。其實，這兩套反論之間的區隔，在某程度上都會被人的處境所抹滅，因為在人所面臨的事事物物之間，「我」的批判作用首先就會拒絕承認自己乃是受壓抑者的延伸。——［佛洛伊德對此批判行事者有較長的討論，見於他的論自戀一文（1914c），其後不久又進一步伸展為「『我』理想」（ego-ideal）和「超我」（super-ego）的觀念，見於他的《群體心理學》（1921c）以及《自我與伊底》（1923b）第三章。］

20 艾維爾斯（Ewers）的《來自布拉格的學生》（*Der Student von Prag*）一書是蘭克研究「替身」的起點。該書中的主角向他的愛人承諾，在決鬥中不會殺害他的敵手。但在他啟程趕赴決鬥現場的途中，他碰到了他的「替身」，而這替身已經把敵手殺了。

21 海涅（Heine），《驅逐出境的諸神》（*Die Götter im Exil*）。

下，無論如何，籠罩著我的感覺，我只能說是不可思議，而我很高興我已經回到我剛剛走過的迴廊廣場，不必再苦苦尋路了。像這樣沒特意企圖而重複出現的情境，也和那次冒險巡遊一樣，雖然在很多方面都不同，但結果是一樣的無助感和不可思議感。譬如說，陷入一場霧中，人又在山中森林裡迷了路，每次嘗試尋找熟悉的標示或路徑時，可能一次又一次把自己帶到同一地點，而那地點是自己可以認得的特殊路標。或是你在黑暗、陌生的房間裡四處摸索，想找到門或電燈開關，卻一次又一次撞到同一件家具——其實馬克吐溫（Mark Twain）曾經很成功地將這種情境寫成令人發噱的喜劇。[22]

如果我們拿另一類的事情來看，也會很容易發現，只有這個因素，即非隨意的重複，包圍在果不其然的無知與不可思議的氛圍中，逼著我們想到這是命中注定、無可逭逃，不然也只能說這是「偶然（巧合）」。我們通常認為沒什麼重要性的芝麻小事，譬如說，我們把大衣脫下交出，並拿回一張號碼牌，上面寫著62；或當我們發現我們的船艙也是那個號碼。於是這印象會大大改變，假若這兩件小事，原本毫無關聯，竟發生[238]在緊鄰的時刻間——如果我們在同一天裡碰上62這號碼好幾次，或當我們注意到任何有號碼的東西——地址、旅館房間、火車上的車廂——竟然都是這個號碼；或者在所有的事件中都出現同樣的角色。我們一定會覺得這都是不可思議。除非

＊這仍是「非隨意的重複」。

＊回到幼兒心理學……以便發現任何內在的「強迫重複」。

一個人心硬如鐵且握有十足的證據來讓他免於迷信，否則任何人都難免會把這個號碼的重複出現視為包藏著秘密的意義；他也許會把它看成一個指標，指向他自己年歲的終點。[23]或假設你正在閱讀生理學名家賀陵（Hering）的作品，而在過了幾天之後，你收到兩封來自不同國家的信件，寄件人都叫做賀陵，雖然你以前從未跟這個姓名的人打過任何交道。不久之前，一位聰慧過人的科學家（Kammerer, 1919）試圖以某種原則來降低這種巧合，以便讓其中的不可思議效應消失。我不願瞎猜他到底成功了沒有。

像這種重複的不可思議效應，我們該如何循線回到幼兒心理學，這正是我在這短短幾頁的文章中所要觸及的問題；而我必須請讀者另參照我已經完稿的那些其他作品，[24]在其中會進入更多細節，但有不同於此的關聯。因為我們有可能辨識出支配無意識心靈的「強迫重複」，從本能衝動出發，一路前進，並且很可能就是先天內在於本能之中——這強迫的力道十足，到可以統轄享樂原則，把心靈的某些面向賦予鬼魅般的性格，且在小孩的衝動中清清楚楚地表現出來；這強迫力的影響所及，也會出現在神經症患者的分析過程

22［馬克吐溫（Mark Twain），《流浪漢在國外》（*A Tramp Abroad*, London, 1880, 1, 107）。］
23［佛洛伊德自己在早一年，即一九一八，正好是六十二歲。］
24［這裡所提的作品是在一年後出版的《超越享樂原則》（1920g）。］

＊在體驗之外，轉個方向，另尋其他證據：文學作品。

中。以上所有的考量為我們鋪出一條路來，準備要發現的乃是：任何能讓我們想起這內在的「強迫重複」者，就會被視為不可思議之事。

不過，現在正是轉個方向的時刻，讓我們離開那些難以判斷的情況，而要找出一些不能否認的不可思議之實例，希望[239]對此的分析能夠決定我們的假設是否有效。

在《波里克拉提的指環》（*The Ring of Polycrates*）[25]故事中，埃及王因恐懼而離開宴請他的波里克拉提，因為他看見這位朋友的每一個願望都會立刻實現，每一個擔憂也會很快被和善的命運所解除。這位主人對他來說已變得「不可思議」。他自己解釋道：太幸運的人必定害怕神的嫉妒——但這對我們來說很是費解；因其意義已被神話語言蓋上了一層面紗。是以我們要轉往另一個背景比較不那麼華麗的例子。在一個頑念神經症（obsessional neurotic）的個案史中，[26]我描述了這位患者曾在一個水療館待過，並且甚為受惠。然而他有個很好的理解，認為他的病情改善並非來自水的療效，而是由於房間的布置，然後又很快把這連結到一位善於待人的護士。所以在第二次上門去水療館時，他要求住在先前住過的房間，但聽說那間房已經住了一位老先生，他就氣沖沖地發出怨言說：「我巴不得他會因此得病而死。」過了兩週之後，老先生真的發生中風了。我的患者認為這是個「不可思議」的經驗。這不可思議的印象如果發生在更短的時間間隔（亦即在他說出話到不幸事件發生）之內，定會變得更為強烈，或如果他能說出更多類似的巧合的話。事實上，要他生產出這類巧合來，是毫無困難的；但不只是他，而是我所觀察過的每一位頑念神經症患者都會說出一堆類似於此的經驗。他們從來不會驚訝於碰見一位剛剛說到的曹操，也許是在長久未見而第一次碰到時。如果有一天他說：「我好久沒收到某某人的消息。」第二天一早他們就一定會收到那人寄來的信；或者一場事故、死亡發生之前一刻，那景象早已在他們心中掠過。他們習於將此事態用最[240]謙虛的方式指出，說他們有些「預感」，並且「通常」會成真。

有一種最不可思議但也廣為流傳的迷信形式就是對於邪惡之眼的恐懼，這早已被漢堡的一位眼科醫師瑟立曼（Seligmann, 1910-11）作過徹底的研究。幾乎沒人曾懷疑過這種恐懼的根源。任何人擁有個寶貴又脆弱的東西時，都會害怕別人的嫉妒，他所投射於他人的那種嫉妒正是他自己最常感受

25 [席勒的詩作，基於希羅多德（Herodotus）寫的歷史。]

26 〈一個頑念神經症個案的註記〉（Notes upon a Case of Obsessional Neurosis, 1909d, *S. E.*, 10: 234）。

到的。這種感覺自我驗證的方式就是看一眼，[27]甚至都還不需說出口；當一個人因為很顯眼（尤其是因為不吸引人的特性）而成為知名人物時，其他人就已經相信他的嫉妒一定會飆升到超過常人的強度，並且這種強度會立刻讓他轉為行動。人人所害怕的其實是秘密的害人之心，並且總有些徵象可以指出，此心具有一定的力量，在待命行事。

不可思議之事的以上這幾個例子可以指涉到一種原則，我稱之為「思想萬能」（omnipotence of thoughts），而這名稱是取自我的一位患者所言。[28]目前，我們總算找到了熟悉的基礎。我們對於不可思議的分析案例把我們引回到古老的、泛靈論的天地觀。其特徵在於：把世界想成擠滿了人類的精魂；每一個患者主體對於自己的心靈過程都以自戀來珍愛；相信思想的萬能以及由此信仰而生的巫術魔法；把身外的人與物都賦予不同等級的巫魔之力，或「魔那」（mana），且加上所有其他的創造，使得人憑著該發展階段的無羈自戀就足以擋開現實世界的種種拘束。看起來，我們每個人都曾經過這樣的發展，相當於原始人的泛靈觀階段，而我們每個人也都沒能完全通過該階段，而致仍保留著些許遺存和殘跡，仍可用之於顯現此能力，所以任何事物現在對我們施以「不可思議」的打擊時，就實現了那種遺存的條件，觸發了 [241] 該泛靈論的心靈活動，也促使它由內心中表現而出。[29]

＊果然獲得另一個新的洞識：「思想萬能」（omnipotence of thoughts）。

＊再多談兩點考慮……

談到了這裡，我想再多談兩點考慮，因為我想，其中包含著本文的精義所在。第一點，如果精神分析理論是正確的，亦即認為每一種屬於情緒衝動的情感（不論是哪一種），如果經過壓抑的話，都會轉型成為焦慮，那麼，(1) 在可怕事物的例子中，定有一類是可怕的因素顯現為受壓抑者，也同時是反**覆出現者**。這一類可怕事物就會形成不可思議之事；同時它又一定是漠不關心之物，不論這不可思議之事本身原本是可怕的，或帶有別的情感。第二點，如過這的確是不可思議之事的秘密本質所在，我們就可理解為什麼在語法上會把 *das Heimliche*（「家常的」）的用法延伸到它的反面，即 *das* (2) *Unheimliche*（p. 226）；因為這種不可思議之事，果然就不是什麼新鮮事或怪物，而只不過是很熟悉且早已內建在心中的，但它會變得怪異，純粹是由於壓抑作用之故。在此指出壓抑這個因素可使我們能夠進一步理解謝林對於不可思議之事的定義（p. 224），說它有如本該留在隱密之處的東西，但卻顯

---

27 [「邪惡之眼」在德文的寫法是 '*der böse Blick*'，從字面上翻譯，就是「邪惡的一瞥」。]

28 [就是上文所指的那位頑念神經症患者——「鼠人」（'Rat Man', 1909d, *S. E.*, 10: 233f）。]

29 可參看拙作《圖騰與禁忌》（*Totem and Taboo*, 1912-13）中的第三篇〈泛靈論、巫術與思想萬能〉，在其中可看見這樣一條註腳：「我們顯然是把『不可思議』的性質賦予了任何能確認思想萬能以及泛靈思維的印象，但在其後發展到另一階段，我們憑著該階段的判斷而放棄了前一種信仰。」[*S. E.*, 13: 86]

*「繼續用一兩個事例來考驗我們的新假設」（體驗會在此升高至其極點）：

死亡
死尸
死者復返
鬼魂
死亡恐懼
死後的世界
與死者（靈魂）的接觸

露了出來。

這就使得我們必須繼續用一兩個事例來考驗我們的新假設。

很多人對於這種感覺的體驗會在以下的關聯中升高至其極點：關於死亡或死屍，關於死者的復返，以及關於精靈和鬼魂。如我們之所見（p. 221），在今天某些使用中的語言會使德文的'an *unheimlich* house'（不可思議之屋）變成'a *haunted* house'（鬼屋）。我們已經從此例出發，也許就可談到不可思議之事之中最為驚人的部分，但我們擱下來沒這麼做，是因為其中的不可思議之事混雜著純粹只是令人驚悚的部分，因而有部分意義會被覆蓋。無論如何，[242] 我們自小以來的想法和感覺幾乎沒什麼會像這樣少有改變的，且其中就算被棄置的部分也還完全保留了下來，只是多了一層薄薄的偽裝，正如我們和死亡的關係那般。我們的保守觀點可有兩個說明：我們對於死亡的原初情緒反應強度，以及當今科學對此的知識不足。生物學還沒能決定到底死亡是每一個生物不可免的命運，或者死亡只是尋常發生但就生命而言是可以避免的。[30]其實「人皆有死」這句話在教科書上以及邏輯學上是個太常見的普通命題；但無人能夠真正掌握住它，並且我們的無意識從古至今也還一直沒用在它自身的死與不死問題上。[31]宗教持續在爭辯關於個人生命的必死，以及肯定有死後的生命；凡俗的政府也仍相信：要是人們不展望凡塵之上還有更好的生活來給予補償的話，他們就無法在人間維持道德秩序。我們的大城市中到處可見的標語公開詔告我們：如何斯可與已逝的靈魂接觸；[32]還有不可否認的是：我們的科學家之中，有不少極為傑出且見識不凡的人，特別到了他們的晚年，還支持此一結論——像上述的接觸，並非不可能。既然我們幾乎所有的人都還用野蠻心智來思考這話題，則不令人驚訝的就是：對於死亡的原始恐懼仍然強烈存在於吾心，以致一點點挑激就可使之浮上檯面。我們的恐懼中最可能模樣就是像古老的信仰那般：死者會以敵人之姿來對待存活者，並且會想盡辦法來把活人拖進他的世界去跟他一起「過生活」。[33]考慮到我們對於死亡有這種難改的態度，我們也許更該轉而探討壓抑究竟使人變成了什麼，而這才是要想理解「不可思議之事何以會用某物來重複出現」[34]

---

30 ［這個問題在《超越享樂原則》（1920g）一書中是討論的主旨之一，在同時佛洛伊德也正在撰寫本文。見 *S. E.*, 18: 44ff.。］

31 ［佛洛伊德曾以較長的篇幅討論過個人對於死亡的態度，見於他的〈在戰爭與死亡時代中的幾點思考〉（1915b）一文的第二部分。］

32 譯註：這句話對讀者而言如果很費解的話，只要想想美國處處可見的例子就可豁然開朗："God Bless America," "In God We Trust"。

33 譯註：這個引號是譯者的強調，因為原文中說的是「去共度新生活」，本來就帶有諷刺意謂，加個引號就是為了凸顯這種語意。

34 譯註：這個引號顯然也是譯者所加，為的是把一個名詞片語區分出來。以下在必要之處也會仿此處理，但不再註明。

*結論既已知，但精神分析對於美學的補充說明永遠未了……

這種原始感覺的必要條件。但壓抑也會存在於探討活動中。假定所有受過教育的人都會正式地說他們不相信已死的人會變成可見的精靈，並使這樣的顯現[243]只能仰賴不可能的或遙不可及的條件；更且，他們對於死者的情緒態度，在過去一直是非常模稜曖昧的，現在就只能用心智的高層來覆蓋，使之轉變成一種不再曖昧的虔信之感。[35]

到此，我們只要再補充以上幾點——因為泛靈論、巫術、祛邪術、思想萬能、人對死亡的態度、非志願的重複、閹割情結——這些就是實際上使得令人害怕的東西轉變為不可思議之物的全部因素了。

我們也可將一個活人說成不可思議，只要把邪惡意圖歸之於他就可做到。但這還不是全貌；在此之外，我們還得感覺到這種會傷人的意圖以特殊力量之助而即將履行。這裡有個好例子就是「格塔托瑞」（Gettatore），[36]一個帶有浪漫迷信的不可思議人物，在謝佛（Schaeffer）筆下出現，而這位作者是個具有詩意直覺以及深刻精神分析理解的人，他在《約瑟·蒙特佛》（*Josef Montfort*）這本小小說裡創造出這個能與他自己感同身受的角色。但關於這個秘密力量的問題又把我們帶回到泛靈論的世界。就是葛瑞晨（Gretchen）虔誠的直覺，認定梅非斯拖斐力斯（Mephistopheles）擁有這種秘密的力量，使得他會對她顯得如此不可思議。[37]

她覺得我當然是個天才，
或許正是真正的魔鬼！[38]

癲癇以及瘋狂發作的不可思議效應也與此有相同的來源。在外行人看來，這些人身上無疑有一股力量在施作，但在同時，他會隱隱感覺到那力量也在自身內某個遙遠的角落裡。中世紀相當堅認：所有這些毛病都來自魔鬼的影響，而他們在此的心理學還算相當正確。說真的，精神分析本來就是要把這種隱藏的力量攤開來讓人看見，但聽人家說以下這句話時，我不會驚訝：精神分析自身正以同樣的理由而使人感到不可思議。有一個案例，我成功治癒了她——雖然不是很快的——這個殘疾 [244] 多年的女孩病癒很久之後，我就

＊癲癇以及瘋狂發作的不可思議效應。

＊還有人說：「精神分析自身正以同樣的理由而使人感到不可思議。」

35 請參照《圖騰與禁忌》[*S. E.*, 13, 66]。

36 [字面上的意思為（噩運的）「拋擲者」，或是「投射出（邪惡之眼）者」。——謝佛（Schaeffer）的小小說，出版於一九一八。]

37 譯註：葛瑞晨（Gretchen）、梅非斯拖斐力斯（Mephistopheles）都是歌德《浮士德》中的要角。佛洛伊德在此表明：即使在眾所周知的名著之中，也仍可找出以前不曾受人注意的「不可思議」成分。

38 [Sie fühlt class ich ganz sicher ein Genie,
Vielleicht sogar der Teufel bin.
歌德（Goethe），《浮士德》（*Faust*），第一部，第十六幕。]

聽見她的母親表示了這個意見。

就像在浩夫（Hauff）[39]童話故事裡出現的殘肢斷臂和砍下的腦袋，或像先前提到謝佛所寫的，會自己跳舞的腿——所有這些都具有特別不可思議的性質，尤其在最後面那個例子裡，那些東西還額外證明了它們自有獨立活動的能力。我們已經曉得，這一類不可思議的性質正是由於它們與閹割情結的接近而得來的。對某些人來說，光光想到有人會意外地遭到活埋，那就已是最為不可思議之事。然而精神分析讓我們學會的是：這類嚇人的幻想只不過是另一種幻想的變形，而它本來的樣子卻沒有一點嚇人之處可言，只是帶有些淫蕩好色的調調——我的意思是說，這種幻想只是指向了子宮內部的某種存在而已。[40]

我還要再補充的一點，可適用於一般案例，但嚴格說來，這已經包含在先前談過的泛靈論以及心靈裝置（mental apparatus）之中已被超越的階段思維模式；因為我認為還值得再拿出來特別強調一下。所謂不可思議效應經常是容易生產的，其時機在想像（imagination）與現實間的差別被抹除之時，也在我們一向視為想像（imaginary）而今卻以現實呈現之時，或當一個象徵取代了它所象徵之物的全部功能時，等等。正由於此一因素對於生產不可思議效應的貢獻不小，也使得它緊緊黏附於巫魔之術。在此之中的幼年因素，

＊像這樣的聲稱，其實大有可議，值得我們多想一想（如下）：比較下文中標示「＊＊」之處。

＊＊

* *

也就是支配著神經症患者心靈的因素，過度強調了心靈的現實（psychical reality）而相對忽視了物質的現實——此一特徵和思想萬能的信仰也是亦步亦趨的同伴關係。在大戰方酣的隔離期間，有一疊英文的《海濱雜誌》（*Strand Magazine*）落在我的手中；撇開一些繁瑣的東西不談，我讀到其中一篇，寫的是關於一對年輕夫妻的故事。他們準備搬進一間有家具的房子，其中有一張奇形怪狀的桌子，刻著鱷魚圖樣。在傍晚時分，有一股奇異難聞的特別味道瀰漫全屋；他們[245]在摸黑中絆到某種東西；他們似乎看見一個模糊的影像爬上樓梯——簡言之，我們得到的理解就是：那張桌子當場造成了鬼魅般的鱷魚縈繞滿屋的印象，或說那木製的魔鬼在黑暗中竟活了起來，或類似於此、有的沒的等等。那則故事寫得實在夠天真了，但卻也製造出值得稱道的不可思議感。

這些例子當然不算完整，但若要下個結論的話，我願拿它來和精神分析的經驗相連結；如果那不只是仰賴於巧合，那麼它就可以為我們的理論提供漂亮的確證。神經症患者常宣稱他們覺得女性的性器官有些不可思議。這

*比較上文中標示「**」之處。在我們的文化中，這可不是個笑話——一般傳統的墳塋建築，其墓碑所在之處，從其造形來看，就是女性的性器官：墓碑是個活門，接上其兩旁的延伸物（張開的雙腿），

39 [〈斷手的故事〉（*Die Geschichte von der abgehauenen Hand*）。]

40 [參見佛洛伊德對於「狼人」（Wolf Man）的分析第八節（1918b, p. 101ff）。]

以及上方墳起的土堆（大肚子）。由此就更容易看出：一座墳正是每個人從中出生的地方（產道口）——也是死後歸去的地方。「墓」「母」的同音更隱約顯現精神分析的洞識和我們的文化在根底之處緊密相關。

*獲得一個原則，但不能滿足「必要／充分」條件。

個 *unheimlich*（不可思議的）地方，無論如何，就是先前所有人類對於 *Heim*（家）的入口，到達我們每個人從前在太初時代住過的地方。有個笑話說：「愛就是想家」，而每當一個男人在夢想著一個地方或一個國家，且在夢想中自言自語道：「這個地方好熟悉，我一定曾經來過這裡，」那麼，我們總是可以把這樣的地方詮釋為母親的生殖器或母體。[41] 在這裡的狀況也一樣：*unheimlich* 之處即是過去曾經 *heimisch*（熟悉）的地方；其字首「un-」正是壓抑的一枚籌碼。[42]

III

在此討論的進行中，讀者可能會感到有些疑問在心中蔓延；現在他得有機會把疑問收拾一下並提出來。

其實，不可思議（*unheimlich*）乃是秘密的熟悉（*heimlich-heimisch*），經過壓抑而後復返，而一切不可思議之事都可滿足於此一條件。但在這基礎上要選擇材料時，卻使我們無法解決不可思議之事的難題。因為我們的命題顯然不是可逆的。並非任何能滿足此條件者——不是每樣可以回憶起受壓抑之慾望者，以及通過了個體及種族全體在史前史的思維模式者——都可以算

＊「不可思議」和「毫無不可思議」之間的密切關係。

＊以下舉例的童話和神話故事在西方世界中都是家喻戶曉的，但我們的讀者都聽過嗎？譬如下文：「琵哥馬利恩（Pygmalion）（這位雕刻師）的美麗雕像活過來時」？（我不多解釋這個問題）

作不可思議之事。

我們也不應隱瞞這個事實：幾乎每一個引證的事例 [246]，原是要用來支持我們的假設，卻也可能有反證之效。浩夫童話中的斷臂故事（p. 244）當然具有不可思議效應，而我們也由此循線溯源到了閹割情結；但大多數讀者也許會同意於我，就是在希羅多德的蘭普辛尼圖（Rhampsinitus）寶藏故事中，公主企圖抓住大盜的手，大盜卻把他弟弟的手留下了，這樣的故事不會引起任何不可思議感。再說，波里克拉提的願望立刻實現（p. 239），無疑會以不可思議的方式影響我們，如同影響到埃及王那般；然而我們自己的童話故事中也充滿著立即實現的願望，卻一點也引不起不可思議效應。在「三個願望」的故事裡，那個女人受到香腸可口味道的引誘而發願希望自己能有一根，在她眼前的碟子裡果然立刻出現一根香腸。她的丈夫因為嫌她動作慢吞吞而期望香腸吊在她的鼻子上。果然，就吊在那兒了。這些都可說是驚人的，但卻沒有一絲絲的不可思議。童話很直白地援用了泛靈論的思想萬能和願望，然而我卻想不起在真正的童話裡有任何不可思議之處。我們聽說最高

41 [可參照《釋夢》（1900a, *S. E.*, 5: 399）。]
42 [見佛洛伊德的論文〈否定〉（Negation, 1925h）。]

*「我們應再問一次：」

程度的不可思議會發生在無生命的東西——圖畫或玩偶——變得活起來；然而安徒生故事中，家裡的器皿、家具和錫兵都是活的，只是遠遠不到不可思議的程度。我們也很難說琵哥馬利恩（Pygmalion）的美麗雕像活過來時，有什麼不可思議。

真正的死亡以及死者的復活乃是最為人樂道也最不可思議的主題。但這類事情在童話裡相當常見。誰敢說那叫做不可思議，譬如白雪公主重新睜開眼睛時？還有以死者復生作為神蹟，譬如在《新約》之中的，其所引發的感覺就是和不可思議之事毫無關係。所以，「同一事物無意的重複出現」這個主題雖確實可造成不可思議效應，但在其他類型的案例中卻也可能為相當不同的目的服務。我們已經碰過一個案例（p. 237），在其中，這主題是被用來引發喜劇感；而我們還可找出好幾倍的同類案例。或再說一次，這主題也可產生強調之類的作用，等等。我們應再問一次：不可思議效應中的沉默、黑暗和孤獨，其根源何在？[247] 這些因素所扮演的角色難道不是指向不可思議所發生之處的危險嗎？儘管同樣的因素在孩童身上最常導致的表現是驚恐（而不是不可思議）。那麼，我們是否有理由將知識上的不確定性這因素完全忽視——雖然我們已經眼看著並承認它在死亡相關事物上的重要性（p. 242）？

*「定還有其他」就是對於假設與臆測的肯定——誘練法的另一種運用方式：美學的探究——這在上文已經舉例談過，但在下文還會有更進一步的討論。

*也就是虛構小說或想像的創作。

*「體驗到的」乃是另外一個範疇。先插進來談。

因此，我們很顯然得準備承認：決定不可思議感生成的因素，在我們先前提到的那些之外，定還有其他。我們也許可說，先前那些初步的成果已可滿足**精神分析**對於不可思議問題的興趣，而留下來的部分也許就得（再）作**美學**的探究了。但那就表示懷疑的大門已敞開——我們所形成的主張：不可思議之事產生於熟悉且受壓抑的某事物，其真正的價值何在？

我們注意到一點，這對於目前的不確定可能會有幫助：幾乎所有會和我們的假設互相矛盾的例子都是取材於虛構小說或想像的創作。這意思是說：我們必須把我們實際體驗到的不可思議之事，和我們只是在書上讀到、看到的不可思議之事，作出區分。

體驗到的不可思議之事，其條件要簡單得多，但能包含的案例也少得多。我認為我們應該發現，這就和我們想要尋求的解決有完美的關係，並且可以毫無例外地回溯到熟悉而又受壓抑的某事物。但同樣在此，我們必須對於我們的材料作出心理學上重要的劃分，而最好的辦法就是轉回到合適的例子來作說明。

我們這就先拿不可思議之事所連結的思想萬能來談，還要加上願望的立即實現，以及秘密的傷害力和死者的復生。在此，不可思議感的發生條件是無可置疑的。我們——或我們的原始祖先——曾經相信這些可能性均屬現實，也相信這些事情都實際上發生過。到了今日，我們不再相信那些，我們說是已經超越了那些思維模式；但我們對於我們的新信仰還不太能保證，而舊日的信仰仍然存在於我們身內，並且蠢蠢欲動地想要抓住我們的肯認。一旦有事實際發生於我們的生活中，並且似乎肯認了舊日 [248] 已經拋棄的信仰，我們就會產生不可思議感；我們有如在作像這樣的判斷：「所以，總而言之，人真的可以只用念力就能殺人！」或者：「所以，死去的人確實還活著，並且出現在他們從前參與過的活動！」等等。相反地，若有任何人能徹底排除泛靈論信仰，必定會對於這類的不可思議之事完全無感。在願望與實現之間最不可能的巧合，或同樣的體驗在特定地方、特定時機之間最神祕的重複，以及最令人疑神疑鬼的視覺或聲音——其中沒有一樣會使他心神恍惚或引起所謂「不可思議的恐懼」。整個的這麼回事純粹就是「現實考驗」（reality testing）的問題，也就是此一現象的物質現實問題。[43]

當不可思議的起點是從受壓抑的幼年情結、閹割情結、子宮幻想等等一路而來時，這類事態就會很不一樣；但會激起這類不可思議感的體驗在現實生活中其實並不常見。從實際生活體驗而來的不可思議之事大部分是屬於第一群類［即上一段所說的群類］。不過，這兩類之間的區別在理論上非常重要。當 [249] 不可思議之事是來自幼兒情結時，物質現實的問題不會出現；它

*「已經超越」或「舊日的信仰仍然存在於我們身內」？讀者認為佛洛伊德比較傾向於哪種說法？

*這段經得起「現實考驗」的說明似乎以某種方式回應了上面的問題，但連同這段的註腳一起讀，對於佛洛伊德的態度當會別有發現。

*「這兩類之間的區別在理論上非常重要」，但在生活的體驗中，「區分常顯得模糊」，如本段結尾所言。

說得明白一點：「兩類之間的區別」是指：(1)「**被超越的**」——來自原始的（思想萬能、泛靈論）(2)「**受壓抑的**」——來自幼年的（各種情結）。

會出現之處毋寧是在心靈現實中。其中牽涉到的乃是某些思想內容的實際壓抑，以及這些受壓抑材料的復返，不是不相信此內容存在於現實中。我們可以說，受壓抑者在某個案例中乃是特殊的意念內容，而在其他案例中，則是對（物質）現實的信念。但就在上一句話裡，「壓抑」一詞的意思已經毫無疑問地擴張到一般合法用法之外。比較正確的說法是把此處可以偵測到的心理學區別放進考慮之中，並說：文明人之中的泛靈信仰是處在（或多或少）**被超越的狀態［而不是受壓抑的］**。因此我們的結論可以這樣說：不可思議體驗之發生乃是在幼年受壓抑的情結被後來的印象刺激而復發，或者已被超越的原始信仰似乎再度獲得肯認。最後，我們不可只偏向於順利的解決和清楚

---

43 由於「替身」的不可思議效應也屬於此一群類，因此關於人會碰見不邀自來或不期而遇的自身形象，我們對此一效應的觀察也一定會饒富興味。恩斯特．馬赫（Ernst Mach）曾在他的《感覺之分析》（*Analyse der Empfindungen*, 1900, 3）一書中提過兩起這類的觀察。第一次的場合是他發現眼前有一張自己的臉，讓他大吃一驚。第二次他對於走進公車的一個看似陌生人有很壞的印象，他想：「這走進來的是哪來的邋遢教書匠！」——我也可報告一下自己有類似的奇遇。我自己一人坐在火車臥鋪車廂裡，那時火車發生劇烈的搖晃，把隔壁洗手間的門晃開來，有位穿著睡袍、戴著旅行帽的老先生走進來。我認定他在離開洗手間時走錯了方向，才會走到我這間來。我跳起來想要扶他一把，這才驀然發現，闖進來的傢伙原來只不過是我自己在走道上鏡子裡的返照。我還清清楚楚地記得，當時我實在很不喜歡他的容貌。因此，馬赫和我不但沒有被自己的「替身」嚇到，反而只是認不得這個人。然而，是否有可能，這種不喜歡也是遠古反應的一種遺跡，亦即覺得這「替身」就是個不可思議者？

的顯現，因而對事實盲目，以為這兩類不可思議體驗經常是涇渭分明的。當我們考慮到原始信仰和幼兒情結之間總有密切關聯時，事實上前者就是以後者為基礎的，對於其間的區分常顯得模糊，我們就不該感到訝異。

不可思議之事在文學中的描繪，即在故事和想像的產品中，實在值得我們另闢篇幅來討論。起碼它是比現實生活更豐饒的園地，因為它包含了後者的全部之外，還可包含真實生活中所沒有的東西。在受壓抑者與被超越者之間的對比不可能直接移調成小說中的不可思議之事而不受到刻意的修飾；因為在幻想的領域中，其效應所仰賴的內容並不須經過現實考驗。如此就會出現頗為弔詭的結果：首先，虛構作品有很多不算不可思議之事，即令發生在真實生活中也就不過如此；其次，小說故事中要創造不可思議效應的手段比起真實生活中要多得多。

想像的作家比起其他人來說可謂持有執照來選擇世界再現的方式，或者使用碰巧是我們在現實中熟悉的材料，或則選用離開現實的任何材料，看他的高興。我們接受他 [250] 在各種狀況下的擺佈。譬如，在童話中，現實世界從一開頭就被拋到腦後，而泛靈信仰體系就會率直登場。願望的實現、秘密的力量、思想的萬能、死物的變活，也就是童話中所共有的全部因素，在此都發揮不了不可思議的影響；因為我們已經學會：感覺不可能平白冒出來，

*這裡比起上文所說的虛構，可說是同類，但特別要「另闢篇幅來討論」，因為它有個堂皇的範疇名稱：「文學的」。

*歷來的文學理論課程中，此段就是閱讀的要點所在，但相對而言，臨床專業的人需要知道這些嗎？（網路寫手屬於前者；教師、服務業屬於後者）——我預設的答案：臨床專業者對於「虛構的不可思議」有迫切的破解需求，因為「案主」們都太會瞎編故事了！（看以下所談的「障眼法」、「另外一招」等等）

＊後來發現，佛洛伊德的態度實與此處的預設一致……

＊作家若以為自己的寫實主義等於進入普通世界……（注意以下幾個標示＊＊之處）

除非我們的判斷和已被「超越」的事態之間發生衝突，且早先已視為不可信的東西並非不可能發生；然而這個問題在童話世界的開始設定中就已被排除了。因此我們會看見，童話故事雖為我們對於不可思議之事的假設提供了許多矛盾，卻肯認了我們的命題之第一部分——即在虛構領域中的很多不算不可思議的東西，但若發生在真實生活中就會顯得不可思議。在這些故事中還有其他一些會製造不可思議之事的因素，我們在下文中還會再談談。

文學創作者還可選擇一種境遇，雖然比童話世界稍微少點想象，但仍和真實世界顯有差別，因為在其中先承認有超自然的精靈存在，譬如死者的鬼魂、魑魅等。只要這些存有留在詩意現實的設定中，這些角色就會喪失它們原可具有的不可思議性質。在但丁《地獄篇》中的靈魂，或在莎士比亞《哈姆雷特》、《馬克白》、《凱撒》等劇作中的超自然顯靈，要說是夠灰暗、可怖，那準沒錯，但那都比不上荷馬史詩中生蹦活跳的諸神來得不那麼不可思議。我們在判斷中接受了作家丟給我們的想象現實，並把精靈鬼魂都當作和我們所生存的物質世界一樣具有存在的有效性。在此情況下，我們就避開了所有不可思議的跡象。

當作家假裝進入普通的世界時，狀況會立刻發生變化。在這情境下他也接受了真實生活中產生不可思議感的條件；每一種在現實中能發生的不可思議效應在他的故事裡也可以出現。但就在此狀況中他也可以讓此效應增加，其法就是把現實中的發生效應予以加倍，讓事實上很少發生或從未發生之事一一出現。在他這麼作時，他已經在某種意義上把我們導入迷信的歧途，而對這些事態，我們原本應該早已超越過了才對；他的障眼法就是給我們承諾了正經八百的真實，但卻故意跨過此限。我們是以[251]對於真實經驗的反應來反應他的發明；等到我們看穿他的把戲時，那已經太晚了，而作者早已經達成目的。但我必須補加一句：他的成功並非沒有摻水。我們留有一份不滿，一絲怨恨，用來抵制他的欺騙。我會注意及此，特別在我讀過席尼茲勒（Schnitzler）的《預言》（*Die Weissagung*）以及類似的故事之後，在其中，作者都敢於逗弄超自然物。不過，作者還有另外一招，可用來避免我們的頑抗，同時又可增加他成功的機會。他可讓我們久久停留在黑暗中，不讓我們知道他在寫作時所預設的世界是什麼樣子，或者他可以狡猾又聰明地避免透露從此刻到結局的任何消息。但是，總而言之，對於我們的命題第二部分，我們仍獲得了肯認——亦即虛構作品比真實生活呈現出更多製造不可思議感的機會。

嚴格說來，所有這些副作用都只跟其中一類不可思議之事有關，也就是起自於已經被超越的那種思維模式。另一類起自於受壓抑的情結者仍有更多

* *

*佛洛伊德這種自白不可能在談理論的文章中出現。

阻抗，並且其逗留之力在虛構、在真實經驗中都一樣強烈，只有一種例外 [見 p. 252]。屬於第一類的不可思議之事——即起自於已經被超越的思維模式者——會在體驗中和虛構中一樣保留其性格，只要其設定的境遇是屬於物質的現實；但在虛構中，既然境遇都是隨意造作的，則那種性格就會很容易失去。

我們顯然沒能把故事創作者所特享的詩意證照予以吊銷，或竭盡其可能性，讓他們無從挑激或排除任何不可思議感。我們的生活主要仍是以被動接受的態度來面對真實經驗，並且也在物理環境的影響中主隨客便。但是講故事的人會用一種特別具有引導性的力量來使喚我們；他的手法足以把我們放進某種心情，好讓他能支配我們的情緒流動——在某處用堤防堵住，在別處讓水流通過，且他通常可以使用同樣的材料來引發各種效果。所有這些都不是什麼新鮮事，且無疑是學美學的人長久以來用之不絕的手法。**會捲入這個研究領域，我們多少有點不是出於自願而是被誘惑使然，是想要解釋 [252] 不可思議之事在某些事例上和我們的因果理論有些矛盾之處**。既然如此，我們現在就回頭來檢視幾個這樣的事例。

我們曾經問過 [見 p. 246]：為什麼蘭普辛尼圖那個寶藏故事中的斷臂不像浩夫故事那般具有不可思議效應？目前因為我們曉得了，起自受壓抑情結的那類不可思議會有較強的阻抗作用，這個問題因而變得更為重要。答案很簡單。在希羅多德的故事裡，我們的思想集中在大盜的超級狡猾手段，而不在於公主的感受。公主很可能有不可思議感，或她確實陷入著迷之境；但我們可沒有這種感覺，因為我們把自己設身在大盜的處境上，而不在公主身上。在聶斯妥乙（Nestroy）的鬧劇《撕裂的人》（*Der Zerrissene*）當中，使用了另一種手法來避免任何不可思議的印象，就是在某一幕中，逃跑的人相信他自己是殺人犯，掀開一扇一扇活門，而每掀一次就會看見被害人的鬼魂從門後升起。他在絕望中喊道：「但我只殺了一個人呀，為什麼會有這麼多的鬼分身？」我們在此幕之前已經知道是怎麼回事，不致分受他的錯誤，因此對他而言的不可思議，我們只會感覺到喜劇效果。就算是個「真的」鬼，譬如在王爾德（Oscar Wilde）的《坎特維爾幽靈》（*Canterville Ghost*）中，一旦作者開始用諷刺來自娛之時，會允許讀者自在地閱讀，這時的鬼就無力引發任何陰森可怖之感了。由此我們可看出，情緒效應在虛構世界中是如何能夠獨立於實際的題材之外了。在童話故事中，恐怖感——也包括不可思議感——完全被排除在外。我們很懂這點，因此我們也就不會期望能在其中找到發展這種感覺的機會。

至於沉默、孤獨以及黑暗這些因素［見 pp. 246-7］，我們只能說，那實際

**

*（這個有關「諷刺」之說的但書，涉及了分析態度的問題，另文討論。）

*大多數的人類從未獲得解脫：再多

的現實主義與無神論，看來在沉**默、孤獨以及黑暗之時**，還都會覺得鬼影幢幢（不可思議）。

上是產生幼兒焦慮的基本成分，而大部分的人類就此而言從未獲得解脫。對於此一問題的精神分析觀點，可見於別處的討論。[44]

44［參見佛洛伊德對於兒童害怕黑暗的討論，《性學三論》（*Three Essays*, 1905a）第三論第五節（*S. E.*, 7: 224n）。］

1-5 否定
Negation

本文譯自英文《西格蒙特・佛洛伊德心理學著作全集標準版》，19卷（*The Standard Edition of the Complete Psychological Works of Sigmund Freud*, Volume XIX）（1925），pp. 233-240。

[235] 在分析進行中帶出聯想的方式時，我們的患者給了我們一個機會，可作出一些有意思的觀察。「你現在以為我有意要說出些羞辱人的話，但實際上我沒這個意思。」我們馬上曉得這句話就是對於剛剛出現的意念，透過投射，而表示的拒斥。或者像這樣：「你問說夢裡的這個人會是誰。那**不是**我母親。」我們也可立刻將它校訂為：「所以那**就是**他的母親了。」在我們的詮釋中，我們可以自由地從聯想中單獨挑出其主要內容，而忽視其否定。就如同這位患者說的是：「我在想這個人時，浮上心頭的確實是我母親，但我不喜歡把這算作我的聯想。」[1]

＊「……那**不是**我母親。」→「所以那**就是**他的母親了。」注意：「他的」，而不是「你的」，表示這後面一句話並非對著患者說的，而是分析師在反思時的自言自語。

有一種非常方便的法門，有時可讓我們獲得我們所要的，即關於無意識壓抑的材料。我們可問：「在那情況下，什麼事情是你認為最不可能想像的？在當時，什麼是離你的想法最遠的？」如果患者掉入這圈套並說出什麼是最不可思議的，那麼，他就幾乎承認了他正在想的是什麼。這種實驗是個很乾脆的對位法（counterpart），經常對上了一個頑念神經症患者（obsessional neurotic）剛剛被啟動的症狀所具有的意義。他說：「我得到一個新的頑念（obsessive idea），在它可能指著某某意義之時，它就在我裡頭出現了。但，不是；那不可能是真的，或說，它根本沒來到我心中。」他所拒斥的，比照於他所接受的處遇基礎而言，當然正好挑對了那個頑念的正確意義。

因此，一個受壓抑的意象或意念（a repressed image or idea），其內容可找到一條進入意識的通路，而其條件正是將它否定（it is *negated*）。[2]否定的作用乃是使**受壓抑者**（what is repressed）獲得認知的途徑之一；實際上

＊在患者是用「否定」，但在分析師聽來就是「對位法」。

＊患者當然不知：這「不知」就是他的「症狀」。

＊「受壓抑者（what is repressed）」一詞中的「者」不一定是指「人」，而是指一切受壓抑的「對象」。"The repressed" 一詞在佛洛伊德的用法中經常是指「無意識的（某事物）」，因為「無意識」本身沒有具體範圍，甚至不適於用空間隱喻來指稱，因此在特定的脈絡下，需使用相對較具體化的方式來說它。

1 〔佛洛伊德曾提到他注意及此，在（其他一些地方之外，特別是）「鼠人」的分析中（1909d），見 *S. E.*, 10: 183n。〕

2 〔「否定」（to negate）的原文是 'verneinen'，我們不將它譯為比較常用的「否決」（to deny），是為了避免和 'verleugnen' 的譯法混淆，因為此字也常被譯作「否決」或「拒絕」。在本版中，後者都譯為「否認」（disavow）。此一問題請參見〈幼兒性器的組織〉（1923e）一文的註腳，在 *S. E.*, 19: 143。〕

*「我們可在此智性功能中看出它如何與情感過程區分開來。」——此句是解釋的關鍵。此段解釋的註腳也很重要，值得注意。

*扼要重述上文，但加上一個非常詼諧的妙喻：「德國製」。

*用「否定法」來進行壓抑，使「思維本身獲得一種自由，可以擺脫壓抑的限制」——這樣的說法，呼應了前一篇的「很聰明的創造」之說。

它[236]已是在將壓抑排開，雖然（也當然）不是接受了被壓抑的內容。我們可在此智性功能（intellectual function）中看出它如何與情感過程（affective process）區分開來。透過否定之助，壓抑過程中只有一個後果得以解除——換言之，實際上（所解除的）就只是受壓抑者之中沒進入意識的意念內容（ideational content）。此一後果乃是對於受壓抑者的一種智性接納，至於同時，壓抑的主要部分則依然持續著。[3]在分析工作的進程中，我們常能由此後果而產生進一步的、非常重要且有點奇特的變形。我們會順便成功地克服否定，因而為受壓抑者帶來智性上的完全接納；但否定作用本身卻未因此而移除。

既然對於思想內容的肯定或否定乃是智性判斷功能的工作，我們剛才所說的，就可引導我們走到該功能的源頭去。對於某事某物的否定，從根底上來說，即是做出這樣的判斷：「這就是我應當會想要壓抑的。」一個否定的判斷乃是壓抑作用的智性替代；[4]其中的「不」正是壓抑作用的標誌，也是其源頭的證明書——有如，這樣說吧，"Made in Germany"（德國製）。[5]經由否定作用的象徵之助，思維本身獲得一種自由，可以擺脫壓抑的限制，令其自身增加了一些材料，而這又是思維功能運作之所不可免。

判斷的功能主要是和兩種作決定有關。即肯定或不肯定某一事物的某一

* 注意漢語與此對應的方式。
該吃進來＝好的（善，美食）
該排出去＝壞的（惡，糞便）

* 這句話成為第二代精神分析（即英國客體關係〔object relations〕理論）的基本守則。

特殊屬性；且也肯定或拒斥該事物的呈現乃是某種真實的存在。[6] 所須決定的屬性 [237] 原本可能是好是壞，有利或有害。用最古老本能衝動的語言——口腔的——來說，這判斷乃是說：「我該會喜歡吃這個」，或「我該把這東西吐出來」；用較為普通的說法就是：「我該把這東西放進我之中，把那東西置於我之外。」換句話說：「這東西應該在我之外」或「這東西應該在我之內」。正如我在他處已經表示過，原初那個樂欲的「我」想要把一切好東西內射於（introject）自身之中，以及要把一切壞東西排出（eject）。所謂的壞東西，亦即所謂有異於我者，和一切外在於我者，打從一開始就是同一回事。[7]

3 此一同樣的過程也存在於一種廣為人知的迷信的根底之處，那就是：吹噓總是危險的。「我的好多頭痛當中，有一種已經很久沒出現了，真棒！」但這正是在第一次宣布頭痛的發作。對此，這個人已經近於有所感了，雖然他自己還不情願相信。[佛洛伊德對此一解釋的注意實係出於他最早的忠者之一，Cäcilie M. 女士。可參看佛洛伊德最初的個案史中所加的註腳，見於《歇斯底里症研究》（1895d），*S. E.*, 2: 76。]

4 [佛洛伊德對於此觀念的最早陳述似乎出現於他那本關於笑話（詼諧、機智）的書中（1905c），*S. E.*, 8: 175。後來又出現於〈心理功能的兩個原則〉（1911b）一文，*S. E.*, 12: 221，以及關於後設心理學的文章〈論無意識〉（1915e），*S. E.*, 14: 186。]

5 [原文即是英文。] 譯註：德國製的商品用英文寫「德國製」就擺明了它不是德國製。

6 [這在下文中會解釋，p. 237。]

7 請參見〈本能及其週期起落〉（1915c）一文的討論。[*S. E.*, 14: 136——佛洛伊德再度提起此一問題是在《文明及其中的不安》（1930a）的第一章。]

＊樂欲的「我」vs. 現實的「我」：回顧〈「我」的分裂〉一文。

＊這幾句話又是精神分析留下的精要綜論——也就是一個新的哲學命題。

＊注意「患者主體」（或「分析主體」）這一用詞：Subject 在心理學上的中文譯名有「受試／主體」的鉅大差異。

＊這兩段話要認真多讀幾次——

(1) 第一段：

判斷功能要作的另一種決定——亦即某事物的真實存在中是否會有其（屬於現實考驗之下的）呈現——絕對是現實的「我」之所關切，這種「我」乃是從樂欲的「我」發展而來的。現在的問題已經不是所感知（之事物）是否應當納入「我」之中，其實問題已變成這樣：在「我」之內對某事物的呈現是否可在（現實的）感知中重新發現。我們再次碰上了內在／外在的問題。所謂的不真實，只不過是主觀的呈現，只不過是內在的；而所謂的真實，就指它是在外。在這個發展階段，對於享樂原則的關注已經被擺到一旁。經驗告訴我們：患者主體的重要性不只在於某一事物（對他而言足以得到滿足的客體物）是否擁有「好」屬性，因此值得放進他的「我」之中；而在於該事物是否就在外面的世界中，因此每當他有此需要時，都可以去攫取。為了理解這往前的一步，我們必須記得：所有的事物呈現都源起於感知，並且是感知的重複。因此，原本僅僅存在的呈現即已是所呈現者屬乎現實的保證。在主觀與客觀之間的相互對反，從一開始就不存在。它之所以會存在乃是基於思維的事實，即思維具有這樣的能力——可以把過去曾經感知的某項事物重行帶回心中，而其法是在沒有外在對象之時，仍能複製出一個呈現。於是，現實考驗的首要且緊接著的目的，即在於不要在真實的感知中發現可對應於呈現的對象，而是要重新發現這樣的對象，以便讓自己[238]相

⑵第二段：

＊試回想一下整個「心靈裝置（psychic apparatus）」的運作方式。

信那對象仍然存在於那裡。[8]思維還有另一種能力，可進一步提供主觀和客觀之間的分際。感知的複製變成一種呈現，但這呈現並非永遠都忠於現實；它可以經由刪略，或透過好幾個因素的匯合而進行改變。在那種狀況下，現實考驗必須要確定這樣的扭曲可以到什麼程度。但顯然，現實考驗能設立起來的前提條件乃是對象須已失去，而那對象確曾一度帶來真正的滿足。

判斷是個智性的動作，用以決定該選擇的是哪個動作，由此而能使思考所造成的延宕得以停止，並把思維導向行動。我曾在他處討論過這種因思考而造成的延宕。[9]因此它可視為行動前的實驗，運動的觸角，只需動用一點點的能量支出。讓我們來試想一下，那個「我」先前在何處用過類似的觸角，以及它從何處學來這種技能，可讓當下得以應用。它所發生之處應在心靈裝置（psychic apparatus）的感官末端，恰好和感覺相連。因為，在我們的假設

---

8 ［這些論點有很多已有伏筆，在《釋夢》（1900a）一書中，*S. E.*, 5: 565-7，還有更多是在一八九五年的 'Project' 中（Freud, 1950a; Section 16 of Part I）。在此需要重新發現的「對象」乃是母親的乳房。試也參照一個句子，出現在《性學三論》（1905d）的類似關聯脈絡中，*S. E.*, 7: 222：「發現一個對象，事實上就是重新發現它」。］

9 ［參見《自我與伊底》（1923b），本卷 p. 55。但佛洛伊德重複多次提及此點，從一八九五年的 'Project' 就開始了〔在 Section 17 of Part I〕。有份參考文獻表可見於《精神分析新論》（1933a）的第三十二講。附帶一提：關於判斷這個話題，有段和本文幾乎一樣長的討論，見於 'Project' 的 Sections 16, 17 and 18 of Part I。］

中，感知並不純然是被動的歷程。那個「我」會週期性地丟出少量的投資到感知系統中，並經由此管道而從外在刺激中取樣，然後，在每一次像這樣的試探之後，又可隨時收回。10

對於判斷的研究，也許是第一次，使我們得以獲致[239]一個深入智性功能源頭的洞見，也就是在種種原初本能衝動的互動之間。判斷是個連續不斷的動作，伴隨著應急的權宜之計，「我」由此而得以將某些事物吞進自身中，或從自身中吐出，而此吞吐乃依享樂原則而為之。判斷的兩個端點顯然是對應著我們所假定存在的兩群對立本能。肯定——作為統合的替代——屬於愛欲（Eros）的本能；而否定——繼排斥而來——則屬於破壞的本能。否定的概括願望，亦即某些精神病患者所表現的否定症（negativism），也許就可視為一種本能潰散的跡象，其發生之時正是力比多（原欲）成分的撤退狀態。11但判斷功能的展現，在否定的象徵或符號創造出來之前，是不可能的；這些創造出來的東西必須收納在思維之中，使之能夠起碼得到自由，不受壓抑之限，也得以不必遵守享樂原則的強迫。

對於否定的這種觀點，很符合於分析中的事實，亦即如此的公式：我們從未在無意識中發現任何一個「不」字，並且在「我」要承認無意識之時，也一概不會表現為否定。沒有任何證據會強過於我們的努力以及成功地揭露

*以上整段話（從判斷的智性功能開始），確實是思想史上「第一次」獲得的新洞見。

*下文再把先前的洞見（判斷的兩個端點）結合到此。

*「否定的象徵或符號」原文只作"the symbol of negation"——symbol 翻成中文可作「象徵」，也可作「符號」——這裡含有兩義，故等於翻譯了兩次。這些「創造出來的東西」使得思維能從樂欲的「我」進化為**現實的「我」**。

*最後一段公式，「否定的否定」，看出佛洛伊德對於無意識的揭示，

如何善用辯證法；或即是更高層次上所謂的「誘練法」。

無意識，也就是當患者出現的反應是說：「我沒那樣想」，或「我（根本）沒想到那樣」。[12]

10［見《超越享樂原則》（1920g），*S. E.*, 18: 28，以及〈關於「神祕書寫板」的一則筆記〉（1925a: 231）。值得一提的是：在以上這段中，佛洛伊德所暗示的不是「我」而是**無意識**「透過 Pcpt-Cs 系統的媒介而向外部世界伸出了觸角」。］

11［參照關於詼諧那本書（1905c）第六章的一則註腳，*S. E.*, 8: 175，註 2。］

12［佛洛伊德曾經以幾乎一模一樣的話說出這個要點，是在「朵拉」分析（1905e, *S. E.*, 7: 57）的一則一九二三年補加的註腳中。他在晚年時又回到這一主題，是在〈分析中的建構〉一文（1937d）。］

1-6 分析中的建構
Constructions in Analysis

本文譯自英文《西格蒙特・佛洛伊德心理學著作全集標準版》，23卷（*The Standard Edition of the Complete Psychological Works of Sigmund Freud*, Volume XXIII）（1937），pp. 255-270。

[257]

I

某位知名的科學家，他很看重精神分析，而在同時，其他的大多數人都不覺得有義務持有同樣的看法。對於那位仁兄，我總覺得我是受惠良多。然而，在某個場合裡，他道出了關於分析技法（analytic technique）的意見，而這意見實為有失公正的糟蹋之論。他說：在對患者作詮釋時，分析師的治療原則竟是「（拋銅板）正面算我贏，反面算你輸」。[1]也就是說，如果患者同

＊批評者對精神分析的糟蹋之論如此。

＊回顧〈否定〉一文：「不＝就是」；參見註5。

＊現在不只談否定，也要談肯定，因此就要對詮釋原則作全面重述。

＊「壓抑」的最廣義——防衛機制的全部。

意我們的說法，那麼詮釋是對的；但若患者和我們矛盾時，那只是他阻抗的徵象，因而仍是我們對。以此為之，在分析這位可憐蟲之時，不論他對我們的說法、作法會有什麼反應，我們總是站在對的一方。現在，每當一個患者做出「不」的反應，事實上對我們而言，確實不可視為已有足夠的理由把詮釋當做錯誤而予以放棄，但我們一旦在技法的本質上顯現為如此之時，我們的反對者一定會對這種分析嗤之以鼻。因此，我們在分析治療中對於「是」或「否」如何拿捏的慣常法則，有必要作個詳盡的說明。一般的執業臨床分析師對於這樣的辯詞既然一無所知，所以他自然也未曾學到什麼說法。[2]

分析工作有個眾所週知的目標，就是要把患者導向放棄壓抑（此詞要用其最廣義來理解），此壓抑實起於患者早年的發展，而我們要用某種反應來予以取代，使之能夠對應於心靈上更成熟的條件。當這種目標有了譜之後，患者就會被帶向某些回憶，召喚出[258]當時所遺忘的體驗與情感衝動。我們知道他目前的症狀與抑制乃是這種壓抑的結果：因此這些都是所遺忘之物

1 [這句話在原文中就是英文："Heads I win, tails you lose."]

2 [提起這種討論是在佛洛伊德稍早的一篇論文〈否定〉（1925h, *S. E.*, 19: 235, 239）。亦可參照「朵拉」分析的第一章（1905e, *S. E.*, 7: 57）及一九二三年對該段落增補的註腳；還有在「鼠人」分析的第一章(D)註腳（1909d, *S. E.*, 10: 183n）。]

*由夢的回憶牽引出受壓抑者為何，這本來就是不容易的工作——因為受到嚴重扭曲之故；自由聯想是分析師提供的另類回憶之途，但其中一樣關卡重重。

*然後，還有個必經之途：傳移。傳統儒學以及傳統詮釋學皆不知此為何物。

*兩個分離的場域：即 Ad 與 An。

的替代品。他帶來請我們處理的，是什麼樣的材料，而我們該如何利用，使他能讓失去的記憶走上恢復之途？什麼都有。他給我們的是這些記憶呈現在夢中的一些碎片，其本身是無價之寶，但原則上也都已經被夢形成時的各種因素所嚴重扭曲。另外，他也會生產出種種意念，假若他能投身於「自由聯想」的話——在其中，我們可發現許多典故來自受壓抑的體驗，以及被抑制的情感衝動，加上其中的反動機制，所共同衍生之物。最後，還有許多重複出現的情感暗示，係屬受壓抑的材料，而我們會從患者所展示的行動中發現——有些非常重要，有些則很瑣碎，而兩者都可能在分析情境的內外出現。我們的經驗已顯示：朝著分析師而建立起來的傳移關係（relation of transference），必須要特別算在分析工作上，以利於讓這些情感的關聯回返。正是由於有了這些原始材料——如果我們能把它們這樣描述的話——我們必須全部加以兜攏，才能知道我們在尋找的是什麼。

我們所尋找的乃是一幅患者自已遺忘多年的圖像，但仍一樣值得信賴，且其中所有的重要方面都具有完整性。但就在這節骨眼上我們獲得提醒：分析工作實包含著兩個極不相同的部分，它們在兩個分離的場域發生，牽涉到兩個人，而各人都被指派了不同的任務。一時之間，這樣的說法可能聽來奇怪：這麼基本的事實，為何沒在很久以前就經人指出？但我們也可立刻覺察

＊這是「在不疑處有疑」：問題的重新揭舉。

＊「受分析者」在他處（前文、下文都有）常稱為「分析主體」（subject of analysis）：此一名稱確實一樣值得再議，譬如在本書中有些地方就改稱為 analysand，翻譯為「分析中人」或「分析人」，簡稱 Ad（而非「受分析者」）。

＊「再次肯定」就是有「誘練法」之用——這也是本文的破題。

＊承上頁：把分析的**兩個分離場域**（**An-Ad**）予以連結。

＊「**建構**（construction）＝**再建構**（reconstruction）」

＊以下開始用考古學作為比較的隱喻：用來說明**考古學**與**精神分析**「這兩種過程」的同異。

到：這說法自有其不必收回的道理，因為這般的事實早已是眾所週知，並且，就像不證自明一樣，只是現在被揭舉出來而已，然後可由各自不同的方式，在特殊的目的下接受檢驗。我們都知道：**受分析者**必須經過誘引而記起他自己受壓抑的某些體驗；甚且，此一過程中的動力性決定因素都太有意思了，竟使得分析工作中的其他部分（由分析師這方面所展現的）都會被推到背景裡去。分析師既未曾有此體驗，也沒有壓抑任何既經考量的材料；他的任務必定不是要回憶任何東西。那麼，他的任務究竟是什麼？他的任務應是把被遺忘的東西合併成一體[259]，而其法門在於追尋遺留下來的殘跡，或，更準確地說，要將它**建構**（*construct*）起來。他要把這建構向受分析者傳達出來，而其時間、方式，加上他伴隨使用的解釋，就構成了分析工作的兩部分之間的連結，亦即連結起他自己的部分以及患者的部分。

他所作的建構（construction），或許更好的說法叫**再建構**（reconstruction），非常近似於考古學在某一曾有人居住之處的挖掘，而這地點早已是個被掩埋的廢墟，或只剩下一些遠古大建築物的斷壁殘垣。**這兩種過程**其實是一模一樣的，只差在分析師的工作有較好的條件，他能夠駕馭的材料或能獲得的襄助比較多，因為他所處理的並不是已經被摧毀的東西，而是仍然活著的——也許還帶有其他存活的理由。但正如考古學家要從殘存的地基來建起原來的牆壁，他要算準地板下面的柱子數目和位置，並從斷壁殘垣中重建出牆面的壁畫，以及種種建築的裝飾，同樣的道理，分析師也要從記憶的碎片中透過推論、透過自由聯想、還有分析主體（subject of the analysis）的行為，來重建出一幅圖畫。這兩種人都有不容置疑的權利，透過增補添加、拼湊殘餘之法來作這種重建。更有甚者，這兩者也都面臨著許多同樣的困難以及來源的失誤。難題的最癢之處中，有一處最容易發生在考古學家身上者，莫過於要確定古物的相對歲月；而假若某一物出現在某一特定的地層，就必須確定該物究竟是屬於該地層，或是經由某種後來的混亂而被帶到該地層。這樣就很容易想像到：相當於此的懷疑也會在分析的重建中出現。

我們曾說過，分析師的工作條件比考古學家有利得多，因為他能利用的材料不是考掘工作可以相比的，譬如重複出現的反應，其源頭在於嬰兒期，而透過傳移就可指示出此類重複之間的先後關聯。但在此之外，應牢記在心的是：考掘者面對的是已遭破壞的物件，其重要的大部分原物已經一去不返，因為遭到機械性的暴力衝擊，或被大火焚毀。無論使盡任何努力 [260] 也無法使這些挖掘出來的東西復原，乃至能與殘存物之間串連起來。唯一能開放的方法就只是重建，也因為如此，其可能性常有一定的限度。但在面臨心靈的物件（對象）時，分析師要復原其早期歷史的方式就很不一樣。我們所

*「難題的最癢之處」：地層定年法（這裡還未談到碳—14的測量，若是的話，就沒什麼好比較了）。

*所以在考古學上所作的重建圖叫做「示意圖」，不能等同於原物的圖像。心靈對象的重建很少用「圖」，而多半使用話語，但條件再怎麼有

利，也一樣只能「示意」。能保留的回憶，含有「重要部分」，也可以「靠分析技法（……而予以）成功帶回」，那是指什麼？下文自會說明，見(1)(2)。

(1)

(2)

經常碰到的處境，在考古學上只有少數的例子可以相比擬，譬如龐貝城，或圖坦卡門之墓。我們碰到的是所有重要部分都還保留著；甚至連似乎完全遺忘之物也都仍以某種方式存在於某個地方，只不過對主體本人而言已經被掩埋，因此不復取及而已。確實地，如我們所知，有人會懷疑究竟有什麼心靈結構可以成為這種全面摧毀的受害者。我們就只能靠分析的技法，來看看我們是否能把全然隱沒的東西成功地帶回到光明之處。只有兩項其他的事實，堪稱為分析工作所獨享的額外優勢，那就是：(1)該心靈物件比起考掘者的物質物件來說，具有簡直無法比擬的複雜度，而(2)我們沒有足夠的知識可憑以知道我們該期望的是什麼東西，因為其細緻的結構所包含的內容太多，以致至今也都還是個謎團。然而我們對於這兩種工作形式的比較，就只能到此為止；因為其間最主要的差異在於下述的事實：考古學家所謂的重建乃是其目標也是其終點，但精神分析的建構卻只是個起步的工夫而已。

II

無論如何，那個起步所指的並不是說：眼前這份工作必須先完成，否則下一份工作就不能開始，譬如，像搭建一間房屋，必須把所有的牆面先立好，並裝上門窗，然後才可動手作室內裝潢。每一位分析師都知道：在分析治療中，事事物物皆以不同的方式發生，因此兩種工作可以並行不悖，其中一種進度稍前，其他部分就陸續跟上。分析師作出一件建構，就拿來和分析主體溝通，是為了能對他起作用；他也由於這些灌進來的新鮮材料而建構出進一步的作品，以此交替的方式進行下去，直到[261]分析的終了。在談論分析技法之時，如果很少人會提到「建構」，那是因為多數人談的是「詮釋」及其效用。但我認為到目前為止，「建構」是個更合適的說法。「詮釋」可應用於材料中某些事項的單一因子，譬如某一個聯想，或某一個口誤、筆誤。但當你對分析主體道出他早已遺忘的早期歷史時，那就是在作「建構」，譬如這樣說：「一直到你的n歲時，你還認定你自己是你母親的唯一且無限的擁有者；後來有個新寶寶降生了，為你帶來一場鉅大的幻滅（disillusionment）。你的母親會把你丟在那兒一段時間，等到她再出現時，她也已不再只是獨鍾於你一個人。你對母親的感覺變得模稜兩可（ambivalent），而你的父親對你而言獲得新的重要性，」……等等。

在本文中，我們的注意力要轉而集中於這種由建構而表現出來的前提工夫。而在這一開頭之處，問題就來了：在對此建構下工夫時，我們究竟有何保證能避免犯錯，不作出不正確的建構，來危及這整套治療的成功？看起

＊「建構」原只是用建築來打個比方，但後來此詞轉為理論術語——

＊「『建構』比『詮釋』更為合適」——這是個破天荒的說法，佛洛伊德在世時，除了本文，沒有在他的其他作品中提及。但到了後佛洛伊德時代，建構論隨著後現代思潮洪洪滾來，「建構」果然可以取代「詮釋」了。

＊建構的前提

*無害的建構——假餌吊真魚？

*錯誤的建構並不傷人，只是可由Ad的反應而探知建構的效度——不是「正確」與否，而是能否觸及Ad的問題。

*或是要以錯誤來引發更正——藉由反應而進行下一步推論。

*假餌釣上了真魚？

來，對此問題似乎沒辦法給個可適用於所有情況的通盤答覆；但就在開始討論此一問題之前，我們可以先側耳聽聽由分析經驗而來的一些令人快慰的消息。因為我們由此才曉得，就算我們所給的建構對於患者而言不是什麼歷史的真實，那也不會造成任何傷害。當然會浪費時間，並且只對患者呈現一些虛假的彙整，既不會讓患者產生好印象，也不會讓分析治療有何進展；只是一次的錯誤，實在也沒怎麼能傷人。[3]事實上，在此狀況中所發生的，毋寧是：患者好像根本未被觸及，他對於分析師說的那些話所產生的反應既非「是」也非「否」。這也許意謂著患者的反應遭到延擱；但如果真的沒有進一步的發展出現，我們就必須結論為我們犯了錯，並且應該在適當時機向患者承認錯誤而不致損傷了[262]我們的任何權威。這種時機的出現是當新的材料揭露出來之後，我們可藉此而作出更好的建構，並由茲而更正我們的錯誤。這麼一來，虛偽的建構必須撤除，如同它根本不曾存在；實際上，我們常會得出這樣的印象——套一句哈姆雷特劇中人普隆涅斯（Polonius）所說的話——我們的假餌宛若釣上了真的鯉魚。我們使用暗示來把患者引入歧途，讓他相信「我們信以為真」但「他實不該相信」此事，這樣的錯誤常被過度

3［誤建構的例子在「狼人」個案（1918b）第三節的開頭之處（*S. E.*, 17: 19）曾提及。］

＊佛洛伊德本人絕不濫用假餌。

＊建構是為了推論。

＊「不」或「是」都沒有一定的對譯原則。這種相對性才是示意建構的後設原則。見接下來的兩段(1)(2)。

誇大。像這樣的不幸必然會把分析師擊倒；起碼會使他自責為何沒讓患者多說些。我敢肯定且不用吹牛的是：像這樣濫用「暗示」的事情，在我的臨床實務中從未發生。

由以上所說，隨之而來的乃是：在我們對患者提供了一些建構之後，一定不會忽略的是：從患者反應所指示之處，我們能作出什麼推論來？對於這點，有必要加以詳細說明。分析中人所說的「不」，我們確實不會用表面價值去看待；但我們也不會讓他的「是」輕易過關。沒有任何理由可用以指控我們以反覆多變的方式把他的說法扭曲為某種肯認。其實，事情都沒那麼簡單，而我們也不會輕易作出結論。

(1) 患者說出一個很普通的「是」，就不可能沒有曖昧的意思。這當然可表示他接受目前對他呈現出來的此一建構是正確的；但同時也可能是了無意義，或甚至可說成一種「虛偽」，因為這種說法正方便於讓他在此情況下表示同意，以便延長那掩蓋的真實，不讓它出土。「是」若沒有一些間接的肯認陪伴出現，那就不具有任何價值，除非患者在說出了「是」之後，隨即產生一些新的記憶，來延伸乃至完成此一建構。只有在此情況下，我們才會認為討論中的這位患者主體已經完全能夠對付他所說的「是」。[4]

(2) 分析中人所說的「不」和「是」一樣曖昧難明，也確實可能更沒價值。

在少數的特例中，「不」變成合法地表示不同意。但更常見的是[263]它表現了阻抗（resistance），很可能會被提出來的建構主題所激發，但這在分析的複雜情境中也很容易由其他因素所導出。因此，一位患者的「不」並非建構正確的證據，雖然我們知道兩者有很高的相容性。每一個像這樣的建構都不是完整的成品，因為其中包含的只不過是遺忘事件中的零星碎片，因此之故，我們可以自在地假定：患者事實上不會因為這些說出來的話而覺得有什麼需要爭辯，他只是以那些尚未被揭露的部分為基底，來維持著他的矛盾。就像個法則一樣，他不會表示同意什麼，除非他能知道整體的真相——而這要涵蓋的地基可就太廣了。因此，對於他的「不」，唯一能作的安全詮釋乃是說：它只指向了「不完全」；毫無疑問，這個建構也並未告訴他所有的事情。

於是，看起來，患者在獲悉我們所給的建構之後，所直接道出的反應中，對於我們究竟是對是錯的問題而言，其實幾乎不攜帶著任何證據。比較會引起我們高度興趣的，在於其中包含間接的肯認，而這才是就各方面來說都值得信靠的。其中有一種用字的形式（就像一般人都會同意似的），在最

*間接的肯認，及不變的說法（用字的形式）。但此公式都只會零星出現，不太可能當作完整的建構。

4 [比較以下的段落：〈關於釋夢理論與實務的幾點評註〉（1923c, *S. E.*, 19: 115）之第七節。]

不相同的人之間幾乎都沒什麼變化：「我從來沒想過……這樣」（或「我不該有……這樣的想法」）。[5]這就可以毫不猶豫地將它翻譯成：「是的，這次你說對了——關於我的無意識。」很可惜像這樣的公式，雖然分析師都非常歡迎它，但聽到的時機多半只是當幾個單獨的詮釋出現時，而不是在產生全面伸展的建構之時。相當有價值的肯認隱含在其中（這次是以正面的方式表現出來），是當患者以聯想來回應時，其中含有某些和建構相似或可類比的內容。與其從分析經驗中取出一個例子來（這是很容易找到的，但多半要花費很長的描述），不如用一個小小的分析之外的說明，其中呈現了類似的情境但卻非常驚人，甚至還能產生幾乎像卡通般的戲劇效果。這是和我的某位同事有關，他（在很久以前）選擇了我來擔任他的醫療工作之顧問。總之，有一天，他帶了他年輕的太太來見我，好像是因為她給他惹了些麻煩。無論怎麼勸、怎麼說，她就是不肯[264]和他發生性關係，所以他顯然期望我能告訴她，這種被人教壞的行為會有什麼後果。進入狀況後，我向她解釋道：她的這種拒絕很可能會導致丈夫的健康不良，或甚至使他禁不住誘惑而做出些事情弄得婚姻破裂云云。到了這關頭，他突然插嘴說：「你診治過的那個患有腦瘤的英國人也已經死了。」一起先，他的這句插話似乎不可理解；這個句子中的「也」字簡直是個謎，因為我們的談話中並沒有提及任何人的死亡。

*只用一個小例即可點明。

*這個小例子似乎很有說明的價值，但佛洛伊德的說法卻會使很多不明脈絡的讀者感到迷惑。那句插嘴是對於「健康不良」、「婚姻破裂」作了強烈的肯定，並且還走火入魔到不惜以死亡來逼宮的程度。「年輕的太太」和「被人教壞的行為」，在當時的維也納，就表示很容易被權威嚇唬的意思。

*口誤，或比口誤更微妙的語意扭曲，用來說明建構在分析中如何引發否定或肯定。

但在稍後我就理解了。這個男人顯然是要肯認我所說的話；他的意思是說：「是的，你說的當然很對。你的診斷在別的病例上也可以肯定。」這就是分析中所獲得的聯想，準確地平行於間接的肯認。這並不企圖否認同時還有其他的想法，只是被我那位同事推到一邊，但那句插話卻和那些想法同時分享著決定性。

由聯想而來的間接肯認剛好套進建構的內容——就像剛才說的故事中的「也」——可給我們提供有價值的判斷基礎，以便知道這個建構是否有可能在分析過程中獲得肯認。最令人驚異的是，透過某種口誤，竟會把這種肯認密密縫進直接的否認中。我曾經出版過一本書中有個如此的好例子。[6]耀納（Jauner）這個名字（在維也納很常見的名字）在我的某一位患者夢中重複出現多次，但在他的聯想中並未得出任何充分的解釋。後來我給他的詮釋是：當他說"Jauner"之時，他也許是想說"Gauner"（「搞那」，義為「騙子」）。我這麼一說，他馬上答道：「對我來說，那太『大膽』（jewagt）

5［幾乎一模一樣的句子出現在論〈否定〉（1925h）一文的末尾處，見*S. E.*, 19: 239。］
6［見下一註。］

了（而不是說 gewagt〔太過份〕）。」[7]或者，還有另一個例子，在其中，我向患者提議考慮某項收費是否過高的問題，他原本是想否認我的提議而說「十美元對我來說沒什麼」，但他出口竟是把美元大鈔說成「十先令」的小銅板了。

[265] 如果分析會受到有力的因素支配，而致強行注入負面的治療反應，[8]譬如罪疚感，或一種受虐的需求，即自討苦吃，或對分析師的協助表示反感，這時患者的行為在分析師提供的建構之後，常常很容易使我們所探問的問題得出決定性的答案。如果建構是錯的，患者就不會發生變化；但如果那是對的，或已經逼近了真相，則他定會以準確無誤的症狀惡化或整體狀況的改變來加以反應。

我們可以總括起來，很肯定地說：接受分析的人在面對我們的建構時，要責備我們忽視或低估他們的態度之重要性，那就太沒道理了。我們其實都一直在注意他們，也希望能從中獲取有價值的資訊。但患者對此的反應很少是毫無曖昧的，致使我們沒機會作出最後的判斷。只有進一步的分析進程可讓我們決定我們的建構是正確或是毫無用處。我們不必故作謙卑地說：每一次個別的建構只不過是一點猜測，有待檢視、肯認或拒斥而已。我們其實並未宣稱自己對此的權威，因此不需要患者的直接同意，也不需在他當初否認

＊對於上述的細微分辨若還不太懂，至少可以用此處所說的「概述」來作全盤理解。

＊再次重申：曖昧之意，難做判斷，但不會毫無用處。

時就與他爭論。簡言之，我們自導自演所根據的楷模就是眾所周知的聶斯爭乙鬧劇（Nestroy's farces）[9]那模樣——男僕對於任何問題或反對意見，掛在唇邊的只有一句回答：「事情看往後的發展，自然會愈來愈明白。」

III

在分析過程中，這到底是怎麼發生的——我們的一段猜測如何轉變為患者的信念——這簡直就不值一提。所有這些對每一位分析師來說都是家常便飯，不說也知，毫無困難。其中需要探討和解釋的只有一點：由分析師所開啟的建構必須以患者的回憶為終點；但走這條路並不經常能走得那麼遠。我們經常無法成功地讓患者回憶起任何受壓抑的東西。反之，如果[266]分析能正確地執行下去，我們所生產的乃是讓他確信此建構為真理，由茲達到的治療之效就如同重新捕獲記憶一樣。為何會發生這等情況，以及為何一套不完

＊就像這麼一句「萬事皆通」的回答一樣。（佛洛伊德的自我調侃）

＊在簡單的通則背後，自然還需有更多值得探問的細緻工夫：讀讀這句：

＊＊

7 ［《日常生活的心理病理學》第五章（1910b, *S. E.*, 6: 94）。在德語比較俚俗的口音中，「g」常會被發音為「J」，相當於英語中的「y」。］

8 ［參照《自我與伊底》（1932b）第五章，*S. E.*, 19: 49。］

9 ［德文原名：*Der Zerrissene*。］

＊＊

＊還有這整段（不要再縮減了！）
＊＊
＊＊
＊＊

＊「誤置」變成一種「向上驅力」時，會是何等光景？

＊「記憶跡象帶入意識中（的）……某個鄰近但不太有意義的對象上」：可視為歷史真實（historical truth）的片斷。

＊幻覺（hallucinations）除了是扭曲、誤置之外，其驅力之作動（「有一種力道在運作」）雖然阻

整的替代之物竟可產生完整的結果——所有這些問題乃是我們往後必須繼續探問的。

我要用幾點評語為這篇短論作個結，以期能打開更廣的視野。我受過一些分析工作的震撼，在於其分析方式中，把作得相當機敏的建構傳達出來之後，患者起初十分不解，但後來則出現令人驚異的現象。他們的回憶被生動地喚起——連他們自己都會說是「超級清晰」[10]——但他們所憶起的不是建構主題所指的事件，而是與主題有關的一些細節。譬如：他們以不尋常的銳利度憶起在建構中牽涉到的某些人臉，或某些房間，某種有關的事情可能在其中發生，或者，更遠一步，出現的是該房間中的某件家具——即憶起的主題是建構本身根本不可能知曉的。這些現象是發生在聽到建構之後緊接著作的夢裡，或在醒著時的幻想裡。這些回憶本身似乎對分析的進展沒什麼幫助，因此把它視為妥協的產物是很合理的。壓抑的「向上驅力」（upward drive）經由建構的提出而受到激活，已經努力地將重要的記憶跡象帶入意識中；但阻抗也已接著形成，實際上它不在於停止該運動，而在於將運動誤置於（*displacing*）某個鄰近但不太有意義的對象上。

這些記憶也許可說是幻覺（hallucinations），假若在其清晰性之上還加入信其為真實存在的話。此一類推在某方面似乎還更重要，就是[267]我注意到

擋了記憶的回返，卻也同時在發生（occurring）一些如夢的內容：即使稱之為「妄想」（delusions），也仍不減其生動的上演，但看我們能怎麼利用其內容，來做（歷史）真實的溯源工作。

＊此動力之為用。在精神分析之前，沒有人能利用之。**我們在此應能清楚認識精神分析的「工夫」，是兩千年儒者所談的修身、存養都無法企及的。**

一些有此特徵的其他病例，但他們完全不屬於精神疾病的範疇。我對此的想法可陳述如下。幻覺也許有個一般特徵，但至今尚未受到足夠的注意，亦即它們都有幼年時的某種體驗，但此遺忘之事卻重返於今日——在他還未能說話的年紀，他曾經見過或聽過之事，現在逼著要進入意識之中，也許經過扭曲與誤置，因為其中有一種力道在運作，而那是在阻擋記憶回返的。同時，看看幻覺和某些特定精神病（psychotic）形式上的密切關係，我們的思考路線就可再繼續延伸下去。在幻覺中常併隨出現的妄想，很可能不太如我們慣常認定的那般，能夠獨立於無意識上衝的驅力，以及受壓抑者的回返。對於妄想的機制，我們只強調其中的兩個因素：一方面是轉離現實世界及其中的動機力量，另方面是妄想的內容中受到願望實現作用的影響。但是，其中的動力過程難道不正在於：從現實中的轉離係受到壓抑的向上驅力之利用，為的是要催迫其內容進入意識，然而在此過程中激起的阻抗以及願望實現的趨

10 ［此處所描述的現象似乎回到佛洛伊德早期在《日常生活的心理病理學》（1901b）之中的觀察。可參見 *S. E.*, 4:13 一則長註。本段所述的內容甚至可說是引用了該處的故事，見 *S. E.*, 4: 266-67。另可參見更早的文章，即論〈健忘的心理機制〉（1898b, *S. E.*, 3: 290-1 與註腳），還有論〈屏幕記憶〉（1899a, *S. E.*, 3: 312-13）。在以上的所有段落中，佛洛伊德都使用同樣一詞，即 *"überdeutlich"*，翻譯為「超級清晰」。］

勢，實乃要為記憶的扭曲與誤置而共同負責？總之，此乃我們熟知的作夢機制——然而我們的直覺卻打從遠古以來就一直將它等同於瘋狂。

關於妄想，我認為這並非一全新觀點，但其中的確強調了不常被人帶上前景的視角。其中要點在於：瘋狂中不僅含有**方法**（正如詩人早已熟知），也有些**歷史真實**（*historical truth*）的片斷；並且值得我們假設那緊黏著妄想的強迫信仰，其強迫力乃導因於幼兒期的這類根源。在今天，我能夠提供，用來支持此一理論的，都是些回想，而不是新鮮的印象。與此失調問題有關的個案研究，也許很值得嘗試再作些，並以上文所提的假設為基礎，也用同樣的方式進行治療。在患者身上徒勞無功的努力也許會被放棄，因為說服[268]了他的，乃是妄想和真實世界之間的矛盾導致了錯誤；並且，相反地，對此**真實的核心**（kernel of truth）能予以承認，實乃奠定了治療工作得以發展的基石。此一工作包含在從種種扭曲及其附帶物中釋出了歷史真實的片斷，將此帶回到實際的眼前世界，也引回它過去所屬的時間點。把一些材料從遺忘的過去搬移到現在，或移成期待中的未來，這在神經症患者（neurotic）和在精神病患者來說，是一樣慣用的手法。神經症患者經常會被焦慮狀態所牽引而致期待會有些可怕的事情發生，事實上他只是在壓抑的記憶影響下（他在其中是想找到出路通往意識，但卻無法對此有意識）使他把

*夢、症狀、瘋狂都與「方法」同時併現，並且都含有真實的核心在內。值得記取《書經》上的一句差可比擬的話：「唯聖罔念作狂，唯狂克念作聖。」[11]

*在分析中能「帶回」的就是透過傳移而在現場呈現（here and now）的體驗：其中含有歷史真實的核心（片斷）。

*把一些材料從遺忘的過去移到現在或移成期待中的未來——這些都在傳移（或投射認同）中發生。

＊患者和分析師做的正是一樣的工作（佛洛伊德致斐倫齊〔Ferenczi〕的信中曾說：「我是史瑞伯……只不過是個史瑞伯！」〔I am Schreber, ... nothing but Schreber!〕）[12]

＊再說一遍：妄想中的力量！

當時發生的可怕事件認定為真正發生過。我相信我們可從精神病患的分析工作中獲得更多這類有價值的知識，縱然這樣做尚無助於治癒。

我曉得在處理這麼重要的病人時，以我們目前所使用的粗略手法，是不會有什麼成效的。不過我實在很難抗拒誘惑，要拿此來作類推。患者的妄想在我看來，就等同於我們在分析治療中作出的建構——試圖達成解釋並治癒，但當然，這在精神病的狀況中，實際上無異於把現在被否認的一些真實片斷代換成在久遠的過去早就被否認的其他片斷而已。在每一次個別的分析工作上，其任務就在於將現在的否認材料和原初的壓抑之間建立起密切的關聯。正如我們所作的建構，其有效性端賴於它能揭露已經失去的體驗之片斷，同樣的，妄想中會具有令人信服的力量，也在於它攜帶著一些歷史真實的元素，只不過它插進被拒斥的真實之中，並取而代之了。以此而言，我早先提出的命題，原以為只適用於歇斯底里症，現也可用在妄想症上——也就

11 評註：此句出自《書經．多方》。對於「聖／狂」兩者間的關係，應是儒學詮釋學（解經學）裡的重要議題。

12 評註：史瑞伯（Daniel Paul Schreber）是佛洛伊德的個案研究中之一位案主，也是當時著名的「瘋子」。見 *S. E.*, 12 中的 Psycho-analytic Notes on an Autobiographical Account of a Case of Paranoia (1911)。也可參看宋文里（2012），〈創真行動：閱讀史瑞伯的一種他者論意義〉，《應用心理研究》，53期，pp. 215-250。

是說，那些陷入妄想的人實乃受困於他們自己的回想之中。[13]我從未主張用此短小的公式來爭辯那複雜的疾病因果關係，甚至敢說要以此來排除很多其他因素的作用。

[269] 如果我們能把人類視為一個整體，並以此來取代單一的個人，我們就會發現人類也發展出了一些妄想，但邏輯批判已經對它無用武之地，並且就看著它和現實之間發生矛盾。如果暫且撇開這些不顧，那些妄想實有不得了的能力加諸於人類之上，我們對此的探討會和單一個體的研究得出一樣的解釋。它所憑藉的力量係來自歷史真實的元素，而其所從出者，乃是對於遺忘久矣的遠古所作的壓抑。[14]

＊個人的妄想與人類整體的妄想，可得出一樣的解釋。

13 [參照 Breuer and Freud, 'Preliminary Communication' (1893a, *S. E.*, 2: 7)。]

14 [以上幾段的主題——即「歷史的」真實——在佛洛伊德此時期的心目中實已頗有份量，而此處是他對此作了第一次較長的討論。有份完整的參考文獻表可在《摩西與一神教》（1939a）中處理此一議題的節次所附的註腳中看見（本卷 p. 130）。] 譯註：「歷史的真實」這個概念並非建構論的萬靈丹，相對而言還有「敘事的真實」（narrative truth）問題，在後佛洛伊德時代果然受到重量級的挑戰，見：Spence, D. (1982). *Narrative Truth and Historical Truth: Meaning and Interpretation in Psychoanalysis*. New York: Norton.

第二部分——技法篇

譯註者導言

第二部分〈技法篇〉在本書中是作為一整體，故譯者不為各篇作分別的簡介，而是就此整體作一導論。

一、前言：未完成的知識理論

于根・哈伯瑪斯（Jügen Habermas, 1971）在《知識與人類旨趣》（*Knowledge and Human Interest*）一書中說明人類知識的發展：從「實証的知識」進展到「詮釋的知識」，之後再進一步就是包含「深度詮釋」的「解放的知識」。這第三種知識中的深度面向是以自我反思（self-reflection）為方法，其代表正是佛洛伊德的精神分析。但佛洛伊德的方法發展是未完成的。哈伯瑪斯特別發現：佛洛伊德的兩套後設心理學理論[1]固然說明了許多自我反思的可能性，但這種方法也受到後設心理學本身的干擾而致產生幾個重大的理論打結之處。唯一能發現解開此結的線索，就在於佛洛伊德自己短短幾篇的《技法篇》（*Papers on Technique*）中。哈伯瑪斯認為：佛洛伊德在一九一一—一九一五年之後如果對《技法篇》能作繼續發展，他應能夠創造出第三套理論——即實踐的理論（theory of practice）——讓解放的知識更臻完整。我們必須回顧幾位當代的理論大師對於《技法篇》所作的評價。

二、技法或非技法

精神分析的要義無非技法，但其真諦卻在於其「非技法」。

賈克・拉岡（Jacques Lacan）在《講座・第一講》（*The Seminar of Jacques Lacan*, Book I）中說：《技法篇》在佛洛伊德著作中有無比的地位——

「這些文章所展現出來的清新及活力是佛洛伊德的其他著作無法超越的。有時，佛洛伊德的性格會以一種直接的方式顯現出來；如此率直，以至於無人會不予注意。他簡潔及坦白的語氣本身，就已是一種教育。」

「更明確地說，對於該遵循什麼樣的操作原則這個問題，佛洛伊德以一種輕鬆自在的方式處理，致使我們認為：對他而言，那就是一種工具；正如一個人說他手中穩穩握著一把榔頭。**用我這隻手穩穩地握著**，他簡短地說，**而這是我習慣的握法……**。你會碰到許多段落，它會告訴你很多，而其清楚的程

1 這就是指兩套理論模型：(1)無意識–前意識–意識（UCS-PCS-CS）；(2)伊底–「我」–超我（Id-Ego-Superego）。

度，遠比此刻我所用的隱喻要高明得多。」（9）

保羅．呂格爾（Paul Ricœur）在《詮釋的衝突》（*The Conflict of Interpretation*）中則這麼說：**精神分析不是探求科學真理**（science of truth）的技術，而是**導向真誠的技法**（technique of veracity）。

「分析並非從可觀察的行為開始，而毋寧是從那些沒什麼意義，卻必須被詮釋的行為開始。所有企圖要將精神分析吸收為一種觀察的科學，或將之消化成一種因觀察科學而起的技法，都忽略了一個要點，就是：分析經驗乃發生於言說場域之中，而從這場域所彰顯出來的，就如拉岡所說，乃是另一種語言；由於它是從普通語言當中分離出來的，因此其自身成為一種有待解讀的狀態，並只能透過解讀之時所產生的效果來達成解讀。」

「如果我們將精神分析拿來與技法相較，那麼我們就會開始理解：它是一種非技法，但可直接操弄力與能，以達成引領及指導的目的。」……「分析師從不直接操控力，而是以間接的方式，來耍弄意義、一字兩義，以及代換的、誤置的、轉調的意義。是的，這是慾望的經濟學（an economy of desire）——但卻橫穿過慾望的語義學；是的，這是動力學——但卻橫穿過詮釋學。這就是精神力（psychism）之所以發揮作用的所在。」（187）

「儘管……精神分析自認是一種從享樂原則轉為現實原則的過程……而所謂的現實，就分析而言，和一些**同族概念**（homologues concepts，例如刺激或環境等）根本不同。在此，所謂的現實基本上是一個具體情境當中的個人歷史。這不是心理學所想的那樣，不是實驗者所想的刺激那種層次，而是患者在有如茫茫迷宮的幻想當中所必須達成的真正意義……現實總是必須經由本能所瞄準的對象來闡釋；它的顯現方式必須另被闡釋為它已被偽裝成本能的真正目標。」（188）「難道它不是向我們指出：其實它寧可被稱為一種非技法，也就是論述嗎？」（193）「不再是自由意志，而是解放。」（192）

分析技法之上，還有羅伊．謝弗（Roy Schafer）以第三代理論發展者自居，而倡論《精神分析的一種新語言》（*A New Language of Psychoanalysis*），其中的「行動語言」（action language）以及「分析態度」（analytic attitude）等後設問題層面是討論的焦點。由於這是新近的發展，我在近年的授課中也花費很多心思對這些問題作了漫長的說明，這裡附上教學討論的一個片段，以供參考（見文後附錄）。

三、作為技法實踐之前，還應有「我們的閱讀」

在佛洛伊德之後，已經沒有所謂「前精神分析時代」。就如同再也沒有「前科學時代」、「前現代」之存在一樣。科學和現代性之席捲世界，使我們的看法和語言都被徹底科學化和現代化。在現代化和科學化的空間中，只有一個縫隙能讓我們如同鑽回到一種「前語言狀態」，那就是精神分析。

對於佛洛伊德的著作，作為接近精神分析之一法，「我們的閱讀」不在於我們的現代語言之中缺乏精神分析語彙，而在於那些經常被應用到日常語彙中的精神分析術語已經疲軟浮腫至毫無所謂（沒有能力再現精神分析戰鬥的原貌），因此我們需用一種「重讀」來開啟接近的機會。

我們要接近的，其實是「另一套語言」，但我們除了能用我們天天都在使用的中文（現代漢語）之外，還會有什麼別的機會？如果我們對於「中文是什麼」還覺得有問題，那我們當要為之另闢語言戰場，上文已談過現代漢語作為學術思想語言的問題之外，我們還要面對每一種語言必然有的後設語言問題。

精神分析同時是一套科學理論（後設心理學、地誌學模型、結構論），以及一套理論外的言說和關係實踐方式——這後者就是佛洛伊德所說的分析技法規則。佛洛伊德不是從理論中推出，而是直接從分析實踐中給出此法，並且是從所謂「精神分析的基本規則」（the fundamental rule of psycho-analysis）說起。

四、「精神分析的基本規則」

進入精神分析之中，一個人（患者 Pt／分析人 Ad）想到什麼，就必須不帶批評地把它報告出來。佛洛伊德給初學精神分析的人建議要這樣對 Pt／Ad 說：「別忘了你已經答應要絕對誠實，絕對不要只因為覺得講出來會令人不悅而遺漏任何東西。」（*S. E.*, 12: 135）這個規則通常被稱為「自由聯想」法。

但自由聯想只是對於 Pt／Ad 的指導語而已。相對於 Pt／Ad 的分析師 An，他的基本規則又是什麼呢？就是「不要把注意力導向任何特殊事物上，而要對於所聽到的一切都維持著平均懸浮的注意」（*S. E.*, 12: 111-2）。

所以，「說出你心中的每一件事」（"communicate everything that occurs to (you)"）和「對每一件事都給予同等的注意」（"giving equal notice to everything"）這一組對位法才是自由聯想技法的全貌。但在這幅全貌之前，我們還可發現一種**更前面**的關係語言：

> 「在我能開口對你說任何事之前，我必須先知道很多關於你的事；請告訴我你所知的你自己。」（*S. E.*, 12: 134）

這句簡單的開場白其實對很多人來說並**不是**自明的，所以，真正的開始常常需要另一種說法：

> 「在你開始之前，還有一件事……」（*S. E.*, 12: 134-5）

亦即在開始的規則之前，還有**更前面**的規則：必須先交代「有多少困難、要多少犧牲……」等等。他這樣說：

> 「更直截了當地說……」（*S. E.*, 12: 129）

我們在此看見了，精神分析的實踐中，有這麼「率直」的（「之前……之前」的）「非技法」來作為基礎。我們要怎麼來理解這看似很簡單無疑的叮嚀？

五、無止無盡的戰鬥

精神分析一開始，不再有任何簡單的場面，而是必須先認出阻抗（反抗軍），然後立刻進入一場全方位的戰鬥，以及，必須認出這是誰的，或誰和誰的，詭異的戰鬥？如何才有打勝仗的可能？

> 「這般奮力的鬥爭，在治療師與患者之間，在智性生活與本能生活之間，在理解與尋找行動出路之間等等，都可在傳移現象中一覽無遺。只有在這個戰場上，才必須打勝仗……不論我們說了什麼、做了什麼，我們都該銘記在心的是：不可能用不在場的方式（*in absentia*）或以祭祀用的芻狗（*in effigie*）來摧毀敵方。」（*S. E.*, 12: 108）

又，在《業餘分析的問題》（*The Question of Lay Analysis*）小冊中，還有另一個關於戰事的比喻：

> 「管理精神行動的規則與管理自我（ego）及它（伊底）（id）的規則不同……這只須想想戰爭期間所謂的『前線』與『後方』的區別就可知道了……」（*S. E.*, 20: 196）

六、遺忘與記得

我們要獲取的是知識，而其前提條件卻是：分析人忘記了，但他卻會在不斷重複的行為中表現出他所記得的……

「患者並未記得他所遺忘或受壓抑的任何東西，而只是將它演現（acts it out）。[2]他不是以記憶的方式來複製，而是以行動來演出；他是在重複，但不知道自己在重複。」（*S. E.*, 12: 150）

他忘記了，但他的身體總會以某種方式顯露他所記取的一部分，無論多麼瑣碎或不重要。

只要患者在療程之中，他就無法避免這種強迫性的重複。到了後來，我們才會理解，這正是他的回憶所用的方式。（*S. E.*, 12: 150）

而這些發現胥在於傳移現象的在場，以及不是科學觀察，而是分析雙方的親自出場現身。

2 譯註：下文中，這個語詞 "acting out" 會變成精神分析的一個術語，概譯作「演現」。

「傳移本身……只不過是其中一小片段，藉此傳移來再現那發生於過去卻已被遺忘的事——這不只是針對治療師，也還針對著當前處境中所有其他的面向。」（*S. E.*, 12: 151）

阻抗之性質之所以須用壓抑（repression，一個後設心理學概念）來理解，乃是因為阻抗之力不只是施力／受力兩方之間推拉的力學關係，而是一種泛情境的排開之力。它的發生具有泛靈思想般的非物質性，但以在手邊的事物（things ready at hand）最是容易上手。然而 An 就在此取得眼前處境的物質性：

「如果經由傳移而產生的依附後來演變成某種很可利用之物，治療就可預防患者再度動用任何較重要的重複行動，進而以他重複的意圖所正在形成的鄰邊（in statu nascendi）之物，來當作治療工作的材料。」（*S. E.*, 12: 153）

七、面對面，如兄弟的戰鬥聯盟

從精神分析的整體來看，人在渴望父親之時，卻發現只有兄弟之助，因此，對父親的服從幻想（即父的原初意象↓壓抑↓傳移）轉而成為對兄弟共事的不甘願（即阻抗）。除非阻抗得以解除，否則這種共事狀態永遠不能開始。

利用催眠法，可以把遺忘之事記起，而可把阻抗完全推置一旁。但這種「理想的記得」（ideal

remembering）同時等於對暗示的完全降服。理想的記得同時就成為可以被催眠者操縱而改寫的狀態。

催眠法即為父子聯盟的原則——子聽父命；但「意志堅強」的永遠只是其中一方（即父親）；然而精神分析是兄弟聯盟的原則——相互理解的默契，人人都需具備同樣的戰鬥意志。當佛洛伊德說：「他必須找到勇氣來把注意力導向於他的疾病現象。他的疾病本身不能再如此輕率地對待，而必須視為他的大敵，值得他勇猛以赴。」（*S. E.*, 12: 152）這句話對於 Pt（Ad）和 An 是同樣有效的。精神分析聯盟（或分析的社群）因茲而是個**顛覆了家父長制之後**所形成的兄弟聯盟戰鬥組織，即一種兄弟會。

八、傳移分析的分析

每個人在早年的情慾生活中結合了先天傾向而建立的陷入情愛之中的先決條件，使得他對於本能要感到什麼滿足，以及他為此滿足所設定的目的何在，都會構成一種（或幾種）樣版（stereotype plate），每個人都會不斷重複使用，（但也不斷照此而更新其印製的產品）（*S. E.*, 12: 100）這樣就綜合形成了個人所偏愛的愛對象（love objects）。

根據精神分析的觀察，導向此愛對象的慾力衝動中，只有一部分會進入完整的（知情意各方面的）心理發展過程，也會被導向於現實世界；但這慾力衝動的另一部分則會被懸擱在意識現實之外，除了進入幻想或留在無意識之中，就無法展開，因此對於這個人而言，他無從知曉。

「如果一個人對於愛的需求無法在現實中得到完全的滿足，他就會用力比多的期待意念來接觸他所碰到的每一個新識者；並且極可能同時動用力比多的兩部分——可能成為意識的部分，以及無意識的部分——來分擔當下的（期待）態度。」……（如此），這持存在心中且蠢蠢欲動的投注，就會朝著治療師形象而去了……接下來這投注所要追索的就是各種初型（prototypes），也會黏附於他自身中現有的樣版……這投注會把治療師導入患者已經形成的某一組心靈「系列」（psychical "series"）之中。（*S. E.*, 12: 100）

傳移現象把 Pt（Ad）的意識與無意識對象在分析情境中暴露出來。因此傳移分析就是針對這些真實的對象而展開的戰鬥。精神官能症患者是以最強烈的阻抗來讓傳移現象出現：

「分析治療進行得愈長，且患者也愈清楚地知曉他對於病因材料的扭曲，這本身並不足以保證從此不會再用來偽裝掩飾，尤其當他益發持續地使用某一種扭曲之後，而他明知該扭曲（即透過傳移的扭曲）會給他帶來最大的利益。這種狀況最終會形成一種傾向，即所有的衝突最後一定得在傳移的戰場上開打。」（*S. E.*, 12: 104）

這個由分析情境所引發的戰場同時也提供了 Pt（Ad）最犀利的武器（即阻抗），而傳移現象的強度實乃決定於阻抗之顯現程度。

分析師為什麼要製作／導演這場難玩的戲局（難打的戰局）？因為除此之外，我們（人類）只有不斷陷入不自覺的傳移關係中（亦即家父長制）。分析師，以精神分析的隱喻來說，是個弒父者。分析的社群是個弒父之後而建立的兄弟聯盟社群。每一個兄弟最終都要長成自負其責、自己面對下一個戰場的鬥士。

九、小結

分析師提供的相處方式（或分析的社群），其原則不是合一（三位一體），而是分離／個體化（separation-individuation）——用人本主義的老話來說，就是「成為／一個／人」。「分析」的技法不只是一套技術手法，而是成人之法——如同卡爾・雅斯培（Karl Jaspers）所說的哲化（philosophizing）——人必須變化氣質，成為一個無時無刻不在分析之中的人（或哲人）。謂之「分析人」或「分析師」，其實已無多大差別。

這種「分析」之法也不限定在「精神分析」之中。參看雅斯培的《心理病理學總論》（*General Psychopathology*）一書中所說的「自我了悟」（self-illumination）；以及古訓：「吾日三省吾身」——我們的心性之學傳統最難逃的挑戰，看來不就是要來與精神分析接合嗎？

附錄：精神分析教學討論的一個片段舉隅

（謄錄自二〇一六年五月十九日上課的講課錄音稿：羅伊・謝弗〔Roy Schafer〕以敘事理論所重讀的佛洛伊德）

「阻抗」是不是一個錯誤的故事？

佛洛伊德在他早年的時候，也就是一九一〇到一九一五年間，曾經寫了幾篇文章。這些文章被收錄在他的全集裡，且被編在一起，叫做 Papers On Technique。我在翻譯的時候稱之為《技法篇》，也就是分析的技法。實際上，這種關於分析技法的論文不只這幾篇。在較早的時候，譬如在佛洛伊德研究歇斯底里之時，這類文章就已開始出現，一直到較晚的時候先後都還有一些。但一九一〇到一九一五年之間的這幾篇可以說是佛洛伊德較集中討論分析技法的文章。在謝弗這本書的第十四章裡，他特別挑出一個關於阻抗（resistance）的議題，然後問：**這是不是個錯誤的故事**？

開頭的時候是這樣的，佛洛伊德確實在臨床分析時發現了一種力量，且將稱之為負面力量（negative force）。它的特性首先是：除了你可以說在感受上它是痛苦的，但它也是一種阻撓——阻撓關於痛苦或是創傷的記憶——所以我們把它稱作負面的；其次，分析師還有分析人，也就是 An 和 Ad，好像都必須要跟這種力量奮鬥。這也就是對於阻抗的最早發現。後來，在經過觀察之後，佛洛伊德就把阻抗現象濃縮歸結，說其後面有一種東西，理論上可總稱為壓抑（repression）。所以，我們可以說：佛洛伊德因為阻抗現象的發現而發展出了一個壓抑／無意識的理論。其實，佛洛伊德在對自己做分析時也碰到這種阻力，並且發現它正在阻擋他，不讓他發現壓抑，也就是不讓他發現無意識。所以事實上，這個負面力量不管是在佛洛伊德自己身上，或是在他所面對的分析人身上，都一樣會起作用。佛洛伊德很強調必須努力去克服這個負面的力量。

關於**克服**，佛洛伊德所用的字就是 overcome。這是一個一般人的日常用語。除此之外，佛洛伊德也使用了好多個跟戰爭有關的隱喻，譬如武器、屠殺、戰役、戰勝，等等。比較重要的，應該是說：這種負面力量既然是一種力量，所以它如果可以轉化的話，應該可變成為一種治療的力量。所以，這裡有個基本的問題就是：所謂阻抗這個概念，本來只是一個可被經歷，可被觀察到的現象，但現在我們將它命名為阻抗，並說要努力地與之奮鬥；**這樣的講法到底是講對了故事，還是講錯了故事？**謝弗所開的這個頭，可說是當頭一炮，就是在說：佛洛伊德的這種講法，一方面是混亂的，另一方面，很可能是不夠深厚的。這是本章在一開頭時，開宗明義地說出佛洛伊德的基本的問題。

以上，簡單一點說，就是謝弗發現了佛洛伊德在處理所謂的阻抗時出了問題。而引起這問題的，是因為佛洛伊德自己事實上已經掉入了一個看起來是一種 counter-transference 的狀態；也就是說，佛洛伊德已對 Ad 產生了一個與傳移相對的反傳移，所以他發現自己需要用一種努力奮鬥，甚至於是鬥爭或爭辯的方式來面對他的 Ad。這個狀態，在謝弗看來，認為已經偏離了分析的態度（the analytic attitude）。[1] 而對於所謂的分析的態度，謝弗還會加上另外一個說法，叫做肯定的分析態度。換句話說，佛洛伊德現在已不在肯定的分析態度中，或者甚至已進入了一種負面的反傳移狀態。所以，我想我們需要了解的是：事實上在當代的理論當中，不一定把反傳移都看成分析師「偏離」了他自己的正軌，就像最初佛洛伊德有那樣的意思。其實，在謝弗看來，反傳移本身不一定是偏離，那只在你將它看成是一種負面力量時才會是。那麼，這時應該倒過來問：到底在反傳移裡有沒有正面的力量呢？如果你看不見的話，那才叫真正偏離分析的態度。所以謝弗認為，用反傳移（counter-transference）來對應傳移（transference）的這個 counter，不一定只是反的意思，其實還有另一個重要的意思，就是對，也就是所謂的對位法的對。譬如，音樂當中稱為 counter point 的東西，就是指對上了，對應上了。所以 counter 不是指反了就是做錯了，不是這樣的。所以，counter-transference 和 transference 是互相配對的。當如此對應起來的時候，謝弗說，反而可以用來照亮 Ad 的情緒狀態。或者你也可以說，當你這個分析師在分析當中發現了自己事實上已經進入 counter-transference，而且同時，如果你還能夠對它做自我分析的話，那麼你應該能理解到：你的 Ad 現在對你所發出的信號，即他的情緒上的信號，事實上可能是在招惹你，或逢迎你，或奉承你；反正就是要把你引到他的情緒狀態中。如此，你一方面可以接受他的引導，招引，或接受他的邀請，進入那個狀態，但另一方面，同時你也可以在自我分析當中知道：現在雙方處在某種可以對應的情緒狀態中。因此就分析的意義來說，這可說是開發出了一種互相對應的新領域。所以我想，謝弗所說的，就是當代的分析路數，而其取徑就是將阻抗看成是一種機會；這可以讓分析不一定需要進入什麼鬥爭、爭辯的狀態中。那麼，我們就可以說：善用它，就可以使分析本身開出一條新的途徑來。

所以，在這段討論之後，謝弗特別說：在分析當中，對於傳移-反傳移這種問題，事實上重要的不是把詮釋給說出來，而是把這個情緒狀態演現出來（act-out），也就是在行動當中表現出來；這樣的表現，或這樣的演現，比說出來還要更為實在，或更為有力。總之，謝弗概括地給了一個重要的結論，也就是當代所謂的分析態度所應做的事情；在二百三十頁，[2]他說：

> In place of the analysis of resistance, we may install the analysis of counter-transference alongside the analytic transference and defensive operations as one of the three emphases that define the therapy as psycho-analytic.

我把它翻譯一遍，就是說：對於這個所謂的阻抗的分析，我們現在可以重新安置反傳移，使其成為一種分析，且將它與「對傳移的分析」以及「對防衛運作的分析」並列，成為三種強調的方式，這才是完整的精神分析。

此外，我要多說一個重點，就是，我們先前談「阻抗」的時候，都一直將它叫做「防衛機轉」或「防

1 「分析的態度」一詞在這一部分的評註中將會多次提及，就是本於謝弗的強調。

2 Schafer, R. (1992). *Retelling a Life: Narration and Dialogue in Psychoanalysis.* New York: Basic Books.

衛機制」（defense mechanism），但你可以看得出來，謝弗不同意這種用字的方式：當他談到 defense 時，他將它叫做 defensive operations，以便讓你知道 defense 本身是一種行動的運作，而不是什麼機器的運轉。所以，藉由修改這些措辭，謝弗其實也在全面改寫佛洛伊德的一些不當用字。我想，到了這個地方，我們接下來就可以進入更多的討論，其中包括謝弗自己所提出來的問題……

2-1 釋夢在精神分析中的運用

The Handling of Dream-Interpretation in Psycho-Analysis

本文譯自英文《西格蒙特．佛洛伊德心理學著作全集標準版》，12卷（*The Standard Edition of the Complete Psychological Works of Sigmund Freud*, Volume XII）（1911），pp. 89-96。

[91]《精神分析中心冊頁》（*Zentralblatt für Psychoanalyse*）[1]這份刊物的設計並不只是讓讀者可以獲得精神分析最先進的知識訊息，它本身雖只是出版些在此主題上相對較短小的文稿；[2]但它的創辦目的也在於達成進一步向學生呈現已有知識的清楚輪廓，並使分析實務的初學者能以時間和精力上較為經濟的方式獲取適當的教導。因此之故，帶有教誨性質以及技術性主題的文章，即令不算是新材料，也會出現於本期刊上。

我現在有意要處理的問題不是關於釋夢的技法：既非對夢作詮釋所該用的方法，也非運用這些詮釋時該考量的是什麼，而只是分析師在治療患者

*分析技法同時也「不是技法」（即「非技法」）。

＊對第一個夢作出「充分詮釋」之不可能也不必要：「詮釋量」多寡的斟酌：相對於不斷發生的新鮮夢。

時，該使用的釋夢藝術應當如何。無疑地，在對這種材料進行分析工作時，會有各種不同的方式，但身在其中者，對於分析技法的問題該如何回答，就總是無言以對。雖然行得通的好路不會只有一條，但也有很多壞路，因而把那些方法放在一起作個比較，就總是能讓人耳目一新，縱然這並不能決定應當偏好的究竟是哪條途徑。

任何人若是從釋夢出發而走向分析實務，就一定會保留他對於夢內容的興趣，而他的傾向也定是要把患者先前所說的每一個夢，都儘可能作出充分的詮釋。但他很快就會注意到，他目前正在相當不同的條件下工作，如果他真要堅持他原有的意向，他馬上就會和當前的治療工作發生衝突。就算患者的第一個夢可證明是極適合於 [92] 引導出第一個解釋，但其他的夢立刻就會相繼出現，又冗長又隱晦，其完整的意義實在無法在一天的有限時段內抽引得出來。如果治療師在接下來幾天中還要持續這詮釋的工作，新鮮的夢也同時不斷產生，而他必須把後來這些都擺到一旁，好讓他能自認為第一個夢終於獲得解決。夢的產生有時會非常繁複，而患者的理解又是猶豫不得進展，

1 ［這份期刊就是本文第一次出現之處。］譯註：此期刊的中文譯名是根據原文的直譯。

2 ［較長的論文會刊出於《年刊》（*Jahrbuch*）上。參見 *S. E.*, 14, 46-7。］

於是這遲疑本身就會逼使分析師覺得：分析的材料會以如此方式呈現，那顯然是患者的阻抗正在利用分析師的發現——此法根本不能駕馭所呈現的材料。更且，這療程也同時會遠遠落後於眼前的進度，而跟實際的狀況脫節。為了對付這種技法上的缺失，有一條治療上最為重要的規則須先確立：分析師應該一直覺察到患者心靈在任何時刻所呈顯的狀態，且他應該知曉患者當時最活躍的情結和阻抗是些什麼，以及患者的意識反應會如何管制著他的行為。分析師只為釋夢的興趣著想，而犧牲治療的目的，這實實在在是不對的。

如果我們把這規則牢記在心，那麼，對於在分析中作釋夢，我們的態度又當是如何？約略可歸之如下：**詮釋的量**在一次的療程中可達成者，即可視為足夠，不必因為夢的內容好像沒有充分發現而覺得若有所失。在下一次的時段中，也不必理所當然地把該夢再提起來，除非很顯然在當時沒有別的事情會逼入患者所思的舞台前景中。因此，不必另訂規則，把插進來的釋夢以例外的方式作優先處理——我們的規則本來就是說「先出現在患者腦袋裡的事情才應先予處理」。如果有比先前處理過的夢更為新鮮的夢出現，那麼最近的產出就應該當下照料，不必為忽視先前的夢而感到不安。如果夢已經堆積到過於散亂龐雜，則想要把這成堆的東西完全理出頭緒的期望，在一開始

*「患者的阻抗」下文再談。

*最重要的規則其實就是要把握 here and now——應把英文倒過來翻譯：此刻在此（亦即「現場」）。

*換言之，基本規則就是：「先出現在患者腦袋裡的事情才應先予處理」。

就應悄悄地予以放棄。你必須就整體而言防止自己表現出對於釋夢的特殊興趣，或挑起患者的想法，使他認為[93]分析的工作會因為沒提起夢而不得不中止；不然的話，有一種阻抗的危險，會被導向於要產出夢，結果夢就真的作不出來了。相反地，患者必須相信：不論他是否把夢帶出來，也不管自己花了多大心力去注意夢，分析工作總會找到材料而能繼續下去。

現在會被問到的問題是：如果釋夢只能一直以附隨於這種方法限制的方式來執行，那麼，我們是否已經放棄了太多有價值的材料，因而妨礙了我們對於無意識的陳顯？對此問題的回答是：我們的損失絕不像對此議題的浮淺看法所想的那麼多。打從一開始，我們就得先認識：在嚴重神經症的案例中，任何精細的夢產品，從其本質上就應視為無法得到徹底的解決。像這樣的夢常常是基於此病情的整個病因材料，但在治療者和患者兩方都還處於未明狀態（所謂「標題性的夢」〔programme-dreams〕和傳記式的夢〔biographical dreams〕[3]），並且有時可等同於把整個病情內容翻譯出來的夢語言。在試圖詮釋這種夢時，所有潛隱、未被觸及的阻抗就都會激活起來，也會立刻限制了理解。要想完整地詮釋這種夢就會和整場分析疊合；如

*在本文結束時會重複此意：有些東西從來都還是隱而未現的。

*標題性的夢是指有標題，或主題明顯的夢；傳記式的夢則是呈現了患者的 sexual life（性生活）。但儘管如此，由於內容尚未翻譯出來，所以這種夢語言還是一時難解的。

3 [見《釋夢》（1900a），*S. E.*, 5, 348 及 366 註腳。]

＊用片斷來拼接，意指同一意義有不同表現，可以拼得起來。

＊可參看弗利斯（Fliess）信函 Draft M. 的圖示（見本文後附圖）。

＊回到根本規則：here and now。

果在開始時就對此留下個註記，或許那要在好幾個月後的結案時方有可能理解。這就和某個單一症狀的闡明一樣（也許是主要的症狀）。要想解釋它，就等於要經過整場的分析；在治療過程中，你必須先努力抓住此一要點，然後又是另一要點，片片斷斷的症狀意義，一個接著一個，直到最後才能整體拼接起來。同樣地，對於一個夢，在分析開始的階段，你也不能有太多期望；這種詮釋的企圖若能把某一個願望衝動的病因帶向光明的話，你就該很滿足了。[4]

因此，如果你把夢可以完全詮釋的想法放棄，則你並沒有放棄所有可得的東西；同時，根據 [94] 我們的規則，如果你把相對較舊的釋夢擺開而轉向較近的夢，你也沒喪失什麼。我們曾在充分分析的例子中發現：一個夢之中接續出現的好幾個夢景，可能會有相同的內容，而其表現則是愈來愈清楚；我們也在此學到：同一晚所作的好幾個夢，不過就是同一意義的幾種不同表現形式之再現。[5]總而言之，我們可以安心肯定的是：每一個願望衝動在今天所作的夢，會重複出現在其他夢裡——只因它尚未獲得理解，因而會撤離到無意識的支配之外。因此，經常發生的是：要完成一個夢的詮釋，最好的方式就是先將它擺在那兒，把注意力轉向新的夢，在其中可能包含同樣的材料，也很可能是更便於接近的形式。我知道這對於患者以及治療師而言都

＊治療師的自信——把自己丟給「意料之外」的引導——解決一事之感——擴及自身全體：治療師的體悟是也：「古之學者為己」：自為己師，當作如是解，不可解為藏私（王夫之曾謂藏私者「必為邪說」）。

＊對治療師的自信——再補一解

是極大的要求，也就是期望他們在療程中撇開有意識的目的，也把自己丟給那無論如何看起來都像是「意料之外」的引導。但我可以對此作出這樣的回答：你若可以每次都以信任自己的原則而得以解決一事，你就會覺得如願已償，並且還會擴大到自身的全體，不必再為無意識是否可引導自己去建立種種連結而爭論不休。

緣此之故，我要作的提議是：在分析治療中不應把釋夢當作一種自成一格的藝術來追求，而應當讓它的運用附隨在那些能夠綜理治療整體的技法規則之下。當然，你偶爾可以用別的方式，並允許自己隨興作理論的自由發揮；但你總是要念茲在茲，知道自己在做什麼。另外一種需要考量的情況是發生於我們對夢的象徵運作多所理解之後所獲得的自信，也由此知道自己更能獨立於患者的自由聯想之外。一個特別精於釋夢的人有時會覺得他可以一眼看穿每一位患者的夢，因此可以不必花費冗長的時間去孜孜矻矻地解夢。像這樣的分析師就得以豁免於釋夢與整體治療兩者的要求之間所發生的衝

4 〔對於釋夢之可能性的限制，較長的討論可參見〈對於釋夢之為整體的一些補加註記〉（1925i）一文的A節。〕

5 〔參見《釋夢》，*S. E.*, 5, 525。〕

突。更且，他會進而以為能充分將釋夢運用於[95]每一種場合，而可把他在患者夢中所偵測到的東西全部告訴患者。然而，這麼做的話，他就已經是在使用別的治療方法，並與目前已建立的分析法分道揚鑣了。這一點，我會在其他地方予以指明。[6]精神分析實踐的起步者，無論如何，都最好不要拿這個例外來當作模範。

我們曾經一起想過，關於患者帶來的第一個夢，每一位分析師已然站在釋夢的優勢位置上，即便是在他學會任何翻譯夢的技法之前。這些最初的夢都可能被描述為不夠精鍊：對聆聽者而言，它會像所謂健康者的夢一樣，避開了大多數的秘密。問題於焉產生：**分析師到底要不要立即把他所作的翻譯解讀全部告訴患者**？不過，此處不宜回答這個問題，因為，很明顯地，這只是更寬廣問題的一部分：分析師在治療的哪個階段，以及要多快，才該讓患者知道他心中有這些隱蔽之處？[7]患者學到更多的釋夢之法之後，在我們的規則中，他後來的夢就會變得更為隱晦。所有從夢中得來的知識也可以學會用夢的建構過程（dream-constructing process）來加以守衛。

對於夢所作的「科學」工作，縱然由於釋夢之法受到許多惡評，也已在精神分析中獲得許多新的刺激，因此，你總是會發現：在正確地保留夢的文本之外，其他的多慮根本不必要。這才是最需要保護的，以免在夢醒之後的

＊「別的治療方法」——狂野分析（wild analysis）

＊釋夢＝譯夢（顯夢／隱夢）（就是「所指／能指」的解讀方式，另解。）

＊「把所作的翻譯解讀全部告訴患者」？下文再談。

＊患者學到更多的釋夢之法——只會變得更加防衛。（「夢的建構過程」，需參看〈分析中的建構〉一文。）

＊關於記夢的問題：
1. 不該記（不必記，見註8）
2. 該記（學術／教學的目的——如何記夢——佛洛伊德的記法：可用 Irma 的注射一例來說明）

＊記夢是治療者自己要的保存；但這未必是患者的所需。故在此提醒兩者的差別。

第一小時內就會有太多的扭曲與耗損。有些精神分析師甚至指示患者要在一醒過來時就把每一個夢都立即寫下，但這樣就似乎和他們所知的夢形成條件不能相符了。在治療工作中，這樣的規則是很膚淺的；[8]而患者正可樂於利用此法來干擾自己的睡眠，並炫耀自己對此的熱情，但實際上卻 [96] 一無是處。因為就算夢的文本可因此勞苦的工作而得免於湮滅，但還是很容易讓自己相信：這對患者而言，可謂毫無所得。聯想不會自然來到文本，而即使夢沒有這樣保留下來，其結果也沒什麼差別。無疑的是，治療者可從此（文本）中獲得一些知識，而若沒做保存工作的話就不能如此。但是，治療者所知的一些，和患者的所知，不可同日而語；這兩者的差別，以及其對於分析技法的重要之處，在另文中會作更充分的考量。[9]

在此的結論是：我要提提某一特殊型態的夢，以這種案例的本質而言，它只會發生在精神分析的療程中，因此也會讓初學者感到困惑，或誤導他的

6 〔這很可能是指〈論分析治療的開始〉一文中的一個段落，見底下，p. 140。〕
7 〔對這問題的處理，見下篇〈論分析治療的開始〉一文，p. 139ff。〕
8 〔為了科學的緣故，以及在分析自己的夢時，佛洛伊德寫下了夢的文本。譬如，可參見《釋夢》，*S. E.*, 4, 106，以及 5, 455n。關於夢的「文本」問題，還有進一步的討論，見於 *S. E.*, 5, 512-15。〕
9 〔在〈論分析治療的開始〉一文後段，見下，p. 141f。〕

學習。這是從旁切入的夢，正如所謂「在後尾隨」，[10] 對分析工作來說，很容易接觸，而其翻譯則只是呈現出療程中的推論，特別在每日聯想材料的前幾天所得。當有此情形發生時，看來患者好像很貼心地，以夢的形式，把我們先前對他的「暗示」立刻帶出來。愈有經驗的分析師愈不容易將此歸因於患者的貼心；他寧可將此夢接受為自己所期待的肯定，並能辨識出：這種夢只能在療程所影響的某種特定情況下才觀察得到。大多數的夢在分析中自會徐徐前進；因此，在把夢中所有已知、已了的事情都抽引出來之後，仍多多少少留有一些清楚的暗示，就是：有些東西從來都還是隱而未現的。

*「患者好像很貼心」／「分析師自己所期待的肯定」。

*夢的隱而未顯：「夢作（dream work）＝顯夢／隱夢」——此一基本公式要如何翻譯解釋，乃為《釋夢》一書的根本主題，在此不能詳說，留給讀者去閱讀該書。

10 [比較〈釋夢的理論與實踐註記〉(1923c)一文之第七節。]

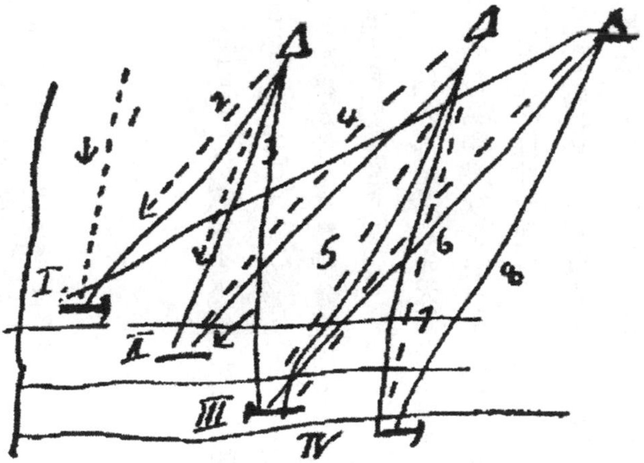

佛洛伊德致弗利斯信函 Draft M. 的圖示
(關於片斷拼接的問題)

2-2 傳移的動力

The Dynamics of Transference

本文譯自英文《西格蒙特．佛洛伊德心理學著作全集標準版》，12卷（*The Standard Edition of the Complete Psychological Works of Sigmund Freud*, Volume XII）（1912），pp. 99-108。

[99] 傳移（transference）這個幾乎永遠沒完沒了的話題，最近在本刊[1]中有史迭可（Wilhelm Stekel, 1911b）的文章對此作了各路的描述。我想在以下幾頁中補充幾點，來解釋為什麼在精神分析治療中，必須將傳移帶出來，以及它在療程中如何進入我們所熟悉的角色。

我們該曉得，每一個人都是透過先天傾向和早年生活環境影響這二者結合的運作，而形成他的行為和愛欲生活（erotic life）並從中習得了一種自己特有的方法——亦即有先決條件使他會愛上誰，對於本能要感到什麼滿足，以及他為此滿足所設定的目的。[2] 這就產生了所謂的 [100] 樣版（stereotype plate）（或好幾套樣版），且藉由它，人在其生活歷程中重複印製某種體

＊樣版＝模版的原版

*愛欲衝動的一部分＝力比多衝動；懸置在無意識中的慾念會用力比多的期待而投注（cathexis, investment）出去——見下文。

驗——就如同人經常藉用樣版複印出新出版品那般。這需要外在環境以及**愛欲對象**（love-objects）的本質是在許可也可及的範圍內，並且當然，當前的體驗不會是全然不變的。現在，我們的觀察已經顯示：在決定愛欲生活的路線上，這些愛欲衝動只有一部分能穿透進心靈發展的整個過程中。此部分會被導向現實，受到有意識的人格支配，並形成人格的局部。另一部分的**力比多衝動**（libidinal impulses）則在發展過程中受到懸置；它是被隔離到有意識的人格以及現實之外，因此它除了在幻想之外不得擴展，或者完全停留在無意識中，以至於有意識的人格對它一無所知。如果一個人對於愛的需求無

1 ［即 *Zentralblatt fur Psychoanalyse*，也是首次登載本文的期刊。］

2 我要利用這機會來為自己作些辯護，因為有人對我提出錯誤的控訴，說我在強調幼兒期的印象時，否認了先天（體質）因素的重要性。像這樣的控訴之所以會出現，乃是由於人在尋求因果解釋時受到某種思考本質的限制：相較於通常在真實世界中所知的道理，很多人寧可滿足於單一的因果論。精神分析談過很多病因學（aetiology）上的偶發因素，而很少提及體質因素；那只是因為我們對於後者應當提出一些有貢獻的新因素，但在此同時，對於一般人所知的體質因素我們也知道得一樣多。我們拒絕在這兩套病因之間製造出任何對立的原則；相反地，我們認定這兩套經常是聯合在一起而造成可觀察到的結果。*Δαίμων καὶ Τύχη*［秉賦與機會］決定了人類的命運——很少或從未有單憑一力就可決定的。病因學上的效果量要如何歸之於其中哪一項，這只能在每一案例中分別評估。案例可依其在兩種因素間的比例而排成系列，而此系列無疑會有其兩極端。我們可評估的是體質或經驗在個別案例中有何不同的分受，也要看我們的知識達到什麼階段而論；並且隨著理解的改變，我們應保留修正判斷的權利。這麼一來，我們也許就敢說：體質本身乃是偶發事故效果的先決因素，而後者的產生則是透過我們一大串數不盡的祖先而然。

法在現實中得到完全的滿足，他就會用力比多的期待意念來接觸他所碰到的每一個新識者；並且極可能同時動用力比多的兩部分——可能成為意識的部分，以及無意識的部分——來分擔當下的（期待）態度。

因此，某個人的力比多投注（libidinal cathexis）若有部分的不滿足，那麼很正常也不難明白的是，這持存在心中且蠢蠢欲動的投注，就會朝著治療師形象而去了。根據我們早先的假設，接下來這投注所要追索的就是各種初型（prototypes），也會黏附於他自身中現有的樣版；或換個立場來說，這投注會把治療師導入患者已經形成的某一組心靈「系列」（psychical "series"）之中。假若（以榮格〔1911, 164〕精巧的用語來說）「父親–原初意象」（father-imago）乃是能將此引出的決定性因素，那麼，其結果必會對應到患者主體和治療師之間的真實關係。但傳移關係不止綁在這一種「父親–原初意象」特殊的初型上：它也可能沿著「母親–原初意象」和「兄弟–原初意象」而來。傳移會導向於治療師的這種特性，恰恰是由於其在份量和性質上大大超過任何可感知、可講理的程度，我們才能對它有所理解——如果我們心裡有數，知道這傳移之發生絕不只來自意識的盼念，還來自那些被持存不放亦且為無意識的（衝動）。

[101] 傳移這種行為，精神分析之所以對它特別感興趣，是因為還有兩個

*投注的對象就是治療師（也可能是任何人，但「治療師形象」是最大的可能，何以如此？）

*傳移的關係對應成為真實關係。

*「還有兩個要點至今未得解釋」：

(1)分析主體

(2)最強烈的阻抗

要點至今未得解釋，若非如此，那就沒什麼值得討論或憂慮的了。首先，我們不瞭解的是，為何在神經症的分析主體[3]身上，傳移會表現得如此強烈，而在非分析的其他人則未必如此？其次，分析中的傳移至今仍像個謎團一樣，我們不知它為何在某些地方發生為對分析治療的**最強烈阻抗**，而在其他地方，傳移甚至可視為成功治癒的便利條件？我們的經驗告訴我們——而事實也常可讓我們隨時確認如此——也就是：每當患者在作自由聯想而失敗時，[4]這樣的頓挫幾乎全都可予以疏通，治療師只要對他說他此刻的聯想一定是想到治療師本人或跟治療師有關的事情上。一旦給了這樣的詮釋，患者就不會再停頓，或能夠從保留不放、不能自由聯想的情況中脫離。乍看之下，精神分析的這種方法顯得像是一種極端不利的條件，使得在其他地方本來有助於治癒的因素，在此竟會變成最強烈的阻抗。不過，如果對此情狀作過更仔細的檢視，我們至少可以先把第一個問題排除。事實上，傳移之發生在分析中

3 譯註：分析主體（analytic subject），在上文中只譯為「分析中（的）人」，但至此也不該避免稱為「主體」，亦即不再把分析中的患者視為「被分析」。這種用語為我們提供了翻譯上的另類考量，即可將「分析主體」的通稱 analysand 譯作「分析人」而不是「被分析者」——患者在參與分析治療時，其主動性與分析師無異。

4 我是指患者真的停頓下來，而不是像碰到平常那種不悅的感覺而欲言又止那樣。

完全不會強過分析之外，也不致完全缺乏節制。在醫院體制中，從所有不用精神分析治療的神經科病患，我們都可觀察到傳移發生的最大強度以及最不適當的形式，它們都遠超過心理上的親緣關係，並且我們都可一眼看出其情慾色彩。若夷特（Gabriele Reuter）以其敏銳的觀察，描述過此一現象，而在她那時代還沒出現精神分析。她那本傑出的著作從書名上完全看不出她對於神經症（精神神經症）本質與起源的洞見。[5]因此，傳移的這些特徵，其歸因不應在精神分析，而應在於該病態的本身。

我們的第二個問題——為何傳移在精神分析中呈現為阻抗——至今尚未有人討論過；因此我們現在就得來作仔細的切近觀察。[102] 我們先把治療中的心理情境作個描繪。精神神經症的每一次發作都會有的、不可避免的先決條件就是榮格曾經給過一個很得當名稱，叫「內向性」（introversion）。[6]也就是說：力比多那一部分原是有能力成為意識、可導向現實的，卻被削弱了；而另一部分用來引離現實，且是無意識的，雖然仍可用來餵養主體的幻想，卻只屬於無意識，並且還總和而倍增。力比多（無論是全部或部分）自此走上退行之道，且重新激活了主體的幼兒原初意象。[7]分析治療於是亦步亦趨，循其軌跡直向力比多而去，目的在於讓它能為意識所及，並且最終可為現實服務。分析探究的工作與撤退回到其藏匿老窩的力比多相遇，在此

*內向性=向內縮回，萎縮（也可理解為「向內性」）

*這裡又展開了一長段的**作戰隱喻**——因為分析工作所遭遇的阻抗就像一場戰爭。

難免會爆發一場遭遇戰；所有從力比多撤退的軍力，現在會以「反抗軍」（resistances）之名起義，來對付分析的工作，為的是要保留新的存在狀態。[103] 在分析主體與外在世界的特殊關係中，倘若力比多的內向或退行是師出無名的——用最普通的話來說，此名義就叫滿足的挫敗[8]——而假若它在此刻沒能形成一支特工隊，則它就根本不能產生任何作用。但從起源處派來的這支反抗軍（即阻抗）卻不是唯一的一支，也不是力量最強大的。在主體人格支配下的力比多永遠會受到他的無意識情結（或，更準確地說，受到屬於無

---

5 Gabriele Reuter, *Aus guter Familie*, Berlin, 1895.

6 雖然榮格的某些論點給人的印象是：他認為這種內向性屬於早發性癡呆症（dementia praecox），且不能以這同樣的方式來說明其他的神經症。——[這似乎是佛洛伊德在出版的著作中首度使用「內向性」一詞。這個術語最先由榮格（1910b, 38）帶來；但佛洛伊德也許是在批評榮格（1911, 135-6n，英譯版 1916, 487）。對於榮格使用此詞的進一步評論可見於一篇較後的技術報告中所加的註腳（1913c, p. 125），以及〈論自戀〉那篇文章（1914c, *S. E.*, 14: 74），還有在《精神分析引論》（1916-17）第二十三講接近末尾的段落。佛洛伊德的後期作品中絕少再使用此詞。]

7 比較方便的說法是：「（力比多）重新投注到他的幼兒情結」，但這就不對了。唯一說得通的乃是：「那些情結中的無意識部分。」——在本文中所處理的這個問題與此有非比尋常的牽連，以致令人覺得很受引誘，想把一些鄰近的問題都拉進來作些必要的澄清，這才有可能不會用混淆的語詞來談此處所要描述的心靈歷程。這些問題包括：在內向與退行之間劃出分界線；把情結的理論套進力比多的理論；幻想和意識、無意識以及和現實的關係——還有其他一些。我想我沒必要為我在本文中抗拒這種誘人的念頭而致歉。[特別是對於「原初意象」一詞（在此以及在 p. 100，可參看編者在受虐狂那篇文章（1924c）中補上的註腳，*S. E.* 19: 168n.2。]

8 [對此議題完整的討論，參見〈神經症發作的類型〉一文（1912c, p. 231ff，本卷）。]

意識情結影響的那一部分）所吸引，[9]而它之所以走入退行之途，就是因為現實的吸引力減弱之故。為了要達成人格的解放，必須克服這種無意識的吸引力；換言之，必須先移除由無意識本能所生產的壓抑，以及它同時在主體中所建立的（另一主體）。[10]這乃是到目前為止最大宗的阻抗來源，甚至，在偏離現實的暫用理由都已不見之後，它還經常導致疾病的延長。分析所需面對的鬥爭就是**這兩種來源的阻抗**。阻抗是一步一步緊跟著分析前進的。每一個片斷的自由聯想，或在治療中的這個人之一舉一動，分析師必須認出它與阻抗的關係，並曉得這代表的乃是兩股力量之間的妥協——一股朝向**康復**，另一股則相反地朝向我在上文中所描述的那樣。

如果我們現在循著病因的情結，從它在意識中的再現走過去（不論這種再現是指顯然可辨的症狀，或是指其他非常不明顯的某情狀），直指向無意識的根源，我們當可立刻步入一個新境界，在其中，阻抗把它自己搞成清清楚楚的感覺，致使下一段自由聯想必定會將它放入考慮，且呈現為它自身的要求以及分析探究工作之間的妥協。在此因緣際會時刻，憑著我們的經驗，就看見了傳移的躍然現身。這情結材料中的任何東西（情結的題材內容）正適於轉嫁到治療師的形象上，是故傳移就這樣發生了；患者會緣此而產生下一段自由聯想，並以更像阻抗的方式宣稱自己的存在——譬如透過停頓。我

*「兩種來源的阻抗」是指原初的（本能的）以及來自分析工作中的。

*先前一直看見的是阻抗現象，到此，就可看見那是（分析理論上的）傳移。「看見」是所有心理治療都應能如此，但「傳移」則是精神分析獨到的見解。

們根據經驗來推論，無論眼前是否有任何其他聯想的可能性，知道傳移意念已經穿透到意識中，正因為這樣才能讓阻抗得到滿足。在分析的進程中，像這樣的事件[104]會以種種方式不斷重複出現。一次又一次，當我們趨近於病因的情結時，該情結的一部分，凡能夠傳移者，首先就會向前推進，進入意識，並以最頑強的壁壘來作為防衛。[11]

在戰勝之後，對於情結的其他部分之攻克會引起進一步的種種難題。分析治療進行得愈長，且患者也愈清楚地知曉他對於病因材料的扭曲，這本身並不足以保證從此不會再用來偽裝掩飾，尤其當他益發持續地使用某一種扭曲之後，而他明知該扭曲（即透過傳移的扭曲）會給他帶來最大的利益。這種狀況最終會形成一種傾向，即所有的衝突最後一定得在**傳移的戰場**上開打。

*「阻抗得到滿足」＝阻撓分析的進行。傳移之為防衛，就是在製造障眼法，或製造岔題（以此而言，防衛機制確有其「有意識」的一面）。有個重要的但書，見註10。本段最後一句：正式宣告「傳移」成為精神分析的一場戰爭，隨著精神分析的啟動而開戰。在此之後，**戰場**的隱喻就變成主要的論證條件了。同時，這個「戰場」在後文中會特別解釋，是在分析工作中「創造出來的一個不確定地帶」：「傳移因此而在疾病與真實生活之間創造出一個不確定的地帶，可由茲進行一種狀態到另一狀態之間的轉渡」（p. 257）。

---

9 [參照前文中的註6。]

10 譯註：「（另一主體）」這幾個字是由譯者所加——顯然，這就是後來佛洛伊德稱之為「超自我」的東西。

11 不過，這不應當把我們導入一般的結論，認為所選擇的傳移–阻抗元素，在病因學上有什麼特殊的重要性。假若在一場戰役中有一場特別激烈的戰鬥發生在佔奪某一間教堂，或某幾片農田，我們並不需要因此推定那教堂就是國定的甲級古蹟，或那農莊必定是發軍餉的場所。任何一個客體的價值可能純粹是個戰術上所利用之物，也可能僅只在這場戰役中才用得上。——[論傳移–阻抗，亦可參見本卷 p. 138。]

因此在分析治療中，傳移會分毫不差地在第一時刻向我們顯現，作為患者最強的阻抗武器，而我們也可從而確認：傳移的強度和持續性乃是阻抗的有效表現。其實我們在對付傳移的機制時，循跡而去定會回溯到力比多蓄勢待發的狀態，而這就是停留在擁有幼兒原初意象（infantile imago）的狀態中；但傳移在分析中所扮演的角色之能得到解釋，其條件是我們必須進入它和阻抗的關係中。

為什麼傳移會成為阻抗的最合適手段？有些人也許會想，這問題不難回答。因為很明顯的是：傳移變得特別難被患者承認它和任何一廂情願的衝動有關，尤其是要當著與衝動相關的人面前而顯露。這種必要性所造成的狀況，在真實世界中簡直不可能。但恰恰是在此處，患者的情緒衝動所瞄準的對象正好和他對治療師的意象不謀而合。然而，進一步考慮會顯現，這麼表面的立即所得[105]不可能為難題提供任何解決。說真的，充滿情感及完全委身的依賴感，會相反地有助於這位分析中人克服所有的困難而讓他道出告白。在類似於此的真實生活情況中，一般人通常可以說：「我在你面前不會覺得丟臉：任何事情我都可以跟你說。」於是對著治療師而發的傳移就剛好可以用來促進承認，而我們不明白的只是，為什麼這樣就會使事情變得更難搞？

＊再說一遍：「阻抗」是可見的行為，但「傳移」及其病因（etiology）是精神分析對此行為的一種理論命名；兩者間的差異要清楚記得——「不可把理論術語用來對患者作詮釋」——這是該記得的更根本原則：「你這是無意識遺忘」，「你這是在傳移」——絕對不可對Ad這樣說！

＊本段說的是傳移的發生、承認及其在治療上的可用之道。但「其條件是我們必須進入它（傳移）和阻抗的關係中」。這個「條件」就是一種意識的態度。最後這句話是在反問讀者，或質問反對者：你們在怕什麼？

對於這幾頁中重複出現多次的問題，要想回答的話，不是繼續對它反思，而毋寧更該用我們在分析治療當中所發現的傳移–阻抗（現象）來作進一步檢視。如果我們只盯著「傳移」來想的話，我們會發現自己到頭來都無法理解為何會動用傳移來作為阻抗。我們必須下決心區分出「正面的」傳移和「負面的」傳移，亦即帶著溫情的傳移和帶著敵意的傳移，然後把這兩種衝著治療師而來的傳移作分別處理。正面的傳移又可進一步區分為友善的和多情的傳移，這是在意識中即可承認的；但在此之外還有長期埋伏在無意識中的情感。對於後者，分析總會顯示出其中必定可追溯到情慾的根源。我們因此而發現：所有的同情、友情、信賴等等情感關係，凡能在生活中列為好關係的，都可在其發生學上連結到性（色事，sexuality），[12]而此相對的情感關係在發展上是從純粹的性慾逐漸軟化其性目的，因此在我們意識的自我感知中，它可能會呈現為很純潔且不帶慾念的模樣。我們本來只認得性對象；但精神分析卻會向我們展現：在真實生活中，僅僅是仰慕或尊敬的對象，在無

＊「正面的」傳移和「負面的」傳移的區分；還有兩類傳移之下更細的區分，以便展開其「可用」與「不可用」的論證。

＊這當然也是精神分析的基本理論。如何運用，存乎治療師之心，只要不直接說出什麼色事就好。「分析的知識」應當如是！

12 譯註：在此的 sexuality，原譯為「性關係」，後來經過三思，覺得那是過度翻譯，因此只保留一個「性」字：性的感覺（性慾）、性的歷史，或性的相對關係，然後才可以用漢語的相對辭彙來補充其義——「色事」（參閱董解元《西廂記》的用語）。

*抽離＝置身度外

*小啟動與大運作的關係＝機械裝置的隱喻（e.g. 汽機車的發動引擎與運轉引擎的關係）

*體制性的治療頗有問題，大家都知道是真的，但都被唬弄過去，或被隔離治療，這正是一般精神醫療的常態。我們（精神分析）的治療方式就是與此不同：揭露傳移。

意識中也仍然會是性對象。

於是對此謎團的解決就是：衝著治療師而來的傳移，適用為治療的阻抗者，只有負面傳移，或帶有壓抑情慾衝動的正面傳移。如果我們要把傳移變成有意識的，以便就此將它「移除」，則我們只不過在讓治療師本人抽離於此兩種情緒動作的成分而已；其他在意識中可承認、也無從反對的成分還會持續下去，並且會成為精神分析成功的載具，正如其他治療法一樣。到此程度，[106] 我們已經承認了精神分析的成果仰賴著暗示（suggestion）；不過，這裡所說的暗示，必須像斐倫齊（Ferenczi, 1909）所理解的那樣，也就是要利用像此狀況中的傳移現象來對人發生影響。我們所關切的目的是患者最終能夠獨立；但在分析中，我們會動用暗示來啟動他的一點點心靈運作（a piece of psychical work），而其必然的結果就是會永久改善他的心靈處境。

進一步該提的問題還有：為什麼傳移現象的阻抗只發生在精神分析中，而不在其他不在意的治療形式中（譬如體制性的治療中）？我的回答是：傳移的確也發生在那些狀況中，但需先認出來而已。負面的傳移爆發出來，在醫療體制中是挺常見的事情。一旦患者滿心都是負面傳移時，他就會像久病不癒或舊疾復發那般，掉頭離去。至於帶有情慾色彩的傳移，在醫療體制中就不會產生如此的抑制效應，因為這些患者，就像日常生活中的一般人一樣，都只會被唬弄過去，而不是獲得揭露。但非常明顯的是，出現傳移就是對於康復的阻抗，於是，實際上，當那樣的情況發生時，醫師不會把他們趕走——相反地，是會讓他們滯留在醫院中——但卻讓他們和日常生活隔離。從康復的觀點來看，那就是把患者置於不聞不問之境，不管他們在醫院裡是否克服了焦慮、抑制；但我們在乎的是他們應該像真實生活中的人一樣，不再被那些疾患所困。

負面的傳移本應受到更仔細的檢視，只是在本文的篇幅中無法做到。在可治癒的精神神經症中，我們發現它就是會和充滿情愛的傳移並肩齊步，並且也總是針對同一個對象。布洛以勒（Bleuler）曾經用一個恰切的字眼來描述這種現象，叫做「模稜兩可」（ambivalence）。[13]到了某種程度，像這樣模稜兩可的情感，看起來很正常；但若程度升到極高，那就一定是某種特定的[107]精神神經症了。（譬如）在頑念神經症上，早期就會顯露出「一雙對

＊「模稜兩可」（ambivalence）就是兩面俱陳：愛恨交加。

＊到此程度已經不是「神經症」（neurosis）而應列入「精神病」（psychosis）的範疇。佛洛伊德一貫主張：那是不可治療（或不可治癒）。此說遺留給後代精神分析很多的討論。

13 Bleuler, 1911, 43-4; 305-6.——可參照布氏一九一一年在柏林的一次演講，其報告則刊登在 Zentralblatt für Psychoanalyse, 1, 266.——史迭克對此同一現象則建議稱為「雙極性（bipolarity）」——[這似乎是佛洛伊德第一次提及「模稜兩可」這個字眼。他偶爾會脫離布洛以勒的脈絡，用此詞來指同時出現的積極與消極衝動。見編譯者註，*S. E.*, 14: 131。]

立」的分離，[14]而這似乎就是患者的本能生活以及體質條件的特色。在神經症患者身上出現模稜兩可的情緒趨向，最好的解釋就是他們有能力把傳移召募出來，使其為阻抗服務。當傳移的能量受限到只能以負面表現時，像妄想症患者所表現出來的那樣，就會使得治癒的影響力變得不再可能企及其身。

不過，在經過如此的三思之後，我們迄今也只處理了傳移現象的一面；我們必須把注意力轉到同一個人的另一面向。任何人若對這位分析人有準確的觀察，則當他陷入傳移-阻抗的強烈支配之時，必可看出他已經把他和治療師的真實關係甩開，看見他隨心所欲地忽視精神分析的基本規則，[15]（該規則是說：任何出現在腦子裡的東西都應不加評斷地說出來），也看見他忘記了他來尋求治療的初衷，以及他如何不理會邏輯論證與結論，然而就在前一刻，他對此的表現還蠻令人印象深刻的——任何觀察到這些種種的人，除開上文已經引述的那些之外，定會覺得有必要解釋他以其他因素來造成此印象，否則這些因素也很難觀察：一旦患者被安置在某些治療程序中，碰上某些心理處境就會復發出來。

逃開患者意識的力比多，在我們的追尋過程中，必定會穿透到無意識之域。我們引出來的反應中會顯示［108］與此併現的某些特徵，這是在夢的研究中發現的。無意識衝動並不是要讓人記得，即令治療想讓它回憶出來，而這種治療的努力本身激發了和洪荒之中的無意識相應的幻覺能量（capacity for hallucination）。[16]正如處在夢中發生的情境一樣，患者把這甦醒過來的無意識衝動產物視為當下的現實；他會無所不用其極地將熱情投入行動，而把現實情況完全置諸腦後。治療師會努力逼使患者把這情緒衝動納入他自己的生活史脈絡中，讓它順服於理智的考量，並且用心靈價值來理解自身。這般奮力的鬥爭，在治療師與患者之間，在智性生活與本能生活之間，在理解與尋找行動出路之間等等，都可在傳移現象中一覽無遺。只有在這個戰場上，才必須打勝仗——這種勝利才表現了神經症的永久治癒。無可爭議的是：對傳移現象的掌控正是精神分析對分析師所呈現的頭號難題。但不該忘記的

＊「洪荒之中的無意識」原文作"the timelessness of the unconscious"即「失去時間性的無意識」，當然也失去空間性，於是就等於「宇宙洪荒」的渾沌狀態。這種翻譯是「意譯」而非「直譯」，但這會偏離作者本意嗎？——求問於讀者。再到下半句的「幻覺能量」，真是等於現在突然流行起來的「洪荒之力」一說——但說者絕非受到精神分析的影響。精神分析在此碰巧可以利用這種普通話來作溝通，不必擔心自己在使用術語了。

14 [佛洛伊德最早對於「一雙對立的本能」所作的描述出現在他的《性學三論》（1905d, *S. E.*, 7: 160; 166-7），後來又出現在〈本能及其週期起伏〉（Instincts and Their Vicissitudes, 1915c, *S. E.*, 14: 127ff）一文中。對於頑念神經症的重要性，其討論出現在「鼠人」個案中（*S. E.*, 10: 237ff）。]

15 [此處看來就是第一次提及，並且往後會一再描述的基本技法規則。有一句相當類似的話（「精神分析的主要規則」）卻是早在佛洛伊德的克拉克大學（Clark University）演講（1910a, *S. E.*, 11: 33）中已經出現。這個觀念本身當然可以再回溯到更久之前；譬如在《釋夢》第二章（*S. E.*, 4: 101），其用法基本上和〈論分析治療的開始〉（On Beginning the Treatment，本卷，p. 134）一文一樣，但這問題的討論是出現在一則很長的註腳中。]

16 [這問題會在往後論技法的文章中再詳談，見〈回想、重複與通透〉（Recollection, Repeating and Working-Through, 1914g, p. 150ff，本卷）。]

是：正是在此才能使患者所隱藏及遺忘的情慾衝動當下顯露出來。不論我們說了什麼、做了什麼，我們都該銘記在心的是：不可能用不在場的方式（*in absentia*）或以祭祀用的芻狗（*in effigie*）來摧毀敵方。[17]

*最後這句話在精神分析文獻中被引用過無數次，尤其結尾那句，更成了精神分析實踐的座右銘。

17 [類似的說法出現在本卷 p. 152 底端。]

2-3 對執行精神分析治療者的一些建議

Recommendations to Physicians Practising Psycho-Analysis

本文譯自英文《西格蒙特・佛洛伊德心理學著作全集標準版》，12卷（*The Standard Edition of the Complete Psychological Works of Sigmund Freud*, Vol. XII）（1912），pp. 111-120。

[111] 我寫下的這些技法（technique）規則，是來自我個人多年來的治療經驗，在其中經歷過一些不幸的結果，使我放棄了其他的方法（methods）。那些方法（或其中有不少方法）可以簡單地歸結為一個教訓 [Cf. 115]。我希望對那些方法做個整體檢視後，對於執行精神分析的治療者來說，可以省下不少的精力，且不必再兢兢業業地提防那些方法所忽略之處。不過，我還是必須說清楚：我所肯定的這種技法只是最適於我的個性；至於和我個性很不相同的治療師，[1] 我不敢否定他們對於他們所見的患者及病情所採取的不同態度。

(a)分析師在一天裡要看的病人有好幾位，於是，他要面對格外困難的第一個難題，也就是要在心裡記住數不清的名字、日期、許多回憶的細節，以及病理的產出物。這些是患者在數以月計、年計的療程中，由溝通而出現的；而分析師不可把不同患者在同時或之前所說的相似材料搞混。如果一位分析師在一天裡要處理的患者多達六人、八人或更多，則分析師的這樁記憶壯舉對於不在狀況中的觀察者而言，有可能引起的反應是不信、訝異，或甚至憐憫。在任何情況下，定會讓人好奇的乃是：要駕馭這眾多材料，究竟有何可能的技法？而最受矚目的期待就是：為了達成此目的，其中必有某種特殊的方便法門。

無論如何，這種技法其實是非常簡單的。我們等一下就會看見，其中毫不使用任何特殊的方便法門（甚至不採用記筆記之法）。亦即在其中只是不把自己的注意力導向任何特殊事物上，在此時，面臨你所能聽到的全部，都同樣維持著「平均懸浮的注意」（evenly-suspended attention）（正如我[1]一向

＊駕馭眾多材料，不必有特殊的方便法門，「只是聆聽，不必操心自己是否記住任何東西」。

＊這種注意力除非叫做「平均懸浮的注意」（evenly-suspended attention），否則注意力不需經過特殊訓練。

1 譯註：在本文中，佛洛伊德稱執行精神分析的治療者為「醫師」（physician, doctor），但實際上文顯然意謂不一定擁有醫師身分的治療者，故在譯文中都將此稱謂譯為「治療者」或「治療師」；至於稱為「分析師」之處，則保留和原文一致。

*試比較目前心理治療專業領域中，對於 empathy 進行特殊訓練的問題——訓練方案只會產生簡化的結果，因為從命名之始就已經徹底錯誤。

*對於患者所說的「意思」，不必立即掌握（不必立即詮釋）。

*治療師該掌握的原則如此。

如是稱之）[2]。[112] 以此行之，我們就省下了強加在注意力之上的任何勉強扭曲，而人的注意力本來就不能每天都維持住好幾小時；我們也以此而避免了一種特意訓練注意力的危險——注意力本是不可區分的。因為當一個人將注意力特意集中到某一程度時，他就會開始從眼前的材料中作出選擇；他的心會集中於某一點，讓它顯得特別清晰，而別的點就會相對地忽視。這麼一來，他的選擇就會遵循他的期待，或遵循他自己的傾向。無論如何，這正是我們不該做的。作出這樣的選擇時，如果他是在遵循他的期待，則其中的危險就是除了他已經知道的事情之外，他永遠無法發現其他；如果他遵循的是他的傾向，則他一定會把他所可能的感知先予以否定。我們都不可忘記：我們所聽到的任何事情之中的意思何在，大部分都是要等一段時間之後才會明白。

我們很快就會看到，對所有事情都給予同等注意的規則，乃是對應於對患者的必然要求，就是要他把所有在心中出現的事情都不帶批判、不作選擇，一五一十地說出來。[3]如果治療師的行為不也是這樣，那他就是在放棄許多最有利的條件，亦即放棄因為患者遵從了「精神分析的基本規則」[4]而能獲致的結果。對治療師而言，這規則可以這麼說：「他應該把意識對於注意力的所有影響都暫時壓住，並把自己完全交付給『無意識的記憶』。」或者，

＊眾多材料——湮滅（患者的遺忘）——在分析師的記憶中回返，非經強記。

用純粹的技術性語言來說：「他應該只是聆聽，而不必操心自己是否會記住任何東西。」

以這種方式而達成的情況，在治療過程中已經足以符合所有的要求。治療材料中的各種因素已能讓分析師有意識地形成他和材料脈絡的聯結；其餘的，即那些尚未聯結也顯得混亂的部分，初看之下好像都已被湮滅，但每當患者能帶出一些可關聯的新東西時，就會在分析師的記憶中回返，也使得分析可以繼續。分析師在一年之後記起的一些細節，常使患者給分析師一個不必要的恭維，說他「有了不起的記憶力」，那麼，分析師只要莞爾接受即可；[113] 然而，分析師若想要有意識地記起某些要點，卻很可能會失敗。

這種回憶過程的發生，錯就錯在人常會處於某種時機與場合中，而受到

2 ［這裡所指的似乎出現在「小漢斯」（'Little Hans', 1909b, *S. E.*, 10）案例中的一句話，雖然用字有些差異。目前這稱呼，往後再次出現，是在「百科全書中的兩篇文章」（1923a, *S. E.*, 18, 239）。］

3 譯註：在「小漢斯」案例中，佛洛伊德是這麼說的：「……我們要把我們的判斷懸宕起來，並將不偏不倚的注意力加到當時該觀察的每樣事物上。」在「百科全書的文章」中，則使用了與本文同樣的稱呼。

4 譯註：對治療師而言的「規則」對應於對患者的「要求」，此二者合併在一起，也稱為「基本規則」。

［見上文，p. 107 的註 15。］

＊（接續本部分第一講關於作紀錄的討論）
平常不做筆記；只對夢的文本有特殊處理：
1. 分析之後，當晚的回想、紀錄。
2. 「在患者發現關聯之時，請他重複述說，好讓我能在心中牢牢記住。」

個人自身考慮的干擾［見下文 p. 116］——也就是說，分析師在這時已經嚴重地掉到理想分析師的標準水平之下。要說是分析師會受到其他患者帶出的材料所混淆，這是很罕見的情況。每當和患者發生爭執，即關於患者是否曾經說過或如何談過某件特殊事情，這時的分析師經常是對的。[5]

(b)我不建議在分析之同時作完整的筆記，或甚至作速記之類的紀錄。這除了對某些患者會造成不良印象之外，上文提到的關於注意力之考慮也更進一步適用於此。[6]人在作筆記或速記時，對於眼前的材料必會因選擇而發生減損，自己的心理活動也有一部分會被綁在這個方式中。是以，不這樣做才能對於聆聽的所得作出更佳的詮釋。但對於此一規則有些不需反對的例外，譬如記下案情的日期、夢的文本，或是其他特別的事件；這些都很容易從其脈絡中分開來，或在其他獨立的情況中，可把紀錄當作例子來使用。[7]但我連這些都沒變成我的習慣。譬如一些事例，我會在工作結束後的當晚，憑著記憶寫下來；至於夢的文本，我一向視為重要材料，因此我會在患者發現關聯之時，請他重複述說，好讓我能在心中牢牢記住。

(c)在和患者進行分析的時段中，作筆記可以［114］有個正當的理由，就

＊所謂「精確的報告」，其實於事無補。預先架好結構，到頭來無助於形成完整圖像，反而會變成一場災難（見下文）。

是為了要對案情作出學術研究並出版。一般來說，這種情形很難給予否定。然而，最該念茲在茲的乃是：對於分析個案的生活史作出精確的報告，事實上它的價值遠比預期要低得多。嚴格說來，具有這種明顯的準確性，在「現代」精神醫學中，最能讓我們見識到一些會讓人驚訝的例子。司空見慣的就是，那些報告實際上只會折磨讀者，且顯然無法成功地取代真實現場的分析。經驗總是可以表明：如果讀者願意相信一個分析師，那麼他會很有信心地接受那些提出的材料中，難免有些微的修飾；相反的，如果讀者不願意嚴肅看待分析和分析師，則他們（與前述的他不一致）對於字字準確的治療紀錄也不會多加注意。看起來，紀錄這回事，對於精神分析報告中缺乏證據的缺陷，似乎不能提供什麼補救。

5 患者常會肯定他曾經在先前對分析師談過某件事，然而分析師卻可以其安穩的優越感而告訴他：這是第一次談起此事。後來發現，患者在先前確實曾經有意要說，但由於受到自己的阻抗而沒說出來，這種阻抗其實，直延續到目前，還在防止自己出口的意圖。他對於自己意圖的回憶和他對於真正表現出來的行動之回憶，兩相糾纏而分不清。[佛洛伊德對於此點的說明，在不久之後擴大為一篇短文，即關於分析之中發生的「似曾相識」（Fausse Reconnaissance）現象（1914a, *S. E.*, 13, 201）。]

6 [對此同樣的效果，有一條註腳由佛洛伊德自己插在他的「鼠人」個案史當中（1909d, *S. E.*, 10, 159）。]

7 [這意思應是適用於學術的目的上。]

(d)要宣稱精神分析有其獨特之處，有一點是毫無疑問的，那就是在其中的研究和治療會兩相合一；不過，在某種程度之後，一種目的所需的技法，和另一種目的之所需，就會分道揚鑣。在一場案情的進行中，讓過程合乎科學——把片片斷斷結構起來，事先預期案情發展的下一步，時時刻刻都想把當前的事態變成完整的圖像——實在不是什麼好事。這些都叫做科學旨趣的要求。打從一開始就想為科學目的而打算，也據此而進行其療程的案例，到頭來就是一場災難；至於最成功的案例，則是那些能如其所是地進行，不事先定好目的，容許自己在任何轉捩點發現種種驚異，並且總是能以開放的心靈來接受，不受任何預設限制的案例。對於分析師來說，正當之道在於能因應各種需求而容許自己在不同的心態間遊走，避免妄加臆測，或在分析中途就想掃瞄全部案例；此外，分析師必須等到分析結束之後才能把所得的全部材料作成一套綜合的思想歷程。假設我們⑴已經擁有無意識心理學的全部知識（或至少其精要的部分），以及⑵可在精神分析工作中得出精神神經症的結構來，則要把以上兩種態度事先作出區分是毫無意義的。[8]在目前，既然我們還離此目標甚遠，所以[115]我們不但不應把我們自己的可能性切斷，還更要繼續接受我們的所知所學，以及接受知識仍有向外延伸的考驗。

*「不在分析中途就想掃瞄全部案例……要到分析結束之後，才能把所得的全部材料作成一套綜合的思想歷程。」

＊感情涉入與否？所謂「採用鎮定的情感態度」等於情感中立嗎？

(e)我不建議我的同行急著以外科醫師為典範來施行精神分析，也就是把他所有的感情，甚至作為一個人的同情，全都置諸腦後，只一心貫注於唯一的目標，想要把手術技能盡可能表現無遺。在目前的狀況下，對於精神分析師而言，最危險的情感就是有治療的野心，想以這種新興（且受到許多爭辯）的方法來產生能令人信服的效果。這不但會把他自己趕進一種不利於工作的心態，還會使他在面對患者的某種阻抗時變得手足無措——依我們所知，這種患者的康復，基本上就是要靠他的能力來和患者互動，才有以然。有十足的理由要求分析師採用鎮定的情感態度，因為這樣可以造成對雙方最有利的條件：對治療師而言可以保護他自己的情感生活，對患者而言則可獲得我們今日所能給予的最多協助。早期的外科醫師採用的座右銘是說：「我只打點傷口，神才治癒他。」[9]分析師大致也可以類似的說法為足。

8 譯註：此處所說的「兩種態度」應是指分析（治療）工作的態度，和學術研究的態度。

9 譯註：此句原文是法文 'Je le pansai, Dieu le guérit'，原註腳中的英譯文已移入正文。這意思在漢語的俗話就叫「盡人事，聽天命。」[這句話來自法國外科醫師安布瓦斯・帕雷（Ambroise Paré, c. 1517-1590）。]

＊同樣的道理，治療師也必須使自己所立的位置能夠聽到並善用一切材料，好讓兩種目的易於達成：即作出詮釋，和辨認出隱藏的無意識材料。

＊分析師自己的無意識＝接納器（聽筒）

＊分析師對於自己的阻抗必須察覺。

(f)我定出兩條規則有不同的目的，但很容易看出其間有相互疊合之處。[見 p. 111] 它們都意在為治療師創造出能與「精神分析基本規則」相應的條件，而那些規則原是為患者而定下來的。正如患者必須把他自己所能作的一切自我觀察都說出來，並且要避免所有邏輯上和情感上的反對，使他不必在其間作任何選擇；同樣的道理，治療師也必須使自己所立的位置能夠聽到並善用一切材料，好讓兩種目的易於達成：即作出詮釋，和辨認出隱藏的無意識材料；而不必以自己所選擇的審查來替代連患者都已記不得的言說。合成一條公式，如下：他必須將他自己的無意識轉化成好像個接納器，來接納患者連連發出的無意識信號。他必須把自己調整為如同電話的聽筒那般，來接聽傳過來的細聲話語。[116] 正如話筒也可將聲波轉成電的震盪而從電話線中傳回對方，於是，治療師的無意識也能夠把他所接收的無意識延伸出意思來，用以重建患者的無意識，而那正是患者自由聯想背後的決定者。

但若治療師在此位置要以這方式把無意識當作分析工具來利用，則他自己須在很高程度上先滿足一個心理條件。他不可容忍他自己的任何阻抗，使他的無意識感知會被抽離到意識之外；若非如此，他就會把某些新品種的選擇和扭曲引進分析之中，而其結果則會比有意識的專注更為有害得多。只說自己應當算是個正常人，這樣是遠遠不夠的。毋寧該堅持說，他應該接受過

＊分析師「需要經過分析」，是什麼意思？

1. 接受分析訓練

2. 在分析訓練的同時進行自我分析（分析自己的夢，以及其他種種「吾日三省吾身」——這又可接到儒學的所謂「存養」與「修身」問題。）

精神分析的淨化過程，使他能覺察他自己內心的一些情結，並使其不至於妨害他捕捉到患者對他的訴說。治療師的這種缺陷會造成失格的效果——我們也許沒有很好的理由加以懷疑；但在他自身中，每一個未解決的壓抑都會成為史迭可（Stekel）[10]在他的分析感知中所精闢描述的「盲點」。

幾年前，我對於「一個人如何才能成為分析師」這樣的問題給過一個答案：「要透過分析自己的夢。」[11]這樣的準備對很多人來說，已經足夠無疑，但這並不是對於想學會精神分析的每個人而言。也不是每個人都能在沒有外來助力之下就可以成功地詮釋自己的夢。我把這樣的條件算作蘇黎世分析學派的一項功績——他們已經強調、且具體實現了一種要求，就是要每一位想學會精神分析的人都應先由其他專精於此道的人對他做過分析。任何人若是真心想做這種工作，就應先修習這門功課（即先接受分析的訓練）。如此，可獲益之處不少；這樣的犧牲，包括把自己攤開來，而不是[117]被自己的疾病所驅才至此，算是相當值得的。個人對於藏在自己心中的東西有了求知的

10 [Stekel, 1911a, 532.]

11 [需參看佛洛伊德在克拉克大學的第三篇演講（1910a, *S. E.*, 11, 33）。對於此問題的回答有幾種不同觀點，這可在〈精神分析運動的歷史〉（1914d, *S. E.*, 14, 20-1）一文的編者註當中看見一些說明。]

目的，在此可以更快達到，而且比較不必花費情感的支出；在和自我的關係中，可獲得種種印象和信念，相較之下，只從讀書、聽課中來作此尋索，就是徒勞無益了。最後，我們一定不能低估一個學生和他的引導者之間所建立的持續心靈接觸，因為由此可導出許多益處。[12]

像這樣的分析，分析者自己實際上也還健康，但可想而知，這仍是不足的。任何人若能賞識這種自我認識的高級價值，且能由此增益自我控制（的能力），那麼，在此過程結束之後，他必定還會持續對自己的人格作分析檢驗，這也就是自我分析的形式；同時他也會滿意於這種瞭解，即在他自己之內以及外在世界中，他總是可以發現一些新的事情。但任何人若受到責難，說他沒接受自我分析的事前警告，則他不僅會因為不能從患者身上學到更多東西而受罰，他自己也正在鋌而走險，且也會危及他人。他很容易就會陷入一種誘惑，把他自身人格一些暗中感知的奇思異想投射入科學的領域，以為那是具有普世效度的理論；他就這樣把精神分析的方法降低了格調，也把沒經驗的人帶入歧途。

(g)現在，我要再補上幾條其他的規則，可用來當作態度的轉換，就是從**醫師的身分轉為對病患的治療者**。

3. 還需要有心靈導師（在「有督導的制度」之外，還有更高的需求）。

*「自我分析」是佛洛伊德所接受過唯一的「分析訓練」——這問題的重要性正該和「訓練分析」一併討論。見上文。

年輕而又熱切的精神分析師無疑地會受到誘惑，會將他的個性自由自在地帶入討論之中，為的是能把患者隨身帶離他們狹隘性格的障礙。有人會期待這作法是可取的，也真的很管用，因為其中併隨的觀點是可藉此來克服患者現有的阻抗：有治療師在旁，能讓患者瞥見他自己的心理缺陷和衝突，也能對於他自己的生命給予親切的指引，[118] 讓他得到平起平坐的立足點。給一點信心就會帶來另外一點別的，而任何人若向別人討得了一些親密感，就必須有等量奉還的預備。

但在精神分析的關係中，事情並非如此發生，也不像意識的心理學使我們期待的那樣。經驗並不為這種情感的技法做有利的背書；並且，也不難看出其中（這技法）含有悖離精神分析的原則，且更接近於使用暗示的治療法。[13]它會誘使患者比較快些、也比較不困難地，把他慣常以阻抗來保護的所知之事帶出來。但這種技法卻絲毫不能讓患者的無意識得以揭露。它甚至

*這裡很可能是在批評一些狂野精神分析（wild analysts），包括榮格（Jung）、葛羅代克（Groddeck）、斐倫齊（Ferenczi）等。他們「會將他的個性自由自在地帶入討論之中」——就是當今心理治療所謂的自我揭露（self-disclosure）——「但在精神分析的關係中，事情並非如此發生，也不像意識的心理學使我們期待的那樣……。」

12 [不過，有個比較不這麼樂觀的看法，可參看〈可終止與不可終止的分析〉一文（1937c）的第二節。該文是佛洛伊德最後的作品之一，碰觸到許多其他的要點（特別在第七節），就是本文此段和下一段討論的主題。]

13 譯註：「使用暗示的治療法」就是指催眠法。佛洛伊德早年曾研究催眠術，但後來創生精神分析法的用意，就是為了要摒棄催眠療法。

*由於面對傳移，治療師必須是一面「不透明的鏡子」，只映照出患者所能看見的，此外無他。——如何辦到？——回頭接上「平均懸浮的注意」問題。

會使患者更不能克服自己深深的阻抗，而在較為嚴重的案例中，它一定會敗在激發患者的貪心：患者會喜歡把情況倒轉過來，覺得分析治療者比分析自己更有趣。對於傳移的解決也是這樣（這是分析治療的主要工作之一），傳移會因為治療師的親密態度而變得更加難解，於是從那裡一開始所獲得的，到了後來就變成得不償失。因此，我要毫不猶豫地譴責這種不正確的技法。治療師對於他的患者而言必須是不透明的，像一面鏡子般映照出患者所能看見的，此外無他。實際上，說真的，若有一位心理治療師結合了某些分析技法，同時也會使用一些暗示的影響力，以便在較短時間內達成可見的結果，我就不太能反對他——譬如這是在體制內所必須的。一個人總有權利對於他自己所做的堅持不改，但要知道他所用的方法不是真正的精神分析。

(h)另外有種誘惑，是起於教育性的活動中，因為本來的醫師已經不假思索地承擔起精神分析治療的責任。當逐漸發展的心理抑制獲得解決時，治療師就會在其活動本身中發現，他自己的地位也被新目的之趨勢解放了出來。接下來，很自然的野心就會出現——如果他曾非常努力地讓一個人能使出渾身解數，來掙脫精神神經症的痛苦，並且如果他也曾為此設定了另一個他期望極高的目的。

＊「應拿患者的能力，而非他自己的欲望，來當指引——並非每一位精神神經症患者都有很高的才能來作出昇華……」——昇華的困難，以及，要不要用來作為指引？

＊相對於「組織體制所能允許的程度」——即文化的限制。（在講堂中曾談過：母親／女體的文化體制或風俗，我們的閱讀隨時需帶回自身。）

[119] 但在此，治療師必須把自己保留給一次又一次的檢驗，且應拿患者的能力而非他自己的欲望來當指引。並非每一位精神神經症患者都有很高的才能來作出昇華；你可以認定，其中很多人之所以會陷入病情中，正是因為他們不擁有讓本能得以昇華的技藝。如果我們硬要把不合身的昇華套在他們身上，且阻斷了他們較易取得的本能滿足方式，我們通常就是在讓他們覺得，日子實在變得更加難過。作為一個醫療者，你必須盡力寬容患者的弱點，也必須滿足於幫助一個人在某程度上贏回工作與享受的能力，即令那不算有很高的價值。教育性的野心遠不如治療性的野心那麼有用。我們還必須念茲在茲的是：很多人之所以生病，正是因為他們企圖讓他們的本能昇華到超過他們的組織體制所能允許的程度之上，而且就在其中，那些有能力昇華的人通常會在此過程中，因為抑制已被分析所解除，於是順利發生了昇華。因此，依我之見，要努力地利用分析治療來導致本能的昇華，雖然總是值得嘉許，卻不是在每一案例上都值得這麼做。

(i) 在何種程度上，治療是否應該尋求患者的知識合作？這問題很難有一概適用的回答：患者的人格乃是決定性的因素。但在任何情況下，自我警覺和自制都必須在各關節上受到觀察。叫患者去做功課，譬如要求他蒐集某一特定時期的回憶或思考，是不對的。相反地，他無論如何都必須學會——這對任何人來說都不容易——對某事的反覆思索，或集中注意，實際上都解不開精神神經症的任何謎題；解謎之道唯有耐心遵循精神分析的規則方為可行，而其中所含的指示就是要排除所有的無意識批評，或其衍生物。你特別不可讓步的乃是去跟從患者的規則，把治療中的話題偏離成知識的討論，對於他們的境況作很多、乃至相當聰明的臆測，因而避免了克服病情的任何行動。正因此故，我不喜歡拿分析的[120]著作來給患者作為談助；[14]我要求他們用親身體驗來學習，而我則保證他們可以由此獲得更寬廣、更值得的知識，遠比所有精神分析文獻可能教他們的還多。不過，我承認，在體制的條件下，以閱讀來作為分析患者的準備，以及作為創造出影響的氛圍，也的確是相當有利的。

我必須作出最強烈的警告，亦即我最反對的意圖，是拿精神分析的書給自己的父母或親戚閱讀，以便獲得信心或支持，不管這是屬於導論或進階的任何一種。這種看似好心的一步通常會導致親戚家人過早的自然反應，來反對治療——這種反對似乎遲早都會出現——因此，治療就永遠不得開始。

讓我表示一下我的希望，即精神分析師的經驗增多，就很快會在技法的

*「分析的知識」不適用於分析治療本身。——此話怎講？不是要進行「自我分析」嗎？這裡需要的是什麼「知識」——或在知識之上，更有什麼「分析態度」的問題？

*可「閱讀」什麼？（譬如可以讀佛洛伊德的《日常生活的心理病理學》、《詼諧（笑話）及其與無意識的關係》，但不適合閱讀後設心理學作品。）

*寧可「不要拿精神分析的書給親戚家人」——最後一句忠言。

問題上同意：什麼是治療精神神經症最有效的方法。至於要治療自己的親人，我必須自承：我是完全陷入迷茫之中，並且我幾乎沒有信心說我能治療他們之中的任何一位。

14 譯註：「談助」是魏晉人士對於道書的稱呼，因為有助於他們的清談。這裡的原文只是"assistance"，但在此文脈中就是「談助」之意。

2-4 論分析治療的開始[1]（對於精神分析技法的進一步建議 I）

On Beginning the Treatment (Further Recommendations on the Technique of Psycho-Analysis, I)

本文譯自英文《西格蒙特．佛洛伊德心理學著作全集標準版》，12卷（*The Standard Edition of the Complete Psychological Works of Sigmund Freud*, Vol. XII）（1913），pp. 121-144。

[123] 任何人若希望從書本上學會那高級的西洋棋戲，就會立刻發現：只有棋局的開始和結束可以作一作有系統的周延呈現，至於開棋之後所展開的每一步，其無窮無盡的變化則根本無從描述。這種教學上的鴻溝，只能對於大師在棋局中的下手方式勤加學習，才得以彌補。在精神分析治療實踐中的種種規則，若想要完全鋪展開來，其受限的情況和上述的棋局非常相似。

*開場：下棋——關於「佈局」的有效隱喻。

*「每一步的重要性，端賴它和全面佈局的關係而定」。

在本文中，對於如何開始治療實踐，我要盡力組合出有用的規則。其中有一些看起來只是很小的細節，正如它們本來就是的那樣子。若要說其中的道理何在，那就只能說，是在戲局中規則本就如此；每一步的重要性端賴它和全面佈局的關係而定。不過，我認為我已經充分瞭解，應把這些規則稱為「建議」，而不是要求人無條件接受。考慮到心靈的集合圖象之無比繁複、所有心理歷程的柔韌彈性，以及各種決定因素的變化多端，因此我們反對將此技法做任何機械化的呈現；這些複雜的條件致使行動的程序（即令叫做規則）有時會變得無效，而那些平常算是錯誤的方法，有時反而導致期望的結果。不過，這些種種狀況都不能阻止我們為治療者鋪陳出一套平均而言的有效程序。

幾年前，我開始設立一些最重要的指標，用來選擇患者，[2] 因此我就不在此處重複。那些指標也同時得到其他同行的贊同。但我要補充的是：自從那時開始，我已形成了 [124] 習慣，就是在對於患者一無所知時，先暫時接案，試行一到兩週。如果治療師在此時就中止接案，可讓患者免於得到治療失敗

1 ［只在第一版，該處出現的註腳如下：「有一系列的文章刊載於 *Zentralblatt für Psychoanalyse*, 2 (3, 4, 9)…」］譯註：括弧後面還列出《技法篇》前三篇的標題。

2 〈論心理治療〉（On Psychotherapy, 1905a）。

的惱人印象。你必須先作「打聽」（sounding），以便曉得此一個案，並決定他是否適合接受精神分析。我們沒有其他的預先檢查，但就只用這種（暫時打聽的）程序；在普通常見的諮詢中，用的是冗長的討論與探問，但其實它無法取代我們的程序。不過，這種預備性的實驗，其本身就是精神分析的開始，也因此必須合於分析的規則。我們之所以有別於其他治療之處，也許正在於一開始就幾乎全部讓患者自己說，而我們除了在治療開始之前向他做一項絕對必要的說明——也就是會讓他講話——之外，不作其他任何解釋。

＊療程的開始：一到兩週的嘗試期有診斷性的理由。

療程的開始是用一到兩週的嘗試期，這樣做其實是有診斷性的理由。很常見的是，當你看見一個因神經症而帶有歇斯底里或頑念症狀，且此症狀並不特別明顯，也才剛出現不久——這一類型的個案，也就是你會認為適於治療的——你也必須先想想其他的可能性：他可能是在一般稱為早發性癡呆症（dementia praecox）（用布洛以勒〔Bleuler〕的術語叫「精神分裂症」〔schizophrenia〕；我建議的名稱則是「妄想性癡呆症」〔paraphrenia〕[3]）的初期，而它早晚都會顯現出那種情感圖像。我不贊同以上的說法，即我不認為有可能作出這麼容易的區別。我知道有些精神科醫師常不猶豫地作出這樣的區分診斷，但我益發相信，他們也經常是在犯錯。毋寧唯是，一般總認為，犯錯者的機率，在精神分析師中遠比臨床精神科醫師要高得多，因為後

*判斷此一個案是否適用於精神分析治療——可分析或不可分析。

者本來就不企圖做任何有用的治療，對於任何一種案例來說皆為如此。對臨床精神科醫師而言，他會犯的只不過是理論性的錯誤，而他的診斷也只不過在滿足學術上的旨趣。然而，精神分析師所關切的是：假若此一個案不適用其法治療，則他所犯的就是實際上的錯誤；他應對於浪費的支出以及減損其治療法的聲望而負起責任。如果患者正在受苦——不是歇斯底里或頑念神經症之苦，而是妄想性癡呆症之苦——則他就無法實現他對於治癒的承諾，因此他就會有特別強烈的[125]動機，以避免診斷錯誤。在幾個禮拜的實驗治療之中，他常能觀察到可疑的跡象，讓他來決定要不要繼續下去。很不幸的是，我無法肯定這種嘗試是否一定能讓我們作出決定；只能說，小心為上。[4]

在開始分析之前先作冗長的討論，即對於先前用別的方法所作的治療，

---

3 [見上註，p. 76。]

4 還有很多可談之處，是關於這種診斷上的不確定性，關於分析這種輕微形式的妄想性癡呆症是否有成功的指望，以及關於這兩種失調之所以相似的理由；但我在目前的行文中無法把問題再予以擴大。我樂於遵循榮格（Jung）的區分方式：他把歇斯底里和頑念神經症稱為「傳移神經症」（transference neurosis），與此相對的妄想性情感狀態則稱為「內向性神經症」（introversion neurosis），假若這樣的用法不會把「內向」（專屬於力比多的）這概念唯一正當的意義剝奪掉的話？[參見 p. 102（譯註：即〈傳移的動力〉篇，註 6）]

＊沒有所謂「暫時性（非正式）的開始」。

以及這位即將進行分析的患者與先前的治療師如何認識，這些都會造成特別不利的後果，要有準備來應付。其結果是造成患者在初遇治療師之時即已帶著傳移的態度，而此態度又是從先前帶過來的，因此治療師就得慢慢地加以揭示，而沒機會從一開始就觀察到其傳移的長出與發展。在此情況下，患者在我們身上獲得一種暫時性的開始，而這是我們的治療方式所不願意允許他如此的。

所有的患者若想要延緩其治療的開始，你一定要存疑。經驗告訴我們，已經同意的時間既然到了，但他們卻不想現身，則他們對於延緩的動機——也就是他們對自己意圖的合理化——就不必懷疑是不願開始了。

特殊的困難會出現於這種情況：分析師和這位新的患者或他的家屬因為是朋友，或有其他社會關係而來。精神分析師所接受的患者，因為是朋友的配偶或小孩，則不論治療的結果會是如何，都得要有準備以那友誼為代價：他若無法尋得更值得信賴的替代之法，那就無論如何要有此犧牲了。

外行的公眾以及醫師——仍然搞不清精神分析和暗示治療法的區別——總會傾向於 [126] 把患者對於新治療的期待看得非常重要。他們常以為一個患者之所以不會有太大的麻煩，是因為他對於精神分析很有信心，也完全相信其真理及療效；至於另一個患者，他們認為一定會比較困難，是因為他看來就疑神疑鬼的，並且不到自身感覺到治療成效之前，幾乎什麼都不信。不過，患者實際上的這種態度，一點也不重要。他在開頭之時到底信或不信，幾乎都可以忽略，相形之下，更重要的是他的內在阻抗，這才是讓他的神經症僵滯不前的緣故。說真的，患者快快樂樂的信任感會使我們早期的關係也很愉快；我們會感謝他能這樣，但要警告他：這種先入為主的偏好，在分析中碰上第一個難題時，就可能瓦解。對於有疑心者，我們會說：分析並不需要信仰，他儘管維持他慣有的批判與懷疑，還有，我們不會拿他的態度來當作他的判斷效果，因為他所在的位置無法讓他對於此事形成一個可信的判斷；他的不信任純粹是個症狀，就像他的其他症狀一樣，而且，只要他是有自覺地按照我們的治療規則去做的話，這也就不會造成任何妨礙了。

熟知神經症本質的人當中，沒有一個會因為聽到如下的說法而覺得訝異：就連一個有能力對他人做好精神分析的人，也會和其他有生有死的任何人一樣，當他變成一個分析研究的對象時，他也總是會產生不下於其他人的強烈阻抗。這種事情發生的時候，我們只是再度受到提醒——人的心有多少的深度；而我們一樣不感到驚訝的是：發現神經症的根源所座落的心靈層次，還有很多是我們的分析知識所無法穿透的。

＊阻抗的問題，在討論「傳移」之時，再來詳談。

*時間安排規則

1. 接案：簽約訂好確切的時段。

（缺席，請假的問題。）

在開始做分析之時，要點盡在於時間和金錢的安排。

關於時間，我嚴格遵守的原則是先簽約訂好確切的時段。每位患者能用的都只是我的工作天當中某一個特定時段；那時段專屬於他，是故他也應擔負起該時段的全責，即令他沒用到，也依然如此。這樣的安排，在一個良好社會中，就理所當然地等同於和音樂老師或語言老師訂好的時間一樣。這麼說，用在一位治療師身上，似乎太過於嚴謹，甚至和這行業不相稱。有[127]一種傾向，可指出：這樣做可以防止患者不在每天的同一時段來參與治療；我們甚至會期望，在漫長的治療期間，有些在訂好時段之間發生的種種小病痛，都得另外付費。但我對此應作的答辯是：在此之外，沒有其他更實際的可用之法。用比較不嚴苛的管理辦法，就會使某些「偶爾」的缺席變得太多，也使治療師的實質存在受到威脅；反之，若能嚴格執行我們訂好的安排，其結果是：礙事的意外根本不會發生，而治療期間的其他小病痛也會變得很少。分析師簡直不可能用收費的時段來當作休閒，若真如此他也會覺得可恥；他可以不受干擾地持續工作，因此免於造成苦惱、困惑的經驗，但在他的工作所承諾的重要性與豐富內容之下，竟難免於發現患者偶爾會出現一兩次他不能自責的休假。在沒有意外可言的狀態下，幾次裝病來停止工作，所造成的心因效應與意義之重大，在人的白日生活中是無可比擬的，這是在幾年嚴守簽約訂時原則的精神分析實踐之後，必有的體驗。患者出現無可懷疑的身體疾病狀況，但若他仍有心來參與治療，則我認為我還是有權把治療中止一下，但會考慮另外撥個有空的時段，在患者病癒之後，立刻請他回來。

2. 例行的工作頻率。

我和患者的工作，除了星期日和例假日之外，是每天進行的——也就是說，規則是每週工作六天。對於比較輕微的案例，或當療程進行順利時，每週三天就夠了。在此之外對於時間的限制，不論在治療者或在患者，都是無益可言；這在分析剛開始時應是毫無問題的。就算短短的打斷都會在工作上造成曖昧的效應。我們在週日的休息之後再回來工作時，常會說的笑話是「週一（出爐）的脆餅皮」（Monday crust）。工作時段的安排不像這樣緊密的話，其危險在於不能和患者的真實生活亦步亦趨，使得治療和現場脫節，而被迫變成一種路過的經驗。有時我們也會碰到一些患者，讓我們必須在平常訂好的每天一小時之外，外加一些時間，因為這一天的時段中，最好的時間過去了，[128] 但主要的溝通卻根本還沒開始。

3. 全程的一般長度。先走再說，「旅程多長」要靠走步長短來決定。

患者在一開頭對治療者提出的問題中，最不讓人歡迎的乃是：「這療程會有多長？你要花多少時間才可以讓我解除困擾？」如果在開始時有幾週的實驗階段，你就可以避免直接回答此問題，而答說：在實驗階段結束時再來做重要的論斷。我們的回答很像伊索寓言裡的哲學家給旅人的回答。當旅人問道：這旅程往前還有多遠，哲學家只回答說：「走吧！」直到後來，坐在地上，他才解釋為什麼給個這麼顯然沒用的回答——因為他得先知道旅人所跨的每一步有多長，不然根本無法回答旅程會有多遠。[5]像這樣的試探有助於幫助你度過第一個難關；但這和寓言的比較卻不太恰當，因為神經症患者很容易調整他的步伐，並且還常會故意慢慢走。事實上，關於療程會有多長的問題，幾乎是無法回答的。

如果把患者的缺乏洞識和治療者的缺乏才能兜在一起，分析本身即令在最短的時間內也會變出無止無盡的要求。讓我給個例子，來說明其細節吧——這是幾天前我接到一位俄羅斯女士的來信。她今年五十三歲，[6]病發於二十三年前，而在過去十年中，她已經根本無法做完任何一件需要持續的工作。「在好幾個治療神經症的機構中」都無法讓她有可能回到「積極的生活」。她希望能在精神分析中得到痊癒，因為她在書中讀到如此，但由於她的病已經讓她家人花了太多錢，因此她來維也納至多不能超過六週或兩個月。此外還有另一個難題是：她希望在一開始對病情的「解釋」只能用寫的，因為若要討論她的種種情結，那只會讓她的情感爆發出來，「使得她一時講不出話來。」——沒有人能期望一個人用兩支手指就能把一張重桌子像輕

4.所謂「簡短治療」的問題。

板凳般捻起來，也不能期望能用搭[129]一間小木屋的時間來建一棟大房子；但當問題來到神經症時——這在人類當今的思想中還幾乎找不到正當的落腳處——就連最聰慧的人也會忘記它必須在時間、工作和成功之間作適當比例的觀察。緣此之故，可以理解的結果就是對於神經症病源學之普遍且深切的無知。但要感謝這種無知之處在於，神經症被一般人看成「來自遠處的姑娘」。[7]「無人知她來自何方」；所以人人都期望她有一天會自動消失。

治療者於是倚賴這種樂觀的期望。連其中最為訓練有素的人都常不能夠適切地評估神經症的嚴重程度。我的一位朋友也是同事，我不會忘記他的貢獻，因為他在幾十年的科學工作之後，轉身來投效於精神分析，有一次他給我寫信道：「我們對於頑念神經症最需要的是一種短程、簡便、不住院的治療方式。」我很慚愧不能提供他這樣的建議；於是我讓自己脫身的方式就是給他回信說：就連內科疾病的專家也可能在治療結核病或癌症時都樂於結合以上三者的好處。

5 ［這句話在翻譯中稍稍加長了些，以便能更清楚。］譯註：這種情形在德文翻成英文時也許值得解釋，但在翻成中文時，就根本無此必要，因為比比皆是。

6 ［在一九二五之前的版本中看到的是「三十三」。］

7 ［典故出於席勒的詩作 'Das Mädchen aus der Fremde'。］

5.總之，時間不能縮短。

說得更簡單些：精神分析永遠都需要花很長的時間，半年到一整年——就是比患者所期待的時間更長。因此在患者最後決定進入治療之前，我們就有義務要這樣告訴他。我認為這麼做是更有榮譽，更為權宜之計——要讓他注意及此，而又不會在一開始就把他嚇走——讓他知道分析治療所必包含的困難和犧牲，還讓他在往後沒有權利說他是被誘騙而來，說他當初不知道這治療的程度及含意何在。任何一位患者在獲得這些資訊之後就決定打退堂鼓的，已經顯示出他不適於往後的治療。在開始治療之前，把這套選擇機制建立起來，是件好事。由於理解漸增且能夠通過這初步考驗的患者人數，已經增加了不少。

我並沒有和患者綁約，來使療程持續到一定長度；我允許每位患者在他覺得要離開時就離開。但我不對他隱瞞，會告訴他：這治療只在一段短時間之後就結束，那就一定不會[130]成功，並且就像沒做完的手術一樣，很容易讓他自己陷入不滿的狀態。在我開始實踐精神分析的早年，我碰到的最大困難就是留住我的患者，讓他們繼續治療。這種難題已經有很長的改變，到今天我會花極大力氣來使我的患者打消撤退的念頭。

6.不能縮短的原因。

要想把分析治療的時間縮短，是個有道理的願望，而其實現（正如我們必將學到的），乃是沿著多條摸索的路線而來。不幸的是，這願望和一個非

7. 一整個療程就像生育的過程：有機體（男女受孕）。

常重要的因素正在反其道而行，也就是說，沉潛到心靈深處的改變要得以達成，只能緩慢推進——這種「無時間性」（timelessness）正是我們無意識歷程的終極資源。[8]每當患者面臨這必需花費極多時間來作分析的難題時，他們經常會想盡辦法來找出路。他們會把病痛拆分開來，把其中一些描述為「不可承受」，而另外一些則是其次，然後說：「如果你肯讓我解除掉這一個（譬如：頭痛或某個特殊的恐懼），我就可以憑自己的力量在日常生活中去處理。」只不過，這樣做，其實是高估了分析的選擇之力。分析師當然有能力處理很多事，但他無法在事前決定到底他能作出什麼效果。他會啟動一個歷程，往前推進，把一些障礙移開，而且他無疑可以化解掉很多障礙。但整體來說，一旦啟動之後，它會自己走下去，且不許任何人來指使它的方向和挑選它的路線。分析師對於症狀的能力可比擬於男性的性能力。說真的，一個男人可以生個孩子，但即令最強壯的男人也無法單獨地叫女性的有機體創造出一顆腦袋、一條手、一條腿；他甚至無法指定孩子的性別。他也只能啟動一個高度複雜的歷程，由很久之後的事態來作決定，最終會形成一個孩

8［參照〈論無意識〉（1915e, *S. E.*, 14, 187），及其註腳。］

子，且是由母體的效力而有以然。神經症也一樣具備一個有機體的性格。其成分的顯現並不是各自獨立的；它們會互相制約，也會相互支援。一個人之所患，只是一種神經症，而不是有好幾種碰巧撞上了某一個個體。一位治癒的患者，根據他的願望而解除了[131]一個不可承受的症狀，他很容易發現那症狀原先是被忽略了，後來才增長到不可負荷的程度。分析師希望他的治療成功，儘量不要包含暗示的成分（亦即不是經由傳移），於是他就不會經由選擇的影響路徑來達成治療的結果，即令可能有此路徑的跡象在他眼前展開。最會受到分析師歡迎的患者就是要求獲得全然健康的那種，至少是在可取範圍內的，並且這種人會投入大量的時間，完全符合分析師的要求，以便進入康復的歷程。像這樣有利的條件，當然只能在很少的案例上找到。

其次一個必須在治療開始時決定的要點就是金錢，亦即治療的費用。金錢這種媒介本來就是用來維持生計以及獲得權力的，分析師毋須為此爭論；但在此之外，他必須堅持的是：金錢的價值設定中含有強大的性因素。他可以指出：在文明人之中，總是以同樣的方式來看待金錢之事和性事——同樣的前後不一，同樣的有板有眼，及同樣的虛偽。因此分析師從一開始就決定不要陷入這種俗套，但他在面對患者之時，對於金錢事務的處理方式就應理

*金錢（費用）的問題。

*在此有精神分析特有的理論！但「含有強大的性因素」之論，不如說是「含有強大的愛因素」（：中文「性／愛／欲」的關係）。

8.實際收費方式，價格與價值。

9.不可「免費治療」——犧牲與傷害。

所當然地坦白，以便能在此教育他們，說這和處理性生活也是用同樣的態度。他向他們顯示出自己已經把恥於談錢的虛偽拋開，而且自願告訴他們：這價格和他所用的時間，在價值上相當。普通的好常識就含有一種警告：不要讓錢累積到還不了債，而應在短的時間間隔內付款——也許每月付一次。（眾所周知的是：治療費用太低的話，在患者眼中就會看成不值得。）這在我們的歐洲社會中，當然不同於去看神經科或其他專科醫師。但精神分析師可以把自己放在外科醫師的位置上，他可以坦白說費用很貴，因為他所用的治療方法就需要這麼多。目前一般的醫師在行醫時還扮演著與利益不沾邊的慈善家角色，在我看來，承認自己實際的需求，並且說出來，在道德上應是比較受尊重也比較不受反對的——醫師不是慈善家，事實上要這麼做的話，其[132]結果是沒想到：患者常會有慾望在背後抱怨或公然表明醫師的剝削。以確定費用的方式，分析師也可因此而接受事實，那就是：不論他多勤奮工作，他的收入永遠不可能像其他專科醫師那麼多。

同理，他也不應治療而不收費，並且連同事或他們的家人都不可例外。這個建議看起來會冒犯到同行專業間的禮貌。不過，要切記的是，免費治療對於精神分析的意義遠大過於其他的專業醫療；那是意謂很高比例的犧牲——用他能夠營生的時間來計算，佔八分之一，甚或七分之一[9]——且要綿延好幾個月之久。同樣時間的第二個免費治療案件就會減掉他四分之一或三分之一的收入，這就幾乎可比擬為一次嚴重意外事故所造成的傷害。

這麼一來，有個問題就會應運而生：患者所獲得的益處難道不會抵銷掉治療者的犧牲？對此問題，我敢下個判斷，因為十多年來，我每天會騰出一小時，甚至兩小時，來做免費治療，為的是在面對最少可能的阻抗之下工作，想藉此尋求登入神經症之路。我雖這麼做，但我所求的好處卻未曾來臨。免費治療還經常使某些神經症患者的阻抗大增——譬如，在年輕女性身上發生的，是此舉所內涵的傳移關係之誘惑；在年輕男性身上，則是反對自己要有感激的義務，而此反對乃起因於他們的父親情結，結果也會導致接受醫療的最麻煩障礙之一。對於不用給治療師付費，若不加以好好規範，就會讓治療師明白感受到其中的苦楚；整套關係會從現實世界中脫落，而患者則會蒙受其害——他要努力讓療程邁向結束的動機因此也被剝奪殆盡。

你可能和禁欲主義觀點距離很遠，即不認為金錢就是詛咒，但仍會懊悔於**精神分析幾乎無法讓窮人接近**，從外在原因和內在原因而言皆然。這缺憾沒什麼辦法可彌補。在盡人皆有的信念之中，也許含有真理，就是那些被生活的必要所逼而從事[133]勞力工作的人，較不容易罹患神經症。但從另一方面來說，從經驗就無疑可知曉：一旦在窮人中產生神經症時，其唯一的困難

＊「精神分析幾乎無法讓窮人接近」。

10. 即使對中產階級而言，仍屬昂貴——「這價格和他所用的時間，在價值上相當」。

就在他樂於陷身其中。那是個絕佳的機會，使他不必再為生存的奮鬥所苦；在疾病中的次級所得（secondary gain）[10]對他而言實在太重要了。他現在是用神經症的權利來宣稱這個世界為他帶來的實質苦難，而他現在可以赦免自己用工作來和貧窮戰鬥的義務。因此，任何人想用心理治療來對付窮人的神經症，通常都會發現那個人所需要的是一種非常不同的務實治療——根據我們的當地傳統，就是約瑟夫二世大帝所頒佈的那種。[11]很自然的，你偶爾會遇到一些值得這樣對待的人，他們的無助不是因為他們自己犯了什麼錯，對他們實施免費治療不會碰上我方才提到的任何障礙，而且在他們身上常會有很好的結果。

只當我們所關切的是中產階級時，花在精神分析上的費用才會顯得相當昂貴。一方面有恢復的健康，另方面有不算小的財務支出，這兩者一般認為

9 譯註：這種比例的計算，應是指每一個案佔每月收入的八分之一或七分之一；從下文所說的第二個免費「會減掉他四分之一或三分之一的收入」即可推知。

10 [「疾病中的次級所得」這個概念在他論歇斯底里發作的文章（1909a）B節中出現，雖然這個用語在此好像是首度使用。比較充分的討論可參見佛洛伊德在一九二三年為「朵拉」（Dora）個案史所增補的註腳（1905e, *S. E.*, 7, 43）。]

11 譯註：約瑟夫二世（Joseph II）頒佈了醫療國有化政策，並在一七八四年建立了一所規模鉅大的國家總醫院。

11. 執行治療時，An 和 Ad 之間的儀式位置。

* 使用這種儀式位置的理由。

是不太可能比較的，但事實上不是這樣。如果我們把待在療養院的支出和醫療費用加起來，拿來和成功的分析治療相比，則後者的結果是在生活上贏得的效率以及營生能力的增加。這足可讓我們有權利說：患者的支出是很划算的。生命中最昂貴的花費莫過於疾病——以及愚蠢。

在我繞回到關於開始治療的話題之前，我要對於某些執行治療的儀式位置說幾句話。我一直使用的方式是讓患者躺在一張沙發上，[12]我則坐在他的後方，不在他的視線之內。這樣的安排有其歷史基礎；這是使用催眠法的遺跡，而精神分析是在此法上發展而來的。但它值得維持的[134]理由不少。第一是我個人的動機，但別人很可能跟我有同感。我不能忍受一天裡有八小時（或更久）讓別人盯著我看。既然我是在聆聽著患者，我也讓我自己的無意識思緒跟著流動，這時我不希望讓患者從我的表情上看出詮釋的材料，或影響到他要說的話。患者通常會認為接受這樣的位置安排頗有困難，乃至反對如此，尤其是觀看的本能（窺視癖〔scopophilia〕）在他的神經症中扮演著重要角色時。無論如何，我堅持這樣的程序，為的是以其結果來避免把傳移和患者的聯想不經意地混在一起；也為了把傳移分離開來，好讓它在定義分明的阻抗時機中能順利現身。我知道很多分析師用的是別的方式，但我不知道那些作法是故意要標新立異，還是因為其中會別有所得。〔亦可見下文，p.

＊「開始之前，又之前」的反覆叮嚀（參見譯註者導言中的對此的討論）。

＊如何開始：自由聯想法的提出：和平常的談話很不一樣的談法。

139] 把治療的條件作了如此鋪陳，於是問題就來了：在什麼時間點，或在什麼材料上，才能開始分析治療？

關於用什麼材料來開始治療，就整體而言，這是個不必關切的問題——不論那是患者的生命史，或他的病史，或是他對於童年的回憶。但無論如何，必須讓患者發言，也讓他自由選擇何時要開始。因此我們要對他說：「**在我能夠開始講話之前**，我必須儘量多瞭解你；請告訴我你所知道的你自己是什麼。」

在此唯一的例外就是關於精神分析技法的基本規則，[13]而患者必須遵守。這是在一開始就一定要告知的：「**在你開始之前，還有一件事。你要告訴我的**，和平常的談話必定有不同的一面。平常你會儘量把你講的話貫串起來，並且也會避免任何突然闖進來的念頭，以及任何旁生枝節的話題，以免岔題

12 譯註：這裡所指的沙發其實是一張躺椅（couch），由於這確實可稱為「沙發」，但在華人的家具系統中，躺椅並不常見，因此要特別註明。

13 [見 p. 107，註 15。]

＊「沒必要說」、「很討厭說」——這些才是最該說的。

＊「坐在車廂的窗邊……看見窗外發生的風景變化」的比喻。

＊不是要作有系統的敘事；重要的是細節，可以重複與添補。

太遠。但在這裡，你要進行的方式很不一樣。你會[135]注意到：當你在談事情的時候，好多想法會自然產生出來，而你則會在某種批評或反對的立場上，把那些想法推開。你會對自己說：那些東西在這裡是不相干的，或非常不重要，或甚至毫無道理，因此沒必要說那些。你千萬不要向那些批評投降，反而因此一定要說出來——說真的，你之所以要說，正是因為你覺得很討厭說。以後你會發現、也學會理解這個指令的理由，而這是你唯一必須遵守的。所以，把你心中出現的任何東西都說出來。這樣的說法，就好像，譬如，你是個旅客，坐在車廂的窗邊，正向車廂裡的另一個人，把你看見窗外發生的風景變化一一報導。最後，別忘了你答應要絕對誠實，也決不要漏掉任何東西，因為，總有些理由，可知那些就是說出來會讓你不愉快的事。」[14]

[136]患者中大凡是記得自己確切發病日期的，通常會一直專注於此病的成因。至於其他人，凡能認得出自己的神經症和童年有關聯的，就常會從自己的整個身世史開始講起。其實，我們絕不能預期有系統的敘事，也不該用任何動作來加以鼓勵。故事中的任何細節都可在後來以新鮮的方式添補，而正是在這樣的重複之中，補充的材料才會對患者之所未知提供重要的關聯。

有些患者從開始的第一個鐘頭就已磨刀霍霍地準備要講什麼，這顯然是為了保證能好好利用時間來全神投入治療。但如此一來，他乃是用認真來掩

＊阻抗就是如此現身……

飾其自身的阻抗。任何像這樣的準備都應加以勸阻，因為這樣的備戰只是為了防止不歡迎的念頭冒出來。[15]不論患者真正相信他有多棒的意圖，在他細密的準備之法中，阻抗仍佔有一席之地，也正等著讓最有價值的材料溜出溝通之外。你很快就會看出：患者還設計了其他手段，以便限制治療的一些要求。他可能每天都去和一些親密的朋友談治療的過程，然後把討論所得的想

---

14 關於精神分析的基本規則，在我們的經驗中還有很多可說。你偶爾會碰到一些人，好像已經自己定好了這規則。其他人則從一開始就反對。這是無可避免的，也有一定的好處，在開始治療的第一階段就先把規則擺明。到了後來，由於受到阻抗的支配，服從就會減弱，而且在每一場分析中還會有個時候，患者完全不顧這規則了。我們在作自我分析時必須記得：降服於批評的判斷而拒絕某些想法，這樣的前文本（pretexts）對人的誘惑是多麼難以抗拒。這種事先和患者講好規則的效應有多低，在患者每回第一次想起他和某位第三人的某些親密之事時，就可看出來。他知道他應該說出所有的東西，但在他轉向他人時，就會碰到新的障礙。「我一定要說每樣事情嗎？我以為那只是指和我自己有關的事。」如果患者和他人的關係以及他對於那些人的想法被排除掉，那自然就不可能進行分析了。**要做個煎蛋就必須先打個蛋**（Pour faire une omelette il faut casser des oeufs）。一個有素養的人很容易把陌生人的私事遺忘，因為那對他不重要。這在名字方面的記憶也不例外。正因如此，患者的敘事才會變得有點隱晦，像歌德戲劇《自然的女兒》（*Die natürliche Tochter*）中的場景一樣，也因而無法進入治療師的記憶。更有甚者，守住不放的名字其實就是在篩檢所有通往重要關聯之路。但你可以允許患者把名字暫置一旁，直到他和治療師以及分析程序都更為熟悉之時。很值得注意的是，整個分析工作會因為患者有一點點保留而變得簡直不可能進行。但我們只能反省一下，假如城裡任何一家療養院的規則還存在的話，那會發生什麼事？城裡所有的流氓都被收進那裡，會花掉多少時間？我曾經治療過一位職位頗高的官員，他的宣誓中就有一條說：某些事情絕不可公開，因為牽涉到國家機密，這段分析就因受此限制而只能以遺憾來收場。精神分析治療必須不顧一切，因為神經症及其阻抗本身就是什麼都不管的。

15 其例外是指準備一些重要資料，譬如家人的關係、時間、住處、治療手續的安排等等。

法帶回來——這些本來應是當著治療師的面才能談出來的。於是這場治療就有了漏洞，剛好讓最有價值的部分流失。當這種事情發生時，治療師必須立即勸告患者：請把分析看成只屬於他自己和治療師之間的一回事，除此之外，所有其他人都不應來分享其中的所知，不論那是多親密的人，或那人詢問得多殷切。在療程的後期，患者通常也都能學會不再受此誘惑。

某些患者會特別對治療提出保密的要求，這常是因為他對於自己的神經症需要保密；對此，我不造成[137]任何妨礙。其結果會使全世界都不知道某些最成功的治療，不過，這樣的考慮我們定然不必當真。很顯然的，患者如此在乎其秘密，這恰恰透露出他的秘密身世史之中的一種特徵。

在治療開始之時就告訴患者，要儘量少讓別人知道，這也是在某程度上保護他免於受到許多帶有敵意的影響，而致把他拐離分析。這類的影響在開始治療時可能會非常惱人；到了後來，影響通常會變得無關緊要，或會有助於將原本隱藏在後的阻抗推向前台。

如果在分析療程中，患者有時會需要些其他專科的醫療，這時，比較明智的作法是讓非分析的醫療同仁進來會診，而不是由自己進行那種醫療。[16]對於帶有高度器質基礎的神經症，同時採用結合幾種治療的方式，幾乎都會變得難以駕馭。患者發現好像有多於一條途徑可導向健康，則他很容易放棄他對於分析的興趣。最好的計畫是在心理治療完成前，暫時把其他的器質治療延後；如果先從後者下手，則在多數案例中都會難以達到成功。

回到治療的開始來說。患者偶爾會碰到一些人，在開始時都不知道要說什麼，雖然他的整個生命史和病史都向他敞開，可供他選擇。[17]他們若請求我們告訴他們該說什麼，則千萬不要允准——在第一次以及在往後都一樣。強烈的阻抗一下子就浮上檯面，來防衛他們的神經症；我們也必須當下就地接招。我們必須有力地重複向患者保證：就算是剛開始，人的腦子裡也不可能什麼念頭都沒有，而在當下[138]的問題其實是對於分析的阻抗，這很快就會逼他通過他所期望的允准，或自行流露出他的情結之中的第一個片斷。有個不好的跡象就是：他事後招認，在聆聽分析的基本規則之時，他在內心中早已決定某些事情要保留不說；但若他一開始就坦承他對於分析有多麼不信任，或他聽說過分析是多可怕的事，這樣反而不算嚴重。如果這些事情以及

＊他們若請求我們告訴他們「該說什麼」，則千萬不要允准。

16 ［可比較佛洛伊德自己的經驗，如他在最早的個案研究中所描述。見《歇斯底里研究》（1895d, *S. E.*, 2, 50, 138）。］

17 ［對於這個技術性問題，佛洛伊德已經在《歇斯底里研究》（同上）的最後幾頁中（301-4）討論過。］

＊「凡牽連到眼前處境者，都代表對於治療師的傳移」——「使我們必得以揭露此傳移來開始」。

＊對於患者的第一個症狀或隨機的動作就可能已有詮釋——這和上述的狂野分析有何不同？

其他可能的類似情形都向他攤開，而他還否認的話，我們仍可在堅持規則之下，讓他認知佔據著他的內心但被自己所忽視的某些想法。他想的不外是治療本身會如何，雖然什麼也不能確定；或者他讓室內的圖像佔滿全心，或則他禁不住去想諮詢室裡的種種物件，以及他正躺在沙發椅上的當下事實——所有這些，他都會說成「什麼都沒」。這些顯現的跡象已經夠明白：每一事物，凡牽連到眼前處境者，都代表對於治療師的傳移；也足證適合用來當作最初的阻抗。[18]因此使我們必得以揭露此傳移來開始；由此打開的一條路也很快會把我們引至患者的病源材料。女性患者準備透露她們過去歷史中帶有攻擊性的性侵事件，以及男性患者過於強烈地壓抑同性戀情，正是最為貼切的材料，亦即他們在分析一開始就想要打住的念頭。

患者的第一個症狀或隨機的動作，就像他的第一個阻抗一樣，其中可能具有特殊的旨趣，也可能透露出統轄整套神經症的情結所在。一位聰慧且帶有敏銳美感的年輕哲學家，在第一小時中，要躺下沙發椅前，先整平褲子上的縐紋；他所顯示的乃是早期嗜糞癖的一種精緻形式。一個女孩在此同樣的節骨眼上，立刻把裙擺拉到蓋住腳踝；當她這麼做時，就已經把這場分析在往後會揭露的意思都表露無遺了：她對於自己美麗身材的自戀自豪，以及她有展示癖的傾向。

[139] 有相當多數的患者會反對躺下來，讓治療師坐在後方的視線之外。[19]他們會要求在整個療程中都用別的姿勢，最主要的是因為無權看到治療師，讓他們感到焦慮。這種要求通常都不會得到允准，還有，你很難防止他們在一個實際「時段」開始之前或結束之後，再多講幾句話。他們是以此方式來區分治療時段中的公事部分，以及較不正式的「友情」部分——在前者之中，他們會表現相當多的抑制；而在後者，則會非常自在地講出各種各樣事情，因為他們把這看成不在治療中。治療師不能長久接受這種區分方式。他會在時段前後寫下患者談話的筆記，並在一出現機會時就把記下的東西提出來，由此而把患者企圖作的區隔給扯平。再說一遍：這種區隔必須以傳移-阻抗材料的觀點來加以接合。

當患者的表達和意念可以了然無阻地流動時，就應該不去碰傳移的主題。你必須等待，直到傳移變成阻抗而出現，這是整個程序中最精微之處。

其次一個面臨我們的問題，引發的是原則性的考量。是這樣的：我們何

*阻抗與傳移的關係：可說與不可說。

18 [參照〈傳移的動力〉一文（p. 101）——在《群體心理學》（1921c）的第十章中有一註腳（*S. E.*, 18, 126），佛洛伊德要讀者注意此一處境與催眠技法之間的相似性。]

19 [參看上文，p. 133f。]

＊關於「分析知識」的另一基本層面問題——即分析態度——以下皆為此一論題的延伸。

＊重申前令：不贊成狂野分析。切勿效法！

時開始向患者作出我們的表達？什麼時刻才該對他揭示他的意念中所隱藏的意義？以及何時開始讓他進入分析的必要條件以及分析的技法程序？

對這些問題的回答只有一個：絕不要在患者建立起有效的傳移之前，亦即要在適當的善待關係（rapport）[20]建立之後。要把患者連結到傳移，以及連結到治療師身上，這一直是分析治療的第一個目標。為了保證能如此，不需要做任何事，只要給患者時間。如果你展現出對他的極為專注的興趣，很仔細地排除一開始就冒出來的阻抗，且認真避免犯某些錯誤，他就會因此而自己形成這種緊密連結的關係，也把治療師拉進來，連上某一個原初意象（imago），亦即由他最熟悉，[140] 也待他最有情的人，所造成的意象。這種最初的成功當然有可能要予以沒收，如果從一開始治療師除了同情理解之外，還設定其他立場的話，譬如道德上的，或讓自己的舉止有如代表著（或主張著）某種有誓約關係的一方——譬如像配偶關係中的一方。[21]

此一回答當然牽涉到對於任一行為路線的譴責：一旦我們對症狀作出猜測，那些路線就會使我們變成以一套現成的說辭，給患者用來翻譯他的症狀；或甚至引導我們去認定：在第一次晤談之後，把這些「解決」迎面向患者丟過去，就算是一種特別的勝利。對於一個熟練的分析師而言，要在患者怨言的字裡行間讀出他秘密的願望以及他的病史，這本非難事；但一個人到

＊知識的更進一步，不只要避免理論，還要避免「病名」「標籤」。e.g.「同性戀」的案例——知識和標籤使阻抗增強。

底有多麼自以為是以及漫不經心，才會認為，任何人（對於任何分析的主張都懵然無知的），在一次短短的相識之中，就可以對著陌生人說出：[22]他是以亂倫的紐帶而黏附著他的母親；他對於看來相愛的妻子有積澱已久的「惡之欲其死」念頭；還有他對於他的長上總是暗藏著出賣的意圖，如是如是！[23]我聽說過，有的分析師頗為自豪的，就是能使用這種閃電般的診斷和「快捷」的治療法，但我要警告每個人，切勿效法其人。類此的行為會徹底讓自己在患者眼中名望掃地、療法失效，也會激起最暴烈的反對，不論他所作的猜測結果是真是假；說真的，猜得愈真，阻抗也愈烈。按規則來說，這樣的療效等於零；但對患者來說，其妨礙也是絕對的。即使在治療的末期階段，你也

20 譯註：Rapport 一詞無法用更簡便的方式翻譯成中文。此詞已是精神分析的術語，其意思是「和諧同感相互對待關係的開始」，譯為「善待關係」，有時也可簡稱「善待」，但使用者不可忘記的是此一關係在佛洛伊德的用法是指「傳移的開始」。羅伯特・奈特（Robert Knight）則稱之為「（達到）適當的傳移層次，在其中得以做出有產能的工作。」參見：Knight, Robert P. (1972). *Clinician and Therapist: Selected Papers of Robert P. Knight*, ed. Stuart C. Miller. New York: Basic Books.

21 ［只有在本文的第一版中，這句話的後半是這樣寫的：「……或讓自己的舉止有如代表著或主張著某種有誓約關係的一方，而與患者正在衝突之中——譬如他的父母，或他的配偶。」］

22 譯註：這句話一定要對照上一頁所說的「在第一小時中」出現的「第一個症狀或隨機的動作」，讀來頗有佛洛伊德自相矛盾的意思。也就是下一句要談的：這是不是一種「狂野分析」？

23 ［參照佛洛伊德對此所給的細節案例，在他論及「狂野」（Wild）精神分析的文章中（1910k）。］

必須很小心，不要給患者的症狀做任何解決，或對他的願望做任何翻譯，除非他已經逼近臨門的一步，而你可使他自己踏進那種解釋。在前幾年裡，我常有機會發現一些過於早熟的解決方案會把治療帶向不合時宜的結束，不只是因為[141]它突然激起的阻抗，也因為那解決所帶來的放鬆而然。

但在此會有人提出反對。那就是在質問：與其盡談是否該拉長療程，何不談談如何才可能儘快結束？患者之所患難道不是由於他缺乏認知與理解，那麼，儘快開導他，難道不是義務所在——換言之，一旦治療師知道其解釋，就該儘快告訴他？要回答此一問題，我們就得稍微離題一下，來談談知識的意義何在，以及分析治癒的機制是什麼。

＊回頭再談一次——在更高層次上而言：知識的意義何在？

在分析技法的最初階段，我們確實對於分析處境採用過知識論者的觀點（intellectualist view）。我們對於患者的遺忘賦予極高的知識價值，在此，對於我們的知識和患者的知識，我們幾乎沒作出任何區別。如果我們能從其他資源而獲得關於患者所遺忘的童年創傷，哪怕只有一點點資訊，我們也會視之為很特別的好運——譬如，來自父母、保姆，或來自引誘者本人的資訊——這在某些案例中的確有可能；而我們就會立刻將此作為正確性的證明來向患者傳達，期望讓神經症以及治療能就此儘快結束。但若期待的成功未

＊告知如同不知，甚至導致阻抗的強化。

至，那就會帶來極大的失望。為什麼患者在獲悉他的創傷經驗之後，卻會依然故我，如同不知一樣？說真的，把他所壓抑的創傷告訴他或向他描述，根本不會導致記憶在他心中出現。

有個特殊案例，是個歇斯底里症女孩的母親，她向我吐露，那女孩的同性戀經驗，對於女孩的症狀固著與發作有極大的影響。母親在目睹此景象時非常吃驚；但患者卻完全遺忘了，雖然在進入青春期時，同性戀再度發生。我到那時才能夠作出最有助於理解的觀察。每次我向那女孩重複說出她母親告訴我的故事，女孩的反應就是歇斯底里的發作。毫無疑問的是：患者對於逼上其身的知識正表現出劇烈的阻抗。最後她以擬態的方式來表現智能遲滯以及完全遺忘，以便保護自己，擋開[142]我告訴她的那些話。在此之後，我不得不停止使用這種知識的事實。本來以為其本身非常重要，現在發現那只會讓阻抗更為強化；以前那是讓她無知，而現在她仍以此來防衛自己的狀態。有意識的知識，就算後來沒有撤除，但在對付那些阻抗之時，仍是全然無力的。[24]

24［在這議題上，佛洛伊德與布洛以爾合作期間的觀點與此大異其趣。可清楚看出之處是在他對類此案例的說明中，參見《歇斯底里研究》（1895d, *S. E.*, 2, 274-5）。］

＊能將意識的知與不知合併起來，這是「平均懸浮的注意」的結果。

＊「地誌學區分」（topographical differentiation）是指「意識／前意識／無意識」的理論，其層次區分有如地誌學。但此說法只是方便的解釋。最終要理解這套理論，毋寧要動用拓樸學（topology）。（講者對此需作很多補充說明）

＊「含有壓抑的經驗」＝含有無意識成分＝不在場的在場（presence in absence）（分析的注意必須能注意及此。）

患者這種怪異的行為，就是能將意識的知與不知合併起來，這在所謂常態心理學中，一直是無法解釋的。但對精神分析而言，因為承認了無意識的存在，那就不難解釋了。我們所描述的現象，甚至還提供了最好的支持，用地誌學區分（topographical differentiation）的角度來看待心理歷程。患者現在終於能夠知道自己的意識思想中含有壓抑的經驗，但這樣的思想卻沒留有任何餘地來讓其中壓抑的記憶發生關聯。除非意識的思想歷程可以穿透到該處，並且在此克服壓抑所生的阻抗，否則不可能產生任何改變。這就好像司法部門以頒佈寬待的法令來對付青少年犯罪問題一樣，沒搔到癢處。只要這條法令無法到達地方法官的知識中，或在事件處理之時，法官寧可使用自己的行政裁量，而不願遵守該法條，那麼在任何特殊的青少年犯案處置上，就都不會發生改變。不過，為了說得完全準確，我得作個補充：對於患者的意識而言，拿出壓抑的材料來溝通，也是不無效果的。當然不能憑此而產生消滅症狀的預期結果；但它自有其後果。起初會激出阻抗，但接下來，當阻抗得以克服之後，思想歷程中就會開出一條途徑，其影響所及，終於讓無意識回憶得以浮現。[25]

此刻正是時候，讓我們可以來察看一下，治療中的各種力道 [143] 如何糾

＊分析治療乃是要發現患者願意進入治療的基本動力。

＊「傳移的動力」必然成為開始之後的下一個根本問題：如何在眼前發現無意識。（見下文）

纏而發動。最基本的動力是患者在治療時的受苦以及由此而起的願望，想要治癒而得以脫離苦海。這種動機所生的力量被各種因素所減損——若非進入分析的療程，這些因素都不會被發現——而在這些一切之上者，乃是我們所稱的「疾病之次級所得」，[26]但這必須一直維持到治療結束。每一次的改善也同時帶來動力耗損的效應。不過，這動力依其自身並不足以除掉疾病。其中有兩項缺如：它不知該循哪條途徑來達到目的；它本身也不擁有必要的能量配額，來對付阻抗。分析治療就在於協助彌補這樣的缺憾。對於克服阻抗，治療提供所需的能量乃是由傳移之中所備好的能量而來；另外，由於在適當時機把資訊給予患者，讓他知道這能量有何路可循。**傳移經常有能力靠它本身把疾病的症狀移除，但也只是一陣子——只在傳移本身所延續的時間中。在這情況下，治療乃是動用了治療的暗示，而根本不是精神分析。**要適用後者的名稱，就只能在於傳移的強度可用來克服阻抗之時。只當彼時，疾病才

25［關於無意識與意識意念的地誌學區分圖像，佛洛伊德已經在「小漢斯」個案史（1909b, *S. E.*, 10, 120-1）中作過討論。他也在討論「狂野」分析的文章（1910k, *S. E.*, 11, 225）中寫出此一含意。這個圖像的困難與不足之處，在大約兩年後的後設心理學文章〈論無意識〉（1915e）第二節、第七節中指出，其中對於此一區分又提出了更為深刻的說明。］

26［參看上文，p. 133 的註腳。］

會變得不可能，即令傳移再度解除了，那也就是它命定的結束時刻。

在療程之中，還有另一種力量得以喚醒。那就是患者的知識興趣以及理解。但相較於其他掙扎中的力量而言，單獨有此還很難變成有利的考量；因為它本身經常處於阻抗而來的一片疑雲中，判斷失準，也就一直有失去價值的危險。緣此之故，患者才要藉助於分析師來產生新能源，也一直要化約為傳移和教導[144]（透過和分析師的溝通）。不過，患者能夠利用教導之處正在於他被引發的傳移之中；也正是因為這個理由，我們最初的溝通必須保留到傳移已強力穩住之時。我們還可補充說，這就是接下來的溝通能夠有效之故。在每一個案例中，我們必須等待到傳移所生的困擾形成，而接下來產生的傳移–阻抗也能由此而得以移除之時。[27]

*另一種動力：知識的興趣以及理解。但這看似與上文矛盾——透過分析，移除傳移的阻抗之後，才能產生的知識。故佛洛伊德所謂的「知識」都需經過重新理解。

27〔對於精神分析治療機制的問題，尤其是傳移的力量所在，比較長的討論見於《精神分析導論》（1916-17）的第二十七講和第二十八講——佛洛伊德對於執行「精神分析基本規則」（上文，p. 134ff）的困難（在〈抑制、症狀與焦慮〉〔1926d〕第六章所述）作了一些有趣的評論。〕

2-5

回憶、重複與通透
（對於精神分析技法的進一步建議 II）

Remembering, Repeating and Working-Through (Further Recommendations on the Technique of Psycho-Analysis, II)

本文譯自英文《西格蒙特・佛洛伊德心理學著作全集標準版》，12卷（*The Standard Edition of the Complete Psychological Works of Sigmund Freud*, Vol. XII）（1914），pp. 145-156。

[147] 在我看來，我們沒必要反覆提醒學生說：精神分析技法從開始以來已有大幅伸展的改變。在最初階段——就是布洛以爾的舒洩法（catharsis）——之中包含了以下種種：在症狀形成之初即直接將它帶出來，使其成為注意的焦點，並以堅定的努力來使患者複製出一些在該情境中所含有的心理狀態，以便能沿著意識活動的路徑而引導它，然後將之釋放出來。回憶（remembering）和發洩（abreacting），加上催眠狀態之助，就是當時的工作目標。後來，當催眠法被捨棄之後，主要工作轉變為透過患者的自由

聯想來發掘他記不得的東西。詮釋的工作會包圍患者的阻抗，並使詮釋的結果讓患者得知。那些導致症狀形成以及其他發病的背後情境都還留在原處，繼續成為我們的興趣焦點；但發洩的元素則退卻到背景中，並且好像已被取代——之所以會如此，乃因患者正忙著對那耗費心力的自由聯想大作批評；這發展和精神分析基本規則是一致的。最後，再演化出來的就是今日所常用的技法，在其中，分析師不再企圖將任何特殊時刻的狀態作為注意的焦點。他會全心全意地研判患者在此時此刻所浮現的念頭，並且運用詮釋的藝術，來專心對付阻抗，以辨認那浮現的東西到底是什麼，然後讓患者也能意識得到。至此，有一種新的分工方式出現了：治療師將患者所不知的阻抗予以揭露；當此漸入佳境之時，患者常能毫無困難地將遺忘的情境和意識連結起來。這當然已是與先前不同的技法，但其目的[148]仍維持不變。**用描述的方式來說，就是要把記憶的鴻溝填滿；而用動力的方式來說，就是要克服由壓抑而來的阻抗。**

我們仍要對老舊的催眠技法心存感激，因為它終究把分析之下的單一心靈過程帶到我們眼前，成為可分離或可圖示的形式。緣此之故，我們才能有勇氣創造出情境更為複雜的分析治療法，且能在我們眼前保住它的清晰模樣。

* 這種研判／詮釋的藝術可稱為一種「折射法」——不是直接映照。

* 新的技法：就在 An／Ad 展開新的分工時產生。

* 兩種說法——描述的方式／動力的方式——就是使用兩種理論（而這種「說法的理論」就是實踐理論〔theory of practice〕，見第二部分〈譯註者導言〉）。

＊Ad 說他本來就一直知道，但這是馬後砲——卻也是分析的真實——即沉潛的記憶被喚起。

＊對於「屏幕記憶」概念的重述（這是《性學三論》中的重要概念）。

在這些催眠療法之中的回憶歷程，都只採取了非常簡單的形式。患者把自己放回到早期的情境，在其中他似乎都不會和目前處境產生任何混淆，並能對此心理歷程作出說明，只要他的心智還保持在正常狀態；然後，他還可以把當時在催眠中出現的任何無意識變形事物都加入意識中來。

就在此刻，我要插入幾條補註，而這是任何一位分析師都可在其觀察中得到肯認的。[1]被遺忘的印象，即一些場景與體驗，幾乎都會自行縮減乃至完全關閉。每當患者提起這些「忘掉」的事情時，他都難免會補上這樣的說明：「其實我一直都知道；我只是沒想起來而已。」他常會表示自己很失望沒能讓更多他所謂「忘掉的事情」回到腦子裡——就在這些事情出現之前，他都沒想起，即令這種欲望已得到滿足，尤其是在轉換型歇斯底里症（conversion hysterias）上。當我們評估過這實際上是否為屏幕記憶（screen memory）時，這麼常見的「遺忘」又會進一步受限。在某些案例中，我留下的印象是：我們所熟知的童年健忘症（childhood amnesia），在理論上對我們而言非常重要，簡直就完全被屏幕記憶反襯掉了。不只是有些，而是全部，跟幼年有關的重要記憶都停留在屏幕記憶中。這就純粹是分析的問題了：分析師是否知道該如何把記憶從中抽引出來。那些記憶代表了幼年遺忘的時光，其充分性正如在夢中的顯夢所代表的隱夢（夢思〔dream thought〕）一樣。

另有一群心靈過程，在與印象及體驗相較時，它們是一種純粹內在動作，包含幻想、指涉過程、情緒衝動，及思想關聯。[149] 在考慮它們與遺忘、記憶的關係時，需將二者分開來考量，儘管它們與遺忘、記憶極為類似（或有緊密關聯）。在這些過程中特別常發生的是：所謂「記起」的某某事物不會被「忘掉」，因為那東西根本不曾受過注意——亦即從未意識到。至於心靈過程所發生的途徑為何，似乎都無所謂：不論這樣的「思想關聯」是否有意識，然後忘記；或者從來就不曾要把這回事弄成有意識。患者在分析療程中對於這另類的記憶本來就很能分得開。

尤其在多種不同的頑念神經症中，遺忘大多只限於解消思想關聯，讓人不能導出正確結論並形成孤立的記憶。

有某種特別的體驗類型，儘管最為重要，但原則上卻完全沒有任何可以尋回的記憶。這種體驗發生在幼年的非常早期，在當時不能理解，但後來才獲得了理解和詮釋。你會透過夢而得到與此有關的知識，又會在整套神經症

*這「另一群心靈過程」就是指傳移神經症，「與遺忘、記憶極為類似」，但卻不是記憶。

*「回憶」不是「忘掉／記起」的關係，而是「從來不曾受到注意」——即不在意識中。

*患者有意識的是演現的內容，所以他自己分得開，知道這是演現出來的另類記憶。

*拉岡說的「（技法是）可以握緊的抛子」，有此兩種具體方式：夢與神經症症狀（見第二部分〈譯註者導言〉）。

1 〔只在第二版中，此段以下三段（即所謂的「插入」）用了較小的字體印刷。〕

的症狀網當中看到最值得注意的證據而不得不相信有此。更且，我們自己可以確定這位患者在克服了他的阻抗之後，就不會在意那些記憶的缺如（亦即對此沒有任何熟悉感），也不會以此作為基底來拒絕接受其存在。無論如何，這件事會要我們對它有非常多的批判警覺，也會引出極多新奇而驚人的東西，因此我應當稍加保留，以待另闢篇幅來和其他合適的材料合併討論。[2]

在新的技法之下，對於這類通順而動人的事件流程，其實還很少或甚至根本沒有留下來。[3]有一類 [150] 個案的舉止會相當近似受到催眠技法的影響，只是後來就不再這樣；但還有些其他人從一開始的行為就不一樣。如果我們把自己限制在第二類，以便指出其中的不同之處，我們就可說：患者並未記得他所遺忘或受壓抑的任何東西，而只是將它演現（acts it out）。[4]他不是以記憶的方式來複製，而是以行動來演出；他是在重複，但不知道自己在重複。

例如，患者沒說他記得以前對於父母的權威總是很反感，也曾對他們批判有加；但他反而對治療師有這樣的表現。他記不得在他自己嬰兒期的性探索（infantile sexual researches）如何走到無助、無望的地步；但他卻生產出一大堆混亂的夢與聯想。同時他也抱怨自己無法從中做出什麼來，以致他很

＊此「記得」不是以記憶的方式來複製，而是以行動來演出（故謂之「演現」），亦即患者是在重複，但不知道自己所重複的內容是嬰兒期的性探索。

肯定自己命中注定永遠不可能把自己承擔到底。他記不得自己對於某些性活動曾經真正感到羞愧至極，也怕會被人發現；但他顯然對於自己目前投身於治療一事非常羞愧，希望能對所有其他人都保持秘密。等等。

總之，患者就是帶著這種重複來**開始**治療的。你開始對患者宣布精神分析的基本規則，並說，這結果一定會帶出他的生命史以及一長串的疾病史，還會要求他說出他心中到底發生了什麼事，此時，你期待他會滔滔不絕地吐露出許多訊息，但經常最先發生的乃是：他無話可說。他沉默，並宣稱無事發生。**這當然只是一種同性戀態度的重複，以阻抗的形式登上前台，用來對付一切回憶。**只要患者在療程之中，他就無法避免這種強迫性的重複。[5] 到了後來，我們才會理解，這正是他的回憶所用的方式。

＊到此分析治療才算真正「開始」。

＊沉默之為阻抗。

＊「同性戀態度」這裡只順便一提，未多作解釋（指的是男性 Ad 對男性 An）。後日的佛洛伊德會更常用這種解釋。

2 [這當然是指涉「狼人」個案及其在四歲時所作的夢。佛洛伊德在寫本文之時才剛完成此個案的分析，所以他很可能在書寫本文之大約同時，也正在寫著該個案史，雖然狼人個案是出版於四年之後（1918b）。不過，在那時之前，佛洛伊德已開始進行討論這種特殊的幼年記憶，見於他的《導論》（1916-17）第二十三講後段。]

3 [佛洛伊德挑起這段辯爭之處就是在前段的「插入」之處。]

4 譯註：下文中，這個語詞 "acting out" 會變成精神分析的一個術語，概譯作「演現」。

5 [這似乎是此一觀念的第一次出現，而其更為一般的形式，在佛洛伊德往後的本能（instincts）理論中還會扮演更吃重的角色。目前的臨床運用方式，還出現在〈不可思議之事〉（The Uncanny, 1919h, *S. E.*, 17, 238）一文中。此觀念是用作部分的證據，以支持《超越享樂原則》第三章的整體論證，在該書中也回頭引用了本文作為參考。]

＊傳移（一小片）再現了整套重複↓針對著治療師↓也擴及患者個人重要的生命活動（戀愛、生意投資，等）。

＊帶有敵意的傳移↓阻抗（頑抗）。戰爭隱喻的一個鮮明例子。

[151] 對我們而言，最讓我們感興趣的自然是此種強迫重複和傳移以及阻抗之間的關係。我們很快可感知：在一整套重複當中，傳移只不過是其中一小片段，藉此來再現那發生於過去卻已被遺忘的事——這不只是針對治療師，也還針對著當前處境中所有其他的面向。因此，我們要有準備，會在此發現患者全神投入這種強迫的重複，取代了回憶的衝動，不只在於他個人對待治療師的態度，還同時在於此刻盤踞著他生命中每一種其他活動和關係——譬如，假若他正陷入一場戀愛，或正著手進行一項工作，或開始推動一門生意，就在療程進行的此刻。阻抗在其中扮演的角色也很容易辨認出來。阻抗愈強，則演現（重複）也愈會加緊取代回憶。因為對於所遺忘之事，最理想的回憶會出現在催眠之中，而這狀態正和阻抗完全被擱置在一旁的狀態相互對應。如果患者在開始療程時是受到某種不可言宣的輕度正向傳移所加持，[6]那就有可能會在一開始就讓他的記憶出土，正如他進入催眠狀態一樣，當此之時，他的病理症狀本身也就處於靜止中。但在分析進行時，如果傳移轉為帶有敵意，或以不當的強度出現，以致必須予以壓抑時，記憶就會登時讓位給演現。從那時起，阻抗就會決定了那些材料的順序，亦即讓它一再重複。患者從過去的軍械庫之中取出武器，用來防禦療程的進展——面對那些武器，我們必須以兵來將擋之勢，與之一一角力。

*「用重複來替換記憶」（並演現為傳移）——究竟是什麼東西？

*「從頭開始一路壓抑過來的每樣東西」——即後日總稱的受壓抑者（the repressed）。

*由分析知識而得的「自心明白」（分析師的觀點及詮釋的自信）——這是前一講所得的結論，在此重申——耳提面命，念茲在茲——分析就是與眼前所演現者之間的奮鬥。

我們已經學到的是：患者用重複來替換記憶，且是以阻抗之姿來重複。現在我們就可以來問問：在那裡重複或演現的，究竟是什麼東西？答案就是：他重複了他的顯性人格（manifest personality）中，從頭開始一路壓抑過來的每樣東西——他的種種抑制（inhibitions）和用不上的態度（unserviceable attitudes），以及他的病理性格特質（pathological character-traits）。他也在整個療程中重複他的所有症狀。現在我們就可看見：在把注意力投向強迫重複時，我們所得的已經不是什麼新材料，而是更融通的觀點。我們只是自心明白：患者的病狀不會因為分析的開始而結束，而我們必須治療的疾病，不可當作過去發生的事，而是一股眼前的勢力。此一疾病狀態[152]乃是片片帶出，其操演與轉圜的場子就是整個治療情境，而當患者將此體驗為現下的真事真物時，我們也就必須當面表現出我們的治療工作，其中包括大部分是循其跡、追其蹤，直達他的過去。

回憶，正如在催眠中所催出者，難免會產生的印象，就是實驗室裡所做的實驗。另一方面，重複，亦即在我們的分析新法中所催生者，其含意

6 譯註：這個「加持」的原文是 auspices，其字根是指「鳥占」。這裡當然不具體指鳥占，但仍有類似占卜術的意味，因此用宗教意味濃厚的「加持」來翻譯。

*訊號衰減，幾乎聽不到、看不到什麼了。

*再強調「意識態度」——不只是「意識」，而是自我對自我的關係（由此，「它」〔伊底〕這種間接指示才變得有意義）。

*不只是「注意力」，而是「注意的勇氣」——吾善養吾浩然之氣——在此說明了「存養工夫」所得之「氣」為何物（勿忘此前提，可作為「存養」問題傳統脈絡的補強說明）。

是片片真實生活的浮現；正因此故，我們就不可能永遠只是在做無傷大雅的事。有此考慮才開啟了經常無法避免的整個問題——「療程中的衰減」（deterioration during treatment）。

首要之處在於：療程的開始本身所帶來的，就是患者對自身病況的意識態度發生了改變。平常他只會自怨自艾，輕蔑地視之為了無意義，也低估其重要性；除此之外，他只能自始對於病源採用壓抑，即那種明顯的鴕鳥策略，來敷衍應付。因此事情就這麼發生了，而他不太曉得他的恐懼症在何種狀況下冒出來，他聽不見自己的強迫觀念（頑念）到底在說些什麼，也抓不住這種頑念衝動實際的目的何在。[7]當然，其治療就不可能因此獲得助益。他必須找到勇氣來把注意力導向於他的疾病現象。他的疾病本身不能再如此輕率地對待，而必須視為他的大敵，值得他勇猛以赴，而他的人格中有這麼一塊堅若磐石的存在，使他的未來生命中真有價值的東西也必定會從此導出。打從一開始，就鋪出了一條路，以便通往壓抑材料的和解，這些材料一直以症狀的方式表現，但就在同時，所鋪的路也為這病狀找到了某種可以容忍的餘地。假若這種對於疾病的新態度會強化衝突，致使原本不很清楚的症狀竟然冒上前台，那麼你大可安慰患者，向他指出：這些都只不過是必要的暫時性惡化，而人總不能打敗一個不在場或不在射程範圍之內的敵人。不過，阻抗很可能純粹為了它自身的目的而把狀況搞壞，以及濫用稱病之名（licence）來混跡江湖。它好像在說：[153]「如果我真的讓路給它，你看看會發生什麼事情。現在我把那些委託給壓抑，難道有什麼不對？」年輕或幼稚的人尤其會傾向於把必然性硬塞給治療，好能夠以歡迎為藉口，來此恣意抖擻他們的症狀。

進一步的危險，其實是深藏於療程中卻又久未發動的本能衝動，在先前本是無從感知的，這時就出來「重複」了。最後，患者在傳移之外的行動可能會對自己的日常生活造成一點短暫的傷害，或甚至以此選擇來使康復的願景永遠失效。

在這情況下，治療師該取用的對付之策就很容易明白。對他而言，用老辦法來回憶——在心中的複製——乃是他該堅持的目標，即便他知道這目標無法以新的技法來全面達成。他應有準備來和患者在心靈界（psychical sphere）之中進行持久戰，而其敵方則是患者會把其中所有的衝動都轉引到運動界（motor sphere）；而他應額手稱慶的勝利乃是能把患者想用行動來釋放的東西，在治療中改用記憶來加以丟棄。如果這些黏附在傳移中出現的東西

7〔此種病情的案例，可見「小漢斯」（1909b, *S. E.*, 10, 124），以及「鼠人」（1909d, *S. E.*, 223）。〕

*這裡字面上寫的是「拿到執照」（license）——就像我們的醫療體制中的「拿到殘障手冊」一樣——但由於這是譬喻，故不直接譯為「執照」。下文還會再提到這種狀態。

*「心靈界／運動界」之說對應上王陽明的「知／行」關係——顯然可視為佛洛伊德與陽明心學的精密對話：「把患者想用行動來釋放的東西，在治療中改用記憶來加以丟棄……」

已經強到可以處理的話，則治療應有辦法防止患者繼續執行更重大的重複動作，並**就近地**（*in statu nascendi*）利用此意圖來作為治療工作的材料。治療師為了保護患者免於受到冒出來的衝動所傷害，最好是要患者先承諾：在治療期間不要作出任何會影響自己生命的重大決定——譬如，不要選定任何專業，或任何確定的愛對象（love-object）——而應把所有這些計畫延遲到他康復之後。

在此同時，治療師寧願儘量不碰患者的個人自由，而將其當作與是上述告誡可以相容的，也不妨礙患者去實現一些不太重要的願望，就算那些看來有點愚蠢；治療師其實不該忘記的乃是：人都只能通過自己的體驗與災厄才能學會道理。有些人在療程中也無法阻止自己一頭鑽進相當不利的計畫中，但只當此後，他才能踏入分析的門檻。也有些時候，事情就這樣[154]發生：不馴的本能在未被傳移套住之前就先肯定了它自己，或者，經由重複動作，它最終將能衝破圈住患者的治療枷鎖。有個極端的例子，我要引述的案例是一位年長的女性，她會反覆逃家、逃離她丈夫；她都在黎明時分跑到沒人知道的地方，也從來無法意識到這種逃亡的動機何在。她來開始治療時，對我有極強、極明顯的親愛傳移，在前幾天之內以不可思議的速度增長；但在該週將近結束時，她也從我這兒逃離了，而我還來不及跟她說什麼，來防止這

＊就近處理／在眼前的演現／傳移／阻抗。

種重複。

無論如何，若要遏止患者的強迫重複，以及將其轉化為回憶的動機，則最佳工具就在於**傳移的處理**。我們要把強迫變為無害，乃至變為有用，其法是讓它有權在一定的場域內肯定其自身。我們允許把傳移變成一座遊樂場，在其中不但可以盡情展現，我們也期望就此看見那原本隱藏在患者心中的病因衝動得以表露無遺。就算患者有足夠順從之意，來尊重分析的必要條件，我們通常還是能夠成功地為所有的症狀給出新的**傳移意義**，[8]並把患者本來的神經症轉化為「傳移神經症」，[9]使他在治療中可由此得以治癒。傳移因此而在疾病與真實生活之間創造出一個不確定的地帶，可由茲進行一種狀態到另一狀態之間的轉渡。新的狀態接管了疾病的所有特性；但它代表了一種人工的疾病（artificial illness），在每一點上都可被我們的介預所及。那是一種真實體驗的片段，但這只能在特別有利的條件才使之成為可能，且其本質具有

＊傳移的處理也者，使之轉變為無害，乃至有用：把原有的神經症轉化為「傳移神經症」：「傳移因此而在疾病與真實生活之間創造出一個不確定的地帶，可由茲進行一種狀態到另一狀態之間的轉渡。」

8 [「傳移意義」的原文是 'Übertragungsbedeutung'。在一九二四年以前的版本作 'Übertragungsbedingung'（傳移的決定因素）。] 譯註：'Übertragungsbedeutung' 也可譯作「傳移的要義」。這是因為 'bedeutung' 可譯為英文的 meaning 或 significance 之故。

9 [此一術語的特殊用法及其較常見的用法（即指歇斯底里神經症和頑念神經症）之關聯，佛洛伊德在《精神分析引論》（1916-17）第二十五講中曾經指出。]

10 [在第一版中，原寫為「重複的動作」。]

暫時性。從其重複出現的反應[10]來看，既然已在傳移中展露，我們就會被熟悉的途徑一路引導到 [155] 記憶的醒覺，而其現身看來好似沒什麼困難，但那是在阻抗被克服了之後才有以然。

談到這裡，我也許可從本文的篇名上岔題一下，這才能讓我對於分析技法的進一步要點展開必要的討論。在克服阻抗時，要邁開的第一步，如我們所知，就是分析師要能先把阻抗揭示出來——患者本人對此既從未知曉，那就得先讓他認識。現在，分析實務的入門者似乎會以為這開始的一步就構成了整套的分析工作。常有人要我對於他們的個案給些指點，也就是一些治療師在抱怨：他們已經向患者指出其阻抗，但案情卻毫無進展；是的，阻抗還變本加厲，讓整個處境陷入前所未有的淆亂。整個療程都失去前途。這樣黯淡的兆頭最後都可證明其錯誤。這個療程原先都很滿意地按著規則進展。分析師只是忘記了：把阻抗只給了個名稱不可能教它立刻停止。你必須容許患者有更多時間來結識阻抗，好讓它變成個熟人，[11]來把它作個通透（work through），[12]透過持續不斷對它挑激，來把它克服，但分析工作依然是根據分析的基本規則。阻抗只在它的最高點才可被照常工作的分析師看見，並發現受壓抑的本能衝動就在飼養著阻抗；也正是這種體驗才讓患者相信有這種衝動的存在及力量。治療師除了等待、讓它照著它的路子發生之外，不能做

＊阻抗的揭示並非「只給個名稱」，而是……

……要「把它作個通透」（work through）（儒學的「工夫」之名與此相稱）。

別的，而這樣的路了既不可避免，也總是急不來。如果他能守得住這種信念，就總能夠免於失敗的錯覺，且其實他已把治療導向正確的路線了。

把阻抗做到通透，在實踐中可能轉而對接受分析的本人[13]成為一件吃力的工作，同時也在考驗分析師的耐力。然而，那是整個分析工作的一部分，其效應對患者而言是最重大的改變，而這也把分析治療和任何其他類型的治療 [156] 暗示區別開來。從理論觀點來看，你可以把它關聯到壓抑所擠壓到的情感「泄出」一份配額來——這樣的發泄在催眠治療中不會有，因此也使催眠變得無效。[14]

＊回應本文開頭所提的「舒洩法」問題。

11 [‘… sich in den ihm nun bekannten Widerstand zu vertiefen.’ 本句只出現在第一版。後來的德文版中 ‘nun bekannten’ 都改成了 ‘unbekannten’。不過，這並沒讓意思變得更對：「來結識那先前不知的阻抗。」]

12 譯註：在此，work through 是個動詞片語，就是「作個通透」，但後來這種工作轉變為名詞 working-through，就是指工作結果的術語，其譯名只作「通透」。

13 譯註：「接受分析的本人」（the subject of the analysis）在此不必譯作「主體」，但也絕對不是心理學教科書常用的「受試」。後來出現的 ‘analysand’ 一詞在 *S. E.* 之中尚未發現。

14 [在本文中首次介紹的「通透」概念，很顯然與「心靈惰性」（psychic inertia）有關。佛洛伊德對此有許多片段的討論，其中有些標註於編者給一篇討論妄想症的文章（1915f, *S. E.*, 14, 272 腳注）。另外，在〈抑制、症狀與焦慮〉（Inhibitions, Symptoms and Anxiety, 1926d）一文中，佛洛伊德將「通透」的必然性歸之於無意識的阻抗（或歸於「它」〔伊底〕），這議題他在〈分析之可盡與不可盡〉（1937c）一文的第四節中又回頭討論。]

2-6 對傳移情愛[1]的觀察（對於精神分析技法的進一步建議 III）

Observations on Transference-Love (Further Recommendations on the Technique of Psycho-Analysis, III)

本文譯自英文《西格蒙特・佛洛伊德心理學著作全集標準版》，12卷（*The Standard Edition of the Complete Psychological Works of Sigmund Freud*, Vol. XII）（1915 [1914]），pp. 157-171。

[159] 每一位精神分析的初入門者，也許一開始就會有警覺，因為有成堆的難題面對著他——要開始對患者的自由聯想進行詮釋，以及要處理受壓抑材料的複製產物。不過，既然時候到了，他很快就學會：先把這些難題視若無物，進而他會相信：唯一當面對的真正嚴肅難題，盡在於傳移的處理。

在這關節上產生的種種處境之中，我要選出其中輪廓特別鮮明的一面；我之所以將它選出，部分原因是其發生頻率如此之高及其在真實面向上如此重要，另一部分則是由於它的理論旨趣。我想到的案例是有位女性患者，無論是從外觀上可明確無誤地看出，或是從她的公開宣稱聽出，都可知她像任何人間女子所可能的那樣，愛上了正在分析她的治療師。這樣的處境有其令人哭笑不得的喜劇面向，也有其嚴肅的一面。由於其決定因素既多且雜，既不可避免又難以釐清，因此要鬪出一場關於分析技法的討論，來面對其重大無比的需求，這時機其實早已過頭了。我們雖可嘲笑別人的失敗，自身卻也難保免受其患，但我們好像都還不太覺得需要立刻面對這樣的挑戰。我們常會不得不作出專業的斟酌——在真實生活中，這種斟酌不可或缺，但在我們這門科學中卻無從尋得。只要精神分析的出版是真實生活的一部分，我們在此也發現了難解的矛盾。我自己對於斟酌之事曾一度相當輕忽，[2]而只是指出：同樣的傳移可以回溯到精神分析治療法發展的最初十年。[160]

對於一個受過良好教育的外行人（這在精神分析方面可算是理想的文明人）來說，要處理情愛的事，那就和所有其他事情都不可等量齊觀；這等事情似乎都會寫在特別的一頁上，不容其他書寫來混雜。如果有位女性患者愛

＊話說從前：早期與布洛以爾合作的安娜・O案例（Anna O., 1881-2）。

＊當代電影幾乎每一部都難免要以情愛關係來作為情節的主軸（都有「男主角」／「女主角」），可作為此說的「社會現實」側面註腳。

1 譯註：love 一詞在本文中有幾種譯法：愛、情愛、愛情。後兩者在中文裡的語意稍有不同：「情愛」接近於個人的「愛慾」，「愛情」則比較是指兩人之間愛的關係。

2 寫在我對精神分析運動發展史的著作中（1914d）。[這裡指的是布洛以爾（Breuer）在面對 Anna O. 案例中的傳移之時，所感到的困難。（*S. E.*, 14, 12）。]

*「外行人看來」的三條出路——精神分析自與此皆不相同：(1)結婚，(2)分開、停止，(3)繼續維持這不可長久的婚外情——**精神分析必須從不一樣的角度來看這些事情**。

*反傳移的問題請**看註**3。「叫他不

上她的治療師，在這外行人看來，其結果不外兩途，一則是（很少成真的）當所有條件都允許時，他們倆會合法地永結金石之盟；另一則是（更常如此的）治療師和患者分開，讓已經開始且原本要把她帶上康復之路的分析工作停下來，宛若受到某種基本現象的干擾而不得不然。可以肯定的是，還有第三條可想之路，似乎可和持續進行的療程相容。那就是他們進入不當的情愛關係，並且也沒打算要長長久久。但這第三條路，以習俗道德和專業標準來看，都是不可能的。只是，我們這位外行朋友還會請分析師用盡可能不曖昧的方式給個肯定的答覆，就是這第三選項必定要被排除。

很顯然，精神分析師必須從不一樣的角度來看這些事情。

我們就拿我們所謂的第二條路來談吧。在患者愛上治療師之後，他們分手了；治療也於焉告終。但不久之後，患者的情況使她必須再度嘗試作分析，但這次她跟的是另一位治療師。接下來會發生的是：她覺得她又愛上這第二位治療師；假若她再分手且又另起爐灶，同樣的事情還會發生在第三位治療師身上，如是再三。這等現象，就我們所知，會如假包換地一直發生，也是精神分析理論的基礎之一。這或許可從兩種觀點來做個評估，亦即一方面要從執行分析的治療師來看，另方面則從需要分析的患者角度來看。

對治療師而言，這現象意指有一點點啟蒙的價值在其中，且也是個有用

要陷入反傳移的傾向中」——其理由如此。

的警告，叫他不要陷入發生在他自己心裡的反傳移（counter-transference）的傾向中。[3]他必須認出，患者之所以愛上他，乃是被[161]分析的情境所引起，而不必歸因於他自身施放的魅力；所以他完全沒理由可為這樣的「征服」感到驕傲——這是在分析的圈子外常有的說法。切切要將此謹記在心。然而，在患者這方，有兩個選擇：她或者放棄分析治療，或則接受這愛上治療師的事實，如同不可避免的命運。[4]

我從不懷疑患者的親朋好友在此兩途之間會強烈決定第一途，正如分析師之會選擇第二途然。但我認為在這情況中，其決定不能只留給親友們所選的那種柔情——或毋寧說，那種私心自用或充滿嫉妒的關切。患者本人的福祉才是唯一的試金石，而親友們的愛護不能治癒她的神經症。分析師也不必逼自己前進，但他必須堅持，對於達到某些治療成果來說，他是不可或缺

3 ［關於「反傳移」的問題，佛洛伊德曾在他發表於紐倫堡大會的文章（1910d, *S. E.*, 11, 144-5）中提及。他在下文中（即 165f, 169f）會再回來談談。但除此之外，在佛洛伊德所有的出版作品中，就很難再找到任何與此議題相關的清楚討論。］

4 我們知道傳移本身可在其他較不那麼溫柔的情感上顯現，但我無意在此進入這一面的話題。［可參閱〈傳移的動力〉一文（1912b），即本卷 p. 105。］

＊「很類似婦科的治療」＝會暴露身體

＊傳移情愛一向受到忽視，如今特別指出，也預備加以處理；但對於反傳移則尚未有足夠的處理之道。

＊精神分析的技法核心盡在於「自發」。

＊注意「整幕場景為之一變」。

的。任何一位親友若是接受了托爾斯泰對這問題的態度，[5]都可不受干擾地繼續擁有他的妻子或女兒；但他也得忍受這事實，亦即在她身上，神經症仍滯留不去，且會妨礙她的愛人能力。總之，這處境很類似婦科的治療。更有甚者，這個嫉妒的父親或丈夫若認為把她交付給其他治療而不是來接受分析，那就可以避免愛上治療師而仍然可以治癒神經症，那就是大錯特錯了。相反地，其間的差異在於，像這類的情愛，通常都是不可言表也未受分析；這對於患者的治癒而言，就是於事無補，而分析治療正是要從其中取出來加以對付。

就我所知，有些執行分析的治療師經常[6]準備要讓患者出現帶有情慾的傳移，乃至催他們「儘管去愛上治療師，這樣才能讓治療有進境」。我簡直無法想像哪種進程會比這更無聊。[162] 因為這麼一來，分析師奪走了無可置疑的自發因素現象，而為自己的未來放了一顆難以克服的絆腳石。[7]

乍看之下，患者在傳移中愛上治療師，對於治療很難有什麼好處。不論在先前她是多麼順服，到此她突然對治療及其中旨趣完全喪失理解，除了她的愛之外，她什麼都不講也不聽，並且還強求回報。她把症狀放棄或不再加以注意；她真的會說她已經好了。整幕場景為之一變；真好像有些裝模作樣的東西被突如其來的現實灌入而必須停止——就像，譬如說，在劇場表演中途忽然有人大喊「失火了」。初次有此體驗的治療師都很不容易掌握這種分析處境，也難免有此錯覺，就是認為治療真的已走到盡頭。

稍加反思即可讓人發現自己的軸心。首先的第一要務，你自己要謹記在心：對於妨礙持續治療的任何事情，都需懷疑是阻抗[8]的表現。無可置疑的是：突然冒出對於愛的熱烈要求，大部分是源自阻抗的把戲。你可能早已注意到，患者有許多跡象顯示了情慾的傳移，你也可以確切感覺到：她的乖順、她對於分析解釋的接納、她傑出的理解以及表現出高度的智能，都可歸因於她對治療師的這種態度。現在，所有這些都被一掃而光。她變得沒有體悟，也好像整個人被愛所吞噬。更且，這樣的改變很有規律地、準準地發生

---

5 譯註：托爾斯泰的態度，可參閱羅曼·羅蘭（Romain Rolland）的《托爾斯泰傳》，其中寫到托爾斯泰對於夫婦幸福的看法，也引述了一段「塞爾越（Serge）的傾訴」，大意是說：一位蒼老的男性和一位年輕的女性之間的愛情：「……他和愛女兒一般地愛她，想不能用另一種方式愛她……」云云。對於佛洛伊德更為重要的是說，年老之後的愛情會變成這樣：「從愛情轉到友誼，從熱情的傳奇生活轉到慈祥的母愛……」。總之，這種「托爾斯泰態度」就意指自己的愛情變形，以及不會在乎自己的妻女愛上別人。

6 ['Häufig'，只在第一版用此字，這裡用的則是 'frühzeitig'（在早期）。]

7 [只有在第一版中，本段（本來就像是放在括弧中的）在印刷上採用了小一號的字體。]

8 [佛洛伊德早已在《釋夢》的第一版（1900a, *S. E.*, 5, 517）中對此作過更周延的陳述。但在一九二五年，他對這段落加上了很長的一個註腳，解釋其義並界定「阻抗」此一術語在他是用來表示什麼。]

*就是這些變變變。

在某一時間點，就是你準備要嘗試讓她承認或記起某些在她生命史中特別惱人，以及特別要加以壓抑的一個片段之時。因此，她愛上治療師已經很久了；但現在阻抗要開始利用她的愛來阻撓 [163] 治療的持續，來使她對分析工作的旨趣發生偏斜，並把分析師推入一個難堪的位置。

如果你能仔細檢視此一處境，並認出其動機的影響，也看出事態的進一步複雜化——其中有些可關聯到情愛，其他則特別是阻抗的表現。在前者方面，患者用心地肯定自己具有不可抗拒的魅力，可摧毀治療師的權威，把他扯進愛慕者的低下地位，獲得所有其他需要承諾的優勢，以滿足這場情愛。至於阻抗方面，我們會懷疑它偶爾利用患者作出愛的宣稱為手段，[9]來把分析師推進一場嚴酷的考驗，由此，如果分析師顯露了順服的跡象，他就得準備承受這事件的責任。但在這一切之上，你一定會得出這樣的印象：阻抗現身的演出，宛若一個挑逗的主角（*agent provocateur*）；它會把患者在情愛中的地位抬高，且誇張她已準備好了性愛的降服，以便讓壓抑的把戲得到不能再高的正當理由，直接指出這張患病證照的危險性。[10]所有這些屬於附件的動機，雖然這在較單純的案例中可能不會出現，卻早已為人所知，就是阿德勒（Adler）視為整個過程中最精要的部分。[11]

但分析師在此處境中要如何行止，才能不為此處境感到可悲——假定他

*以愛之名，扭轉關係。

*患者抬高自己，貶低對方。在上一篇〈回憶、重複與通透〉的原文 pp. 152-3 之處，佛洛伊德提到患者「濫用稱病之名（licence）來混跡江湖」（譯文）。這裡前後呼應的是 licence-licentiousness。患者既持有患病的證照，現在用阻抗來顯現這張證照的「危險性」——讀者可這樣想想：如果持有的是（挑逗和性愛的，亦即）**娼妓的證照**，那會顯現的危險性就不言可喻了。

已相信治療仍然必須繼續下去，不論這情慾怎麼傳移，他都得大步跨過？

對我來說，比較簡單的是像尋常人一樣，強調普世共認的道德標準，並堅持分析師不論在任何情況下都不可接受或回報對他獻上的柔情：也就是，反過來，認定此刻已經來臨，他必須向這位愛上他的女人說出，社會道德的要求和棄絕的必要是什麼，以及她必須放棄她的慾望，要超越自我中的獸性層面，來繼續進行分析。

無論如何，我不會實現這種期望——說的無論是第一種或第二種。不做第一種，因為我寫的這些不是要給患者看的，而是要給治療師，因為他們身陷在難以自持的窘境中，也因為，在此例中，我能夠把這種道德處方推溯至其源頭，也就是[164]其權宜之計。在此境況中，我很樂於有個位置能夠用分析技法上的考量來取代道德禁令，而不會導致其結果的任何改變。

不過，我更有決心要否定上文所提到第二種期望的實現。正當患者承認她有情慾傳移的時刻，催促她去壓制、棄絕或昇華她的本能，那就不是精神

＊再次重申：精神分析技法就是與尋常人的看法不同。在此所說的就是「尋常人的尋常道德」——可視為來自尼采的基本命題。

9 譯註：這裡特別值得注意的是主詞「它」——阻抗是「它」，在利用患者來做這做那。這種遣詞用字的理論意義，需特別拿出來討論。接下來兩行就一定是如此。

10 [參看上一篇的 pp. 152-3。]

11 [參看 Adler, 1911, 219。]

分析對此的處理，而純粹是沒道理。那簡直就像召魂者把靈魂從地底世界召喚上來，沒問一句話就又把它推下去。你難道要把受壓抑者帶到意識層面來，只為了要把它在驚恐中壓回去？我們也不該把這種成功以自欺的方式稱為任何進境。就我們所知，人的熱情很少受到崇高言語的影響。患者在此只會感覺到羞辱，而她不會就此善罷甘休——她會復仇的。

我就是不主張什麼折衷的辦法，但這辦法卻會毛遂自薦給一般人，好像它還蠻聰明似的。這辦法中包含了這樣的宣稱：治療師回應了患者的喜愛，但同時又避免了這種喜愛感以任何實質的方式現身；藉此治療師有辦法把關係導入比較平靜的管道，並能將它提升到更高層次。我對於這種權宜辦法的反對是說：精神分析治療的基礎乃建立於真誠（truthfulness）之上。此等信念乃是其大部分教育效應與倫理價值得以仰賴的事實。偏離這種基礎就會危險重重。任何一位長久浸潤於精神分析技法的人就不能夠再玩謊言和裝模作樣的把戲，雖然平常的治療師都很難免如此；還有，倘若他確實帶著真心誠意，而仍要使用那些權宜之計，他就很可能會出賣自己。因為，既然我們要求患者嚴格遵守真誠原則，我們自己偏離真誠的狐狸尾巴卻被逮到，我們就會權威盡失。在此之外，實驗一下讓自己放進一點柔情來回應患者，其實並非全然沒有危險的。我們對於自身的掌控並不那麼完全，好像一夕之間就可

＊「崇高言語」＝道德口號

＊「精神分析治療的基礎乃建立於真誠（truthfulness）之上」：「自發＋真誠」的倫理價值，除了佛洛伊德之外，還有多少人能在「科學」中堅持？

＊但堅持之道要「透過對反傳移的檢

以比原先的意圖更進一步。是故，依我之見，我們對患者不應該放棄中立的態度，而我們就是透過對反傳移的檢覈才能獲取這種態度的。

我已經說得很明白，即分析技法 [165] 所要求於治療師的，就是他應當拒絕滿足患者所追求的情愛。治療必須在儉省（abstinence）之中進行。這樣說並不表示物質上的儉省，也不是要剝奪患者所慾求的任何事情，因為任何病患也許都無法忍受這樣的對待。毋寧說，我應將此列為基本原則，即患者的需要和渴求都應保存在她自身中，成為一股力量來逼使自己工作下去，直到能夠改變，而我們所當留意的乃是要透過替代的方式（**by means of surrogates**）來迎合那股力量。我們所能貢獻的，除了替代品之外什麼都不是，因為患者本身的條件就是這樣——在她的壓抑移除之前，她沒有能力獲取真正的滿足。

我們必須承認：這套在儉省中實施的治療原則，會超過我們當前所處理的個案，並將此考量四處延伸，而我們對此需作更透徹的討論以便定義其可

覈」——這種中立態度如何辦到？在此未能詳述，而在佛洛伊德的往後著作中也未作交代。

＊「儉省原則」：「儉省（abstinence）」甚至可解為「慳吝」。

＊果然以此避開了「傳移—反傳移」關係的討論（進一步的討論要在佛洛伊德的本文之後將近四十年才被承接下去。）12

12 譯註：關於反傳移問題「將近四十年後的承接」，可參看 Winnicott, D. W. (1949). Hate in the Counter-Transference. *Int. J. Psychoanal.*, 30: 69-74; Heimann, P. (1950). On Countertransference. *Int. J. Psychoanal.*, 31: 81-84; Racker, H. (1957). The Meanings and Uses of Countertransference. *Psychoanalytic Quarterly*, 26: 303-357 等文。

*這種「按下不表」的結果竟是：無人能接此話題。

*儉省（慳吝）的中立＝算計的妥協？非也。

*一則詼諧而諷刺的插曲。

*「對 Ad 來說是一場大勝，但對 An 而言則是一場慘敗」

能運用的界限。[13]不過，我們目前暫不進入此一主題，而要盡可能保持我們開啟本文的初衷。倘若治療師的行為不是這樣，那會發生什麼事？假設雙方都是自由的，而如果治療師是要利用他的自由來回報患者的愛，並藉此來穩固她對情誼的需求呢？

這樣做是藉由算計的引導來使得治療師自己這一方的妥協可保證他對患者的支配權，由此來影響她在療程中做該做的事。這麼一來就可讓她永遠從神經症中解脫出來——但經驗無疑可告訴治療師：這樣的算計是不對的。患者可以達成她的目的，但他則永遠無法達成他的。在治療師和患者之間會發生什麼事，端看真正能發生什麼而定——根據有趣的肆聞，這就像某位牧師和保險員之間會發生的事情一樣。保險員是個有自由思想的人，但瀕臨死亡的邊緣；他的親戚堅持要幫他請來一位神職人員，好讓他在升天之前可以皈依。兩人間的晤談拉得很長，讓外頭等著的親戚都覺得頗有希望。最後房間的門打開了。思想自由的人沒有皈依；但牧師卻買了保險。[166]

如果患者的得寸進尺獲得回報，那對她來說是一場大勝，但對治療而言則是一場慘敗——患者獲得的在於以成功的演現來重複她的真實生活，而這本應是要她回憶起來的，要她以心靈材料來複製的，並且應維持在現有的心靈範圍之內才對。[14]在這情愛關係的進一步發展中，她有可能帶出她情慾生活中所有的抑制和病理反應，而不可能獲得任何矯正；而這場惱人的風波也只會以懊悔來收場，並且還嚴重強化了她的壓抑傾向。這場情愛關係其實毀掉了患者在分析治療中可能接受的影響。要想把兩者合併為一就是不可能。

因此，患者對愛的渴求所獲得的恩賜其實正如其受到壓制一樣，對於分析來說都是災難。兩者皆非分析師所當尋求的路線；該循之路在真實生活中還沒有楷模。他該有的關照不是對傳移的情愛掉頭不理，或加以排斥，或讓患者感到胃口盡失；他只是應該堅決把持住自己的反應。他應緊緊握住這傳移的情愛，但要待之直如非真實之物，視此情境有若一條在治療中的必經之途，並要一路追蹤到無意識的源頭，把所有深藏在患者情慾生活中的東西都帶領出來，助其來到意識之中，讓她因此而有以掌控。分析師愈能夠明白地讓患者看見他不受任何誘惑，他就愈能夠從此處境當中抽取到現成的分析內容。患者在性（色事）方面的壓抑當然尚未移除，而只是暫時推入背景，但她會感受到足夠的安全，允許她所有的愛意（preconditions of love）、所有從性慾中冒出的幻想、及所有她在情愛狀態中的細微特性，都可以亮出來；

13 ［佛洛伊德把這主題重新提出之處是他的布達佩斯大會論文（1919a, *S. E.*, 17, 162-3）。］

14 ［參見前一篇文章，p. 150。］

*「該循之路在真實生活中還沒有楷模」——是以必須在精神分析中創造出來，如下：

**

**

**

**

**

**

**

*「愛意」（preconditions of love），即愛的先決條件，而非「掉入愛情之中」。

**

而就是從這裡，她自己才開啟了一條路讓她能走向幼兒時愛的根苗。

事實上，有一類女人，若試圖要她持守其情慾的傳移來為分析工作，而不能讓她滿足的話，這分析就是不會成功。這樣的女人具有非常自本自根的熱情，不能忍受任何替代物。她們是自然之子，拒絕接受以心靈 [167] 來取代物質，用詩人的話來說，她們只能在「邏輯的湯中，撈到論證的餃子」。[15] 碰到這種人，你能有的選擇只是要嘛回報她們的愛，要不就把她們徹底看扁，自己在心裡痛罵這種女人。但或此或彼都不能保住分析治療的旨趣。你只好撤退，以失敗告終；你也只能在心裡對此難題反覆嘟囔：為什麼神經症的內容會和如此棘手的愛之需求扯在一起？

很多分析師無疑都會同意這種方法，用於其他在情愛上較不熾烈的女人，可使之漸漸接受分析的態度。我們的作為最重要的是強調了患者之「愛」中有明確無誤的阻抗因素。我們一般人可能會說：真心的愛應能使她乖順一些，並能加強她解決自身難題的決心，只因為她所愛的這個男人對她有此期望。在此情況下，她會甘心選擇完成治療之路，以便能獲得治療師的青睞，可準備讓自己進入真實生活，才能在那裡讓愛的情感獲得確當的歸屬。**但我們已指出，與此相反的是：**她正在表現她的倔強和叛逆精神，把治療的旨趣拋個精光，也顯然對於治療師建立好的信念覺得不值尊重。於是，

＊「有一類女人」，現在沒人敢再這樣說了。當今讀「古典」（經典）的人，要保持點耐心和雅量。

＊「我們會（想）說」——但分析中所見則「與此相反」。請細讀以下整段：

＊＊＊＊＊＊

她所帶出的阻抗就裝扮成對他的情愛；且在此之外，她毫無悔意地把治療師推入這進退兩難的局面。因為，倘若他拒絕了她的愛，正如他的義務和理解會逼他這麼做，那麼她就可演出那個被痛罵的女人，然後出於報復和憎恨，她會當著他所努力從事的治療而斷然撤退，這也和她目前利用外顯的情愛所作的表現是一模一樣。

對於這種愛是否出於真心，若要對其提出第二個反駁之論，我們就得進一步走入事實，亦即發現在此處境中的患者實在沒有展露任何新點子，而只有先前反應的拷貝與重複，包括她的幼年反應在內。我們要承擔起來，對患者在情愛中的行為作更多細節的分析，用以證明這一點。

在這些論證中加上夠多的耐心，通常就可能克服這個困難處境，並使分析工作得以在調整過也轉化過的愛之中繼續下去；這工作的目的轉為揭露患者幼年的**對象選擇**（object-choice）以及編織在其四周的幻想。[168]

* * * * *

* 這種愛「只是重複，了無新意」，故分析可如下文所說「在調整過也轉化過的愛之中繼續下去」。

* * *

* **對象選擇**（object-choice）——這概念是往後一代「客體（對象）關係理論」的濫觴之處。

15 ['Suppenlogik mit Knödelgründen'，取自海涅的 'Die Wanderratten'（佛洛伊德在此誤引為 'Knödelargumenten'）。] 譯註：海涅的原文 'Knödelgründen' 是「理性的餃子」。這樣的誤引其實並不妨礙讀者的理解：理性或論證的邏輯，都被當成湯中的餃子；都說明了非常務實的自然之子怎樣看待邏輯。

*「用批判的眼光（回頭）再來檢視這些論證」——這是佛洛伊德常有的「否定辯證法」，值得玩味。

*「現成之物」=現成的愛對象（love-object）

*所有情愛皆有此特性。

*有位學員曾對於此說有如下的反應：「不可理解」。這可能是很多

不過，我現在應當用批判的眼光來檢視這些論證，並提出問題：對患者揭露這些，是否就等於告知了真相？抑或我們是否在無望之下才藉此來隱藏和誤現（misrepresentations）？換言之，我們是否真能說：在分析治療中顯現出來的情愛狀態不是真的？

我認為我們對患者已告知的雖是真相，但不顧其所有後果來說的，也不算是真相的全貌。在我們的兩個論證中，前者比較強些。在傳移的情愛中，阻抗扮演的角色既是無可置疑，也很值得多作考量。然而，阻抗本身並未創造出這樣的情愛；只是發現手邊有此現成之物，拈來即是，加劇其顯現而已。此一現象也並未因阻抗而得證明其假。第二個論證就要弱得多。這種情愛裡確實包含著舊特質的新版本，而它是幼年反應的重複。但這是所有情愛狀態皆有的特性。沒有哪種情愛狀態不是幼年雛型的複製。正是這樣的幼年決定性才衍生出其強迫性格，也落在病理學的邊緣上。傳移的情愛也許比普通生活中出現的所謂正常愛情少了一點自由度；即在其中很清楚現出其對幼年型態的依賴，因而少了些接受修正的能力；但僅只如此，而不涉及其本質。

但還有什麼其他跡象可認出這愛是真心的？是透過其效能，能用以促成愛的目的？就這方面來說，傳移的愛似乎不附屬於任何東西；你可得到這樣

的印象——即你可從其中獲取任何東西。

至此，我們可以做個總結。我們無權論斷在分析治療過程中現身的情愛狀態是否具有「真心之愛」的性質。倘若它看起來這麼缺乏正常性，這可以得到充分的解釋，就是在日常生活中的愛情事實——即便在分析之外，愛情也比較接近於反常而非正常的心理現象。然而，傳移的情愛具有某些特色可保證其特殊地位。首先，它是由分析情境所引發；其次，阻抗不但將它大大強化，還支配了整個情境；第三，它高度[169]忽略現實，不太講道理，不太關切後果，還對於所愛者的評價更為盲目——這是比起我們所要承認的正常愛情而言的。不過，我們切不可忘記，這些對於常態的偏離，恰恰構成了我們平常所知的愛情之本質。

至於分析師的行動路線，乃是以上三個傳移情愛特色當中的第一個決定性要素。是他建立了這場分析治療，為的是要治療神經症，但也由茲引起了這場情事。對他而言，這是醫療情境中不可避免的後果，就像會暴露患者的身體，或是會傳出某些攸關生死的秘密一樣。因此對他而言，簡單說，就是他不可從其中獲得任何個人的利益。患者本人的心甘情願也沒造成任何不同；那只是把整套責任都堆在分析師身上而已。說真的，他必須曉得，患者

讀者會有的反應。但這也是讀者需再三重讀、勤讀佛洛伊德的緣故。

＊愛情（英文常說成“falling in love”，即「掉入戀愛」）之為反常，或偏離常態。此說在《群體心理學與自我的分析》（1921）一書中會有較詳盡的分析和詮釋。

＊細讀以下整段：作為本文的菁華，可以放進任何文選；選入高中生的「公民與社會」或大學生的「通識教育」文選，亦無不可。

在此之外並不具備任何其他的療癒機制。在所有的難關都成功克服之後，患者常會作出的告白就是：在甫入治療之際，她已有這種期待的幻想，就是她果真能夠乖乖表現，最後她定能獲得治療師的愛意作為報酬。

就治療師而言，倫理的動機和技術的動機結合起來，會使他節制自己對於患者的愛意。他的見識所維持的目的在於：這個女人本具有愛的能力，但由於被幼年的固著（infantile fixation）所殘害，因此，她就應該對於這項功能（對她有如此不可估量的重要性）重新獲取自由的支配力；她也就不應在治療當中任意揮霍，而應當將它保留到治療之後。時機一到，真實生活就會要求她對此有感。[16] 治療師不應把這場景只設想成一場賽狗，當狗跑到最後就給狗賞一條香腸，而應像個幽默劇演員那樣能夠搞怪，直接把香腸丟進跑道裡。其結果當然會造成眾狗狂撲向香腸而忘了賽跑，最後也忘了有獎賞把牠們引向勝利這回事。我的意思不是說：治療師總是很容易遵從倫理和技術的規範而把自己守在界線內。那些還沒在這方面站穩的年輕新手，就特別會發現這是件難事。性愛無疑是生命中的要事，而在享有愛之時的身心結合，乃是愛的最高峰。撇開少數特異的狂熱份子不談，全世界的人都知道 [170] 這回事，並且也會就此安身立命；單獨用科學就太軟弱而無力承認了。再說一遍：當一個女人來追求愛的時候，排斥她和拒絕她，在男人這方是會做來難過的；同時，即令有神經症和阻抗，一個自視很高的女人前來作熱情的告白，也造成了無與倫比的迷人情境。造成誘惑的並不是患者粗鄙的性感。治療師對此比較容易抵擋，而如果治療師只把這視為自然現象，他也就得容忍這一切。毋寧說，女人也許是在抑制了目的之後的微妙願望，才會有這樣的危險——讓男人忘記他的技能和醫療任務，只為了能有這麼精緻的體驗。

但要分析師讓步，這絕對不在考慮之內。無論他多麼珍惜愛情，他更該重視的是：要善用機會來協助患者度過生命中的關鍵階段。而她必須向他學習如何克服享樂原則，如何放棄近在手邊但卻為社會所不容的滿足，以便有利於更遠一點的目的——雖然都還難以確定，但這是心理上和社會上都無可責備的。為了完成這種克服的任務，她必須接受引導，來通過她心理發展上的原始時期，而在此途中，她還得學會額外的心靈自由，讓她能夠（以有系統的方式）把有意識的心靈活動從無意識中區別開來。[17]

---

16 譯註：本句中的「將它」「對此」都是指上句中的「功能」，也就是更前面所說的「愛的能力」。

17 ［這種區別的方式在下文中會解釋，p. 266。］譯註：這是指本卷中的一篇短文：〈關於精神分析中的無意識：一則註記〉（A Note on the Unconscious in Psycho-Analysis, *S. E.*, 12, 260-66）。

*精神分析是一場三面受敵的硬仗。

*所以會出現一部書，以及據此拍成的影片，名為《危險療程》——但這大部分是在談榮格，少部分（很不準確地）涉及佛洛伊德。

*如同化學家之必需處理爆炸物（諾貝爾！）

精神分析的治療師因此要打的一場仗乃是三面受敵——在他自己心中，他要對抗一股力量，這股力量想把他從分析的水平中扯下；在分析之外，他要對抗與其爭辯的對手，這對手鄙視他所依附的性本能之力有任何重要，也因此阻撓他利用它來作為科學技術；還有在分析之中，他要對抗他的患者，她起初像個敵手，但後來顯現出對於性生活的過高評價，還想藉此來支配他，試圖以社會所不能馴服的熱情來讓他成為俘虜。

我在本文開頭時談過，不在此行中的公眾，他們對於精神分析的態度無疑會抓住傳移之愛的討論來作為把柄，叫世人注意這種治療法的嚴重危險性。精神分析師知道他的工作面臨著這種爆炸性的威力，因此他在進行中需要和（如）化學家一樣小心和謹慎。但[171]化學家何曾因為危險而禁止處理爆炸物——這東西的效用明知是不可或缺的？很值得注意的是：其他的醫療活動長久以來就享有其行業的自由，但精神分析這種醫療卻須從頭開始來爭取同樣的自由。我當然不會輕易放棄這種無害的治療法。有很多案例可說明其充分性，而當能說的都說了之後，人類社會就不必再用 *furor sanandi*[18] 來支持任何其他的狂熱了。但若相信精神神經症可藉著施用更為無害的小治療來降服，那就大大低估了那些失調的病理根源及其實際的重要性。不是這樣的；在醫療實踐當中，永遠可有餘地讓「*ferrum*（刀）」與「*ignis*（火）」

和「*medicina*（醫藥）」[19]併存，同樣的道理，我們也永遠不能沒有規則嚴謹、不摻水稀釋的精神分析，並以無畏的態度，透過它來處理及駕馭最危險的心理衝動，好為患者的利益服務。

*「以無畏的態度來處理及駕馭最危險的心理衝動」——這就是精神分析的宗旨。儒學傳統有什麼「存養工夫」能談到這裡？在本講堂中一再把精神分析放進儒學脈絡中來談，是用心之論。

18 [「治人的熱情」。]

19 [這是引用希波克拉提斯（Hippocrates）的名言：「有病為藥所不能治者，鐵（刀？）可治；鐵所不能治者，火可治；而火也不能治者，就無可治了。」《格言集》（*Aphorisms*, VII, 87, trans. 1849）。]

中英譯名對照表

（編按：書篇名及英文以外的外文，用斜體字）

一劃	
〈一個頑念神經症個案的註記〉	*Notes upon a Case of Obsessional Neurosis*
二劃	
人工的疾病	artificial illness
力比多投注	libidinal cathexis
力比多衝動	libidinal impulses
三劃	
士萊馬赫	Schleiermacher
子宮（日常用語）	womb
子宮（醫學術語）	uterus
小漢斯	Little Hans
山德斯，丹尼爾	Sanders, Daniel
《山德斯字典》	*Sanders's Dictionary*
不可思議	uncanny
不可思議之事	The Uncanny
不在場	absent
不在場的方式	*in absentia*
不在場的在場	presence in absence
不朽的	immortal
四劃	
內向性	introversion
內向性神經症	introversion neurosis
內射	introject
分析中的建構	Constructions in Analysis
分析主體	analytic subject
分析主體	subject of analysis
「分析人」（「分析主體」的通稱）	analysand
分析技法	analytic technique
分析的態度	analytic attitude
分裂的「我」	a splitting of the ego
分開，剖析	taking apart
分離／個體化	separation-individuation
反抗軍；阻抗	resistances
反傳移	counter-transference

反論	antithesis
孔恩	Kuhn, T.
幻滅	disillusionment
幻覺	hallucinations
幻覺能量	capacity for hallucination
心理	mind
心理主義	psychologism
心理治療	psychotherapy
心理治療師	psychotherapist
《心理病理學總論》	*General Psychopathology*
心理辭典	mental lexicon
心電感應	telepathy
心靈	psyche
心靈	the psychical
心靈「系列」	psychical "series"
心靈的現實	psychical reality
心靈界	psychical sphere
心靈動作	psychical act
心靈惰性	psychic inertia
心靈裝置	mental apparatus; psychic apparatus
手邊的事物	things ready at hand
文字旅遊	*le voyage des mots*
方法	methods
父親－原初意象	father-imago
王爾德	Wilde, Oscar
五劃	
《出自良好家庭》	*Aus guter Familie*
加持	auspices
古老	archaic
史迭可	Stekel, Wilhelm
史柴契，詹姆斯	Strachey, James
史瑞伯	Schreber, Daniel Paul
失誤（筆誤、口誤，等）	parapraxis
「它」；伊底	Id (*das Es*)
尼采	Nietzsche

布洛以勒	Bleuler
布洛以爾	Breuer
布朗修	Blanchot, Maurice
平均懸浮的注意	evenly-suspended attention
幼年的固著	infantile fixation
幼兒原初意象	infantile imago
弗利斯，威廉	Fliess, Wilhelm
打聽	sounding
本地原生	native
本能	instincts
〈本能及其週期起伏〉	*Instincts and Their Vicissitudes*
本能驅力支配	instinctual demand; *Triebanspruchs*
正反兩義併呈	antithesis
正在形成的鄰邊	*in statu nascendi*
《正常人被鎮壓的瘋狂》	*The Suppressed Madness in Sane Men*
用不上的態度	unserviceable attitudes
矛盾	contradictories
六劃	
《伊底之書》	*The Book of the It*
伊底帕斯	Oedipus
再建構	reconstruction
再現	represent
列維納斯	Lévinas, Emmanuel
同族概念	homologues concepts
吐溫，馬克	Twain, Mark
向上驅力	upward drive
〈回想、重複與通透〉	*Recollection, Repeating and Working-Through*
回憶	remembering
在場	present
在現場呈現	here and now
地誌學區分	topographical differentiation
妄想	delusions
妄想性癡呆症	paraphrenia
《字源學論文集》	*Sprachwissenschaftliche Abhandlungen*

安娜．O	Anna O.
《年刊》	*Jahrbuch*
早發性癡呆症	dementia praecox
有效的	valid and effective
有證照的心理師	licensed psychologist
朵拉	Dora
次級所得	secondary gain
自由聯想	free association
自我（「我」）	ego
自我	self
自我了悟	self-illumination
自我反思	self-reflection
自我心理學	Ego Psychology
自我心理學（自體心理學）	Self Psychology
《自我與伊底》	*The Ego and the Id*
《自然的女兒》	*Die natürliche Tochter*
自戀	narcissistic
《自體的分析》	*The Analysis of The Self*
《自體的重建》	*The Restoration of The Self*
自我揭露	self-disclosure
艾維爾斯	Ewers
行事者	agency
行動語言	action language
西列西亞	Silesia
《西格蒙特．佛洛伊德心理學著作全集標準版》	*The Standard Edition of the Complete Psychological Works of Sigmund Freud*
七劃	
伯恩海	Bernheim
似曾相識	*Fausse Reconnaissance*
佔據、盤踞	occupation
佛洛伊德，西格蒙特	Freud, Sigmund
佛洛伊德，安娜	Freud, Anna
《佛洛伊德 — 克萊恩論戰，1941-1945》	*The Freud-Klein Controversies 1941-1945*
《佛洛伊德與人的靈魂》	*Freud and Man's Soul*

佛洛姆	Fromm, Erich
作個通透	work through
作動	active
《作品合輯》	*Sämtliche Werke*
克拉克大學	Clark University
克服	overcome
克洛諾斯	Kronos
克萊恩，梅蘭妮	Klein, Melanie
否決	to deny
否定	negation
否定	to negate (*verneinen*)
否定症	negativism
否認	disavow
呂格爾，保羅	Ricœur, Paul
呈現	present
《坎特維爾幽靈》	*Canterville Ghost*
希波克拉提斯	Hippocrates
希羅多德	Herodotus
我	ego
『我』理想	ego-ideal
技法	technique(s)
《技法篇》	*Papers on Technique*
抑制	inhibitions
抑制（壓抑）	*Verdrängung*
〈抑制、症狀與焦慮〉	*Inhibitions, Symptoms and Anxiety*
投注（投資、挹注）	cathexis, investment
李普斯	Lipps, Theodor
沙人	The Sand-Man
沙可	Charcot
狂野（精神）分析	wild analysis
貝恩	Bain
貝特罕，布魯諾	Bettelheim, Bruno
身分識別；身分認同；同一性	Identity
辛德勒	Schindler, Walter
防衛	defense

防衛機制	defense mechanism
八劃	
亞歷山大	Alexander, Franz
《來自布拉格的學生》	*Der Student von Prag*
初型	prototypes
受試／主體	subject
受壓抑的意象或意念	a repressed image or idea
受壓抑者	what is repressed
固著於	fixated
奈特，羅伯特	Knight, Robert
《宗教的動力心理學》	*A Dynamic Psychology of Religion*
宙斯	Zeus
「定性」符徵	"determinative" sign
帕雷，安布瓦斯	Paré, Ambroise
性、色事	sexuality
性生活	sexual life
性泛轉	sexual perversion
性逆轉	sexual inversion
《性學三論》	*Three Essays*
拉佛格	Laforgue, René
拉岡，賈克	Lacan, Jacques
拉帕波特，大衛	Rappaport, David
《（拉岡）講座》	*The Seminar of Jacques Lacan*
拓樸學	topology
昆提良	Quintilian
《波里克拉提的指環》	*The Ring of Polycrates*
知識論者的觀點	intellectualist view
《知識與人類旨趣》	*Knowledge and Human Interest*
阻抗	resistance
阿貝爾，卡爾	Abel, Karl
阿德勒	Adler, Alfred
九劃	
俚俗的	vernaculars
前文本	pretexts
前提，公設	*Vorausselzungen*

前意識	preconscious
南錫	Nancy
哈伯瑪斯，于根	Habermas, Jügen
哈特曼，海因茨	Hartmann, Heinz
客體關係理論	Object Relations Theory
屏幕記憶	screen memory
建構	construct
建構	construction
思想萬能	omnipotence of thoughts
恆動過程的	processive
挑逗的主角	*agent provocateur*
《流浪漢在國外》	*A Tramp Abroad*
科胡特，海因茨	Kohut, Heinz
〈科學心理學研究大綱〉	*Project for a Scientific Psychology*
《科胡特講座》	*The Kohut Seminars*
《約瑟．蒙特佛》	*Josef Montfort*
約瑟夫二世	Joseph II
若夷特	Reuter, Gabriele
負面力量	negative force
重讀佛洛伊德	Re-reading Freud
重建出	reconstruct
重新書寫	*Umschrift*
重新排序	*Umordung*
音位轉變	metathesis
十劃	
修飾	modification
原初意象	imago
原初語言	*Ursprache*
哲化	philosophizing
席尼茲勒	Schnitzler
席勒	Schiller
拿到執照	license
《格言集》	*Aphorisms*
格林	Grimm
格塔托瑞	Gettatore

浩夫	Hauff
《浮士德》	*Faust*
海涅	Heine
《海濱雜誌》	*Strand Magazine*
狼人	Wolf Man
班雅明	Benjamin, Walter
病因學	(a)etiology
病理性格特質	pathological character-traits
真誠	truthfulness
真實的核心	kernel of truth
神經症	neurosis
神經症患者	neurotic
「紐精神分析」	Neo-Psychoanalysis
純粹語言	*reine Sprache*
退行	regression
退行	regressive
退行的機制	mechanism of regression
閃避	parrying
馬洪尼	Mahony
馬赫，恩斯特	Mach, Ernst
十一劃	
祭祀用的芻狗	*in effigie*
《國際精神分析雜誌》	*The International Journal of Psychoanalysis*
密教的	*occultus*
將它演現	acts it out
情感過程	affective process
掉入戀愛	falling in love
排出	eject
排斥、斥開	repulsion
探求科學真理	science of truth
接受分析的本人	the subject of the analysis
接受精神分析知識	psychoanalytically informed
敘事的真實	narrative truth
教義學的	dogmatic

梅非斯拖斐力斯	Mephistopheles
深層心理學	depth psychology
「現」「場」	here and now
現實考驗	reality testing
理形	logography
理想的記得	ideal remembering
理論圖示	diagrams
異化	*aliénation*
（移情）；神入；體會；印菩提	empathy (*Einfühlung*)
符號	*Zeichen*
第二語言	second language
通透	working-through
十二劃	
傅柯	Foucault, Michel
善待關係	rapport
斐倫齊	Ferenczi, Sandor
普呂瑟，保羅	Pruyser, Paul W.
普隆涅斯	Polonius
普爾士，查爾斯·桑德斯	Peirce, Charles Sanders
智性功能	intellectual function
替代的方式	by means of surrogates
替身	double
無時間性	timelessness
無意識	Unconscious (*Unbewusst*)
琵哥馬利恩	Pygmalion
發生	occurring
發生學的	genetic
發洩	abreacting
童年健忘症	childhood amnesia
舒洩法	catharsis
華勒斯坦	Wallerstein, R. S.
象形	pictography
象徵、符號	symbol
賀陵	Hering
超我	super-ego

超級清晰	*überdeutlich*
週一（出爐）的脆餅皮	Monday crust
雅斯培，卡爾	Jaspers, Karl
十三劃	
傳記式的夢	biographical dreams
傳移	transfer/transference (*Übertragung*)
傳移神經症	transference neurosis
傳移關係	relation of transference
塞爾越	Serge
奧林匹雅	Olympia
奧芬巴哈	Offenbach
想象	imaginary
想像	imagination
意形	ideography
意念內容	ideational content
愛、情愛、愛情	love
愛欲	Eros
愛欲生活	erotic life
愛欲對象	love-objects
愛意	preconditions of love
愛對象	love objects
《感覺之分析》	*Analyse der Empfindungen*
暗示	suggestion
《業餘分析的問題》	*The Question of Lay Analysis*
概念	concept
概念	notion
瑟立曼	Seligmann
葛立色巴赫	Grisebach
葛瑞晨	Gretchen
葛羅岱克，格歐	Groddeck, Georg
解剖	anatomy
試圖捕捉某事物之深義；詮釋	*Deutung*
《詮釋的衝突》	*The Conflict of Interpretation*
運動界	motor sphere
道德的投注	*Moralbesetzungen*

《預言》	*Die Weissagung*
頑念	obsessive idea
頑念神經症、頑念神經症患者	obsessional neurotic
鼠人	Rat Man
十四劃	
《圖騰與禁忌》	*Totem and Taboo*
夢作	dream work
夢的建構過程	dream-constructing process
夢思	dream thought
實踐的理論	theory of practice
對比	contraries
對位法	counterpart
對象選擇	object-choice
榮格	Jung, Carl Gustav
歌德	Goethe
滿足	satisfaction
演出來	act-out
演現	acting out
演現	acts it out
演繹法	deduction
精神力	psychism
《精神分析中心冊頁》	*Zentralblatt für Psychoanalyse*
《精神分析治癒之道》	*How Does Analysis Cure?*
《精神分析的一種新語言》	*A New Language of Psychoanalysis*
精神分析的基本規則	the fundamental rule of psycho-analysis
《精神分析運動》	*Psychoanalytic Movement*
《精神分析電子出版（資料庫）》	*Psychoanalytic Electronic Publishing*（縮寫 PEP Web）
精神分裂症（思覺失調症）	schizophrenia
精神病	psychosis
精神病的	psychotic
精神貫注、精力投注	cathexis
認同	identification
誘練法	abduction
〈語言的起源〉	*The Origin of Language*

誤現	misrepresentations
誤置	displacement
誤置於	displacing
十五劃	
價值的誤置	displacement of value
儉省、慳吝	abstinence
德文版全集	*Gesammelte Werke*
慾望的經濟學	an economy of desire
《撕裂的人》	*Der Zerrissene*
標題性的夢	programme-dreams
模稜兩可	ambivalent
樣版	stereotype plate
潛意識、下意識	subconscious
衝動	pulsion（法文譯 impulse）
談助	assistance
〈論分析治療的開始〉	*On Beginning the Treatment*
〈論心理治療〉	*On Psychotherapy*
〈論自戀：導論〉	*On Narcissism: An Introduction*
〈論無意識〉	*The Unconscious*
躺椅	couch
十六劃	
導向真誠的技法	technique of veracity
擋開	warding off
機靈、舒服、安逸	canny
歷史真實	historical truth
窺視癖	scopophilia
諮商心理學	counseling psychology
賴克博士	Dr. Theodore Reik
閹割恐懼	castration fear
閹割等同物	castration equivalent
霍夫曼	Hoffmann, E. T. A.
霍夫曼夜想曲	*Nachtstücken*
《霍夫曼的八則故事》	*Eight Tales of Hoffmann*
《霍夫曼故事》	*Tales of Hoffmann*
霍艿	Horney, Karen

十七劃	
壓抑	repression
嬰兒期的性探索	infantile sexual researches
療程中的衰減	deterioration during treatment
麋爾納，梅莉恩	Milner, Marion
謝弗，羅伊	Schafer, Roy
謝佛	Schaeffer
謝林	Schelling
還原	reduction
十八劃	
〈斷手的故事〉	*Die Geschichte von der abgehauenen Hand*
歸納法	induction
翻譯	*Übersetzung*
《翻譯佛洛伊德》	*Translating Freud*
聶斯妥乙	Nestroy
聶斯妥乙鬧劇	Nestroy's farces
轉換型歇斯底里症	conversion hysterias
醫師	physician, doctor
雙極性	bipolarity
瓊斯，歐內斯特	Jones, Ernest
十九劃	
羅蘭，羅曼	Rolland, Romain
〈關於精神分析中的無意識：一則註記〉	*A Note on the Unconscious in Psycho-Analysis*
關係論精神分析	Relational Psychoanalysis
二十劃	
嚴啟	Jentsch
蘇利文	Sullivan, Harry S.
譯者即叛徒	*traduttore traditore*
《釋夢》（《夢的解析》）	*The Interpretation of Dreams*
二十一劃	
蘭普辛尼圖	Rhampsinitus
驅力	drive (*Trieb*)
《驅逐出境的諸神》	*Die Götter im Exil*
魔那	mana

《魔鬼的萬靈丹》	*Elixire des Teufels*
二十二劃	
巒克，奧圖	Rank , Otto
巒克博士夫人	Frau Dr. Rank
二十三劃	
戀物／物戀	fetish
顯性人格	manifest personality
二十四劃	
靈魂	soul

英中譯名對照表

A	
A Dynamic Psychology of Religion	《宗教的動力心理學》
A New Language of Psychoanalysis	《精神分析的一種新語言》
A Note on the Unconscious in Psycho-Analysis	〈關於精神分析中的無意識：一則註記〉
a repressed image or idea	受壓抑的意象或意念
a splitting of the ego	分裂的「我」
A Tramp Abroad	《流浪漢在國外》
abduction	誘練法
Abel, Karl	阿貝爾，卡爾
abreacting	發洩
absent	不在場
abstinence	儉省、慳吝
acting out	演現
action language	行動語言
active	作動
act-out	演出來
acts it out	演現
Adler	阿德勒
(a)etiology	病因學
affective process	情感過程
agency	行事者
agent provocateur	挑逗的主角
Alexander, Franz	亞歷山大
alienation	異化
ambivalence	模稜兩可、模稜兩可之心
ambivalent	模稜兩可
an economy of desire	慾望的經濟學
analysand	「分析人」（「分析主體」的通稱）
Analyse der Empfindungen	《感覺之分析》
analytic attitude	分析態度
analytic subject	分析主體
analytic technique	分析技法
anatomy	解剖
Anna O.	安娜・O

antithesis	反論
antithesis	正反兩義併呈
Aphorisms	《格言集》
archaic	古老
artificial illness	人工的疾病
assistance	談助
Aus guter Familie	《出自良好家庭》
auspices	加持
B	
Bain	貝恩
Benjamin, Walter	班雅明
Bernheim	伯恩海
Bettelheim, Bruno	貝特罕，布魯諾
biographical dreams	傳記式的夢
bipolarity	雙極性
Blanchot, Maurice	布朗修
Bleuler	布洛以勒
Breuer	布洛以爾
by means of surrogates	替代的方式
C	
canny	機靈、舒服、安逸
Canterville Ghost	《坎特維爾幽靈》
capacity for hallucination	幻覺能量
castration equivalent	閹割等同物
castration fear	閹割恐懼
catharsis	舒洩法
cathexis	精神貫注、精力投注
cathexis, investment	投注
Charcot	沙可
childhood amnesia	童年健忘症
Clark University	克拉克大學
concept	概念
construct	建構
construction	建構
Constructions in Analysis	分析中的建構

contradictories	矛盾
contraries	對比
conversion hysterias	轉換型歇斯底里症
couch	躺椅
counseling psychology	諮商心理學
counterpart	對位法
counter-transference	反傳移
D	
deduction	演繹法
defense	防衛
defense mechanism	防衛機制
delusions	妄想
dementia praecox	早發性癡呆症
depth psychology	深層心理學
Der Student von Prag	《來自布拉格的學生》
Der Zerrissene	《撕裂的人》
deterioration during treatment	療程中的衰減
"determinative" sign	「定性」符徵
Deutung	試圖捕捉某事物之深義；詮釋
diagrams	理論圖示
Die Geschichte von der abgehauenen Hand	〈斷手的故事〉
Die Götter im Exil	《驅逐出境的諸神》
Die natürliche Tochter	《自然的女兒》
Die Weissagung	《預言》
disavow	否認
disillusionment	幻滅
displacement	誤置
displacement of value	價值的誤置
displacing	誤置於
dogmatic	教義學的
Dora	朵拉
double	替身
Dr. Theodore Reik	賴克博士
dream thought	夢思

dream work	夢作
dream-constructing process	夢的建構過程
dream-thoughts	夢思
drive	驅力
E	
ego	自我（「我」）
Ego Psychology	自我心理學
ego-ideal	『我』理想
Eight Tales of Hoffmann	《霍夫曼的八則故事》
eject	排出
Elixire des Teufels	《魔鬼的萬靈丹》
empathy (*Einfühlung*)	（移情）；神入；體會；印菩提
Eros	愛欲
erotic life	愛欲生活
etiology	病因
evenly-suspended attention	平均懸浮的注意
Ewers	艾維爾斯
F	
falling in love	掉入戀愛
father-imago	父親－原初意象
Fausse Reconnaissance	似曾相識
Faust	《浮士德》
Ferenczi, Sandor	斐倫齊
fetish	戀物／物戀
fixated	固著於
Fliess, Wilhelm	弗利斯，威廉
Foucault, Michel	傅柯
Frau Dr. Rank	巒克博士夫人
free association	自由聯想
Freud, Sigmund	佛洛伊德，西格蒙特
Freud and Man's Soul	《佛洛伊德與人的靈魂》
Freud, Anna	佛洛伊德，安娜
Fromm, Erich	佛洛姆
G	
General Psychopathology	《心理病理學總論》

genetic	發生學的
Gesammelte Werke	德文版全集
Gettatore	格塔托瑞
Goethe	歌德
Gretchen	葛瑞晨
Grimm	格林
Grisebach	葛立色巴赫
Groddeck, Georg	葛羅岱克，格歐
H	
Habermas, Jügen	哈伯瑪斯，于根
hallucinations	幻覺
Hartmann, Heinz	哈特曼，海因茨
Hauff	浩夫
Heine	海涅
here and now	「現」「場」
here and now	在現場呈現
Hering	賀陵
Herodotus	希羅多德
Hippocrates	希波克拉提斯
historical truth	歷史真實
Hoffmann, E. T. A.	霍夫曼
homologues concepts	同族概念
Horney, Karen	霍艿
How Does Analysis Cure?	《精神分析治癒之道》
I	
Id (*das Es*)	「它」；伊底
ideal remembering	理想的記得
ideational content	意念內容
identification	認同
Identity	身分識別；身分認同；同一性
ideography	意形
imaginary	想象
imagination	想像
imago	原初意象
immortal	不朽的

impulse	衝動（法文譯 pulsion）
in absentia	不在場的方式
in effigie	祭祀用的芻狗
in statu nascendi	正在形成的鄰邊
induction	歸納法
infantile fixation	幼年的固著
infantile imago	幼兒原初意象
infantile sexual researches	嬰兒期的性探索
inhibitions	抑制
Inhibitions, Symptoms and Anxiety	〈抑制、症狀與焦慮〉
instincts	本能
Instincts and Their Vicissitudes	〈本能及其週期起伏〉
instinctual demand; *Triebanspruchs*	本能驅力支配
intellectual function	智性功能
intellectualist view	知識論者的觀點
introject	內射於
introversion	內向性
introversion neurosis	內向性神經症
investment	投資、挹注
J	
Jahrbuch	《年刊》
Jaspers, Karl	雅斯培，卡爾
Jentsch	嚴啟
Jones, Ernest	瓊斯，歐內斯特
Josef Montfort	《約瑟・蒙特佛》
Joseph II	約瑟夫二世
Jung, Carl Gustav	榮格
K	
kernel of truth	真實的核心
Klein, Melanie	克萊恩，梅蘭妮
Knight, Robert	奈特，羅伯特
Knowledge and Human Interest	《知識與人類旨趣》
Kohut, Heinz	科胡特，海因茨
Kronos	克洛諾斯
Kuhn, T.	孔恩

L	
Lacan, Jacques	拉岡，賈克
Laforgue, René	拉佛格
le voyage des mots	文字旅遊
Lévinas, Emmanuel	列維納斯
libidinal cathexis	力比多投注
libidinal impulses	力比多衝動
license	拿到執照
licensed psychologist	有證照的心理師
Lipps, Theodor	李普斯
Little Hans	小漢斯
logography	理形
love	愛、情愛、愛情
love objects	愛對象
love-objects	愛欲對象
M	
Mach, Ernst	馬赫，恩斯特
Mahony	馬洪尼
mana	魔那
manifest personality	顯性人格
mechanism of regression	退行的機制
mental apparatus	心靈裝置
mental lexicon	心理辭典
Mephistopheles	梅非斯拖斐力斯
metathesis	音位轉變
methods	方法
Milner, Marion	糜爾納，梅莉恩
mind	心理
misrepresentations	誤現
modification	修飾
Monday crust	週一（出爐）的脆餅皮
Moralbesetzungen	道德的投注
motor sphere	運動界
N	
Nachtstücken	霍夫曼夜想曲

Nancy	南錫
narcissistic	自戀
narrative truth	敘事的真實
native	本地原生
negation	否定
negative force	負面力量
negativism	否定症
Neo-Psychoanalysis	「紐精神分析」
Nestroy	聶斯妥乙
Nestroy's farces	聶斯妥乙鬧劇
neurosis	神經症
neurotic	神經症患者
Nietzsche	尼采
Notes upon a Case of Obsessional Neurosis	〈一個頑念神經症個案的註記〉
notion	概念
O	
Object Relations Theory	客體關係理論
object-choice	對象選擇
obsessional neurotic	頑念神經症、頑念神經症患者
obsessive idea	頑念
occultus	密教的
occupation	佔據、盤踞
occurring	發生
Oedipus	伊底帕斯
Offenbach	奧芬巴哈
Olympia	奧林匹雅
omnipotence of thoughts	思想萬能
On Beginning the Treatment	〈論分析治療的開始〉
On Narcissism: An Introduction	〈論自戀：導論〉
On Psychotherapy	〈論心理治療〉
overcome	克服
P	
Papers on Technique	《技法篇》
paraphrenia	妄想性癡呆症

parapraxis	失誤（筆誤、口誤，等）
Paré, Ambroise	帕雷，安布瓦斯
parrying	閃避
pathological character-traits	病理性格特質
Peirce, Charles Sanders	普爾士，查爾斯・桑德斯
perversion	泛轉
philosophizing	哲化
physician, doctor	醫師
pictography	象形
Polonius	普隆涅斯
preconditions of love	愛意
preconscious	前意識
presence in absence	不在場的在場
present	在場
present	呈現
pretexts	前文本
processive	恆動過程的
programme-dreams	標題性的夢
Project for a Scientific Psychology	〈科學心理學研究大綱〉
prototypes	初型
Pruyser, Paul W.	普呂瑟，保羅
psyche	心靈
psychic apparatus	心靈裝置
psychic inertia	心靈惰性
psychical "series"	心靈「系列」
psychical act	心靈動作
psychical reality	心靈的現實
psychical sphere	心靈界
psychism	精神力
Psychoanalytic Electronic Publishing	《精神分析電子出版（資料庫）》（縮寫 PEP Web）
Psychoanalytic Movement	《精神分析運動》
psychoanalytically informed	接受精神分析知識
psychologism	心理主義
psychosis	精神病

psychotherapist	心理治療師
psychotherapy	心理治療
psychotic	精神病
Pygmalion	琵哥馬利恩
Q	
Quintilian	昆提良
R	
Rank , Otto	巒克，奧圖
Rappaport, David	拉帕波特，大衛
rapport	善待關係
Rat Man	鼠人
reality testing	現實考驗
Recollection, Repeating and Working-Through	〈回想、重複與通透〉
reconstruct	重建出
reconstruction	再建構
reduction	還原
regression	退行
regressive	退行
reine Sprache	純粹語言
relation of transference	傳移關係
Relational Psychoanalysis	關係論精神分析
remembering	回憶
represent	再現
repression	壓抑
repulsion	排斥、斥開
Re-reading Freud	重讀佛洛伊德
resistance	阻抗（反抗軍）
Reuter, Gabriele	若夷特
Rhampsinitus	蘭普辛尼圖
Ricœur, Paul	呂格爾，保羅
Rolland, Romain	羅蘭，羅曼
S	
Sämtliche Werke	《作品合輯》
Sanders, Daniel	山德斯，丹尼爾

Sanders's Dictionary	《山德斯字典》
satisfaction	滿足
Schaeffer	謝佛
Schafer, Roy	謝弗，羅伊
Schelling	謝林
Schiller	席勒
Schindler, Walter	辛德勒
schizophrenia	精神分裂症（思覺失調症）
Schleiermacher	士萊馬赫
Schnitzler	席尼茲勒
Schreber, Daniel Paul	史瑞伯
science of truth	探求科學真理
scopophilia	窺視癖
screen memory	屏幕記憶
second language	第二語言
secondary gain	次級所得
self	自我
Self Psychology	自我心理學、自體心理學
self-disclosure	自我揭露
self-illumination	自我了悟
self-reflection	自我反思
Seligmann	瑟立曼
separation-individuation	分離／個體化
Serge	塞爾越
sexual inversion	性逆轉
sexual life	性生活
sexual perversion	性泛轉
sexuality	性、色事
Silesia	西列西亞
soul	靈魂
sounding	打聽
Sprachwissenschaftliche Abhandlungen	《字源學論文集》
Stekel, Wilhelm	史迭可
stereotype plate	樣版

Strachey, James	史柴契，詹姆斯
Strand Magazine	《海濱雜誌》
subconscious	潛意識、下意識
subject	受試／主體
subject of analysis, subject of the analysis	分析主體
suggestion	暗示
Sullivan, Harry S.	蘇利文
super-ego	超我
symbol	象徵、符號
T	
taking apart	分開，剖析
Tales of Hoffmann	《霍夫曼故事》
technique of veracity	導向真誠的技法
technique, techniques	技法
telepathy	心電感應
The Analysis of The Self	《自體的分析》
the analytic attitude	分析的態度
The Book of the It	《伊底之書》
The Conflict of Interpretation	《詮釋的衝突》
The Ego and the Id	《自我與伊底》
The Freud-Klein Controversies 1941-1945	《佛洛伊德 — 克萊恩論戰，1941-1945》
the fundamental rule of psycho-analysis	精神分析的基本規則
The International Journal of Psychoanalysis	《國際精神分析雜誌》
The Interpretation of Dreams	《釋夢》（《夢的解析》）
The Kohut Seminars	《科胡特講座》
The Origin of Language	〈語言的起源〉
the psychical	心靈
The Question of Lay Analysis	《業餘分析的問題》
The Restoration of The Self	《自體的重建》
The Ring of Polycrates	《波里克拉提的指環》
The Sand-Man	沙人
The Seminar of Jacques Lacan	《（拉岡）講座》

The Standard Edition of the Complete Psychological Works of Sigmund Freud	《西格蒙特·佛洛伊德心理學著作全集標準版》
the subject of the analysis	接受分析的本人
The Suppressed Madness in Sane Men	《正常人被鎮壓的瘋狂》
The Uncanny	不可思議之事
The Unconscious	〈論無意識〉
theory of practice	實踐的理論
things ready at hand	手邊的事物
Three Essays	《性學三論》
timelessness	無時間性
to deny	否決
to negate (*verneinen*)	否定
topographical differentiation	地誌學區分
topology	拓樸學
Totem and Taboo	《圖騰與禁忌》
traduttore traditore	譯者即叛徒
transfer/transference (*Übertragung*)	傳移
transference neurosis	傳移神經症
Translating Freud	《翻譯佛洛伊德》
Truthfulness	真誠
Twain, Mark	吐溫，馬克
U	
Überdeutlich	超級清晰
Übersetzung	翻譯
Umordung	重新排序
Umschrift	重新書寫
uncanny	不可思議
Unconscious (*Unbewusst*)	無意識
unserviceable attitudes	用不上的態度
upward drive	向上驅力
Ursprache	原初語言
uterus	子宮，醫學術語
V	
valid and effective	有效的
Verdrängung	抑制（壓抑）

vernaculars	俚俗的
Vorausselzungen	前提，公設
W	
Wallerstein, R. S.	華勒斯坦
warding off	擋開
what is repressed	受壓抑者
Wilde, Oscar	王爾德
wild analysis	狂野（精神）分析
Wolf Man	狼人
womb	子宮，日常用語
work through	作個通透
working-through	通透
Z	
Zeichen	符號
Zentralblatt für Psychoanalyse	《精神分析中心冊頁》
Zeus	宙斯

心靈工坊 |PsyGarden|

Master 057

重讀佛洛伊德

Freud is Back: Selected Freud Papers with New Translation

佛洛伊德（Sigmund Freud）—著　宋文里—選文、翻譯、評註

出版者—心靈工坊文化事業股份有限公司

發行人—王浩威　總編輯—徐嘉俊　責任編輯—徐嘉俊

通訊地址—10684台北市大安區信義路四段53巷8號2樓

郵政劃撥—19546215　戶名—心靈工坊文化事業股份有限公司

電話—02）2702-9186　傳真—02）2702-9286

Email—service@psygarden.com.tw　網址—www.psygarden.com.tw

製版・印刷—中茂分色製版印刷事業股份有限公司

總經銷—大和書報圖書股份有限公司

電話—02）8990-2588　傳真—02）2290-1658

通訊地址—248新北市新莊區五工五路二號

初版一刷—2018年5月　初版三刷—2024年6月

ISBN—978-986-357-114-8　定價—420元

國家圖書館出版品預行編目資料

重讀佛洛伊德 / 西格蒙特.佛洛伊德(Sigmund Freud)著；宋文里選文.翻譯.評註. -- 初版.
-- 臺北市：心靈工坊文化, 2018.05
面；　公分. -- (Master ; 57)
譯自：The standard edition of the complete psychological works of Sigmund Freud, S. E.
ISBN 978-986-357-114-8(平裝)

1.精神分析學

175.7　　107003236

心靈工坊 PsyGarden

書香家族 讀友卡

感謝您購買心靈工坊的叢書，爲了加強對您的服務，請您詳填本卡，
直接投入郵筒（免貼郵票）或傳眞，我們會珍視您的意見，
並提供您最新的活動訊息，共同以書會友，追求身心靈的創意與成長。

書系編號—Master 057　　書名—重讀佛洛伊德

姓名　　是否已加入書香家族？□是 □現在加入

電話 (O)　　(H)　　手機

E-mail　　生日　　年　　月　　日

地址 □□□

服務機構　　職稱

您的性別—□1.女 □2.男 □3.其他

婚姻狀況—□1.未婚 □2.已婚 □3.離婚 □4.不婚 □5.同志 □6.喪偶 □7.分居

請問您如何得知這本書？

□1.書店 □2.報章雜誌 □3.廣播電視 □4.親友推介 □5.心靈工坊書訊
□6.廣告DM □7.心靈工坊網站 □8.其他網路媒體 □9.其他

您購買本書的方式？

□1.書店 □2.劃撥郵購 □3.團體訂購 □4.網路訂購 □5.其他

您對本書的意見？

□ 封面設計　1.須再改進 2.尚可 3.滿意 4.非常滿意
□ 版面編排　1.須再改進 2.尚可 3.滿意 4.非常滿意
□ 內容　1.須再改進 2.尚可 3.滿意 4.非常滿意
□ 文筆／翻譯　1.須再改進 2.尚可 3.滿意 4.非常滿意
□ 價格　1.須再改進 2.尚可 3.滿意 4.非常滿意

您對我們有何建議？

□本人同意＿＿＿＿＿＿（請簽名）提供（真實姓名/E-mail/地址/電話/年齡/等資料），以作為心靈工坊（聯絡/寄貨/加入會員/行銷/會員折扣/等之用，詳細內容請參閱http://shop.psygarden.com.tw/member_register.asp。

廣　告　回　信
台北郵政登記證
台北廣字第1143號
免　貼　郵　票

心靈工坊 PsyGarden

10684台北市信義路四段53巷8號2樓

讀者服務組　收

免　貼　郵　票

（對折線）

加入心靈工坊書香家族會員
共享知識的盛宴，成長的喜悅

請寄回這張回函卡（免貼郵票），

您就成爲心靈工坊的書香家族會員，您將可以——

⊙隨時收到新書出版和活動訊息

⊙獲得各項回饋和優惠方案